한 마음 산으로 끌려온 山따

리링 저작선
05 雜文

放
虎
歸
山

리링 지음 ― 박영순 옮김

글항아리

호랑이를 산으로 돌려보내다

증보판 서문

　　『호랑이를 산으로 돌려보내다』는 나의 첫 번째 잡문집이다. 1996년 랴오닝遼寧교육출판사가 이 책을 출간하면서『서취문총書趣文叢』제4집에 수록했다. 책임편집은 우빈吳彬(마이왕脈望이라고 서명하기도 한다)이 맡았다.

　　원래 25편의 글을 실었는데 서문과 후기를 합쳐도 얇고 작은 책에 불과했다. 그렇지만 당시 판매량도 괜찮았고 독자들의 반응도 좋았다. 사상이나 문체가 훌륭하다며 격려해주었다. 몇 편은 제법 좋은 글이라고 생각했고 그런대로 괜찮은 출발이었던 것 같다.

　　그런데 책이 오래전에 품절되어 재판을 내자는 제의를 계속 받아왔다. 사실 오자도 좀 많았는데 마음씨 좋은 사람들이 수시로 알려주었다. 아무래도 수정을 좀 해야겠다고 생각했다. 그대로 놔두면 독자들에게 좀 미안할 것 같았기 때문이다. 그런데 도무지 시간을 낼 수 없었다.

1980년대 당시 나는 학술서적에 매몰되어 일반 서적은 거의 읽지 않았다. 1985년 이후 이런 내 자신에게 불만이 생겼다. 동물원에 갇힌 호랑이 같았다. 그래서 1988년부터 적당히 학술적이거나 또는 학술적이지 않으면서 전공과는 좀 거리가 있는 글을 쓰기 시작했다. 발표는 모두 필명으로 해서 사람들은 내가 누구인지 몰랐다. 필명은 '우신吳欣'이다. '우신無心'과 발음이 같다. '마음에 두지 않다'는 의미로 취미 삼아 할 뿐이라는 뜻이다. 이 두 종류의 글(적당히 학술적이거나 학술적이지 않으면서 전공과는 좀 거리가 있는)은 꽤 진지하여 그냥 묵히긴 아까웠다. 그 가운데 제2편은 『동방기사東方紀事』에 실었다. 필명을 사용했지만 목차 아래에 고문顧問 명단을 실어야 해서 거기에는 실명을 썼다. 그들은 내가 무슨 일을 하는 사람인지 몰라서 그냥 '이론가'라는 호칭을 붙였다. 우스운 일이다. 내가 무슨 이론가란 말인가?

우빈이 부탁한 그 작은 책은 『독서讀書』와 관련이 있다. 내가 처음 『독서』에 실었던 글은 1992년 11기에 수록한 「종이 위에서 군사를 논하다紙上談兵」(새 제목은 「종이 위에서 병법을 논하다-손자인 척하다紙上談兵-裝孫子」)이다. 그 이전까지 나와 『독서』는 아무런 관계가 없었다. 필진도 아니었고 정기구독을 하거나 사보지도 않았다. 아니 아예 볼 시간이 없었다.

그 이후로 1993~1996년에 『독서』에 몇 편의 글을 계속해서 발표했다. 모두 실명이었다. 대부분 독후감 정도 수준으로 재미 삼아 썼다. 그런데 뜻밖에도 「매국노의 발생학漢奸發生學」이라는 글이 큰 논란거리가 됐다. 어떤 사람은 칭찬하는가 하면 또 어떤 사람은 신랄한 비판을 가했다. 여론이 분분했다.

나는 우빈이 그 글들을 책으로 엮자고 말할 줄은 정말 몰랐다. 사실 몇 편 되지 않았기 때문이다.

1995년 여름, 시애틀에 있을 때 책으로 엮으려 했으나 당시 가진 게 10편밖에 되지 않았다. 『독서』에 실었던 5편과 다른 곳에 실었던 4편, 그리고 아직 발표하지 않은 일기 1편을 합친 정도였다.

수량이 매우 적은 것 같아 서발문 6편을 싣기로 했지만 그것도 좀 부족한 것 같아 그해 여름 단번에 9편의 글을 썼다. 그렇게 꾸역꾸역 서발문을 써내려갔다. 그리고 책제목을 좀 터무니없이 '호랑이를 산으로 돌려보내다放虎歸山'로 지었다. 만감이 교차했다. 큰 소리로 호랑이를 논하면서 독서할 수 없는 고통을 하소연하고 있다.

이 책은 이렇게 엮어진 것이다.

『호랑이를 산으로 돌려보내다』는 1988~1995년에 쓴 것으로 어느덧 20여 년의 세월이 흘렀다. 예전의 글을 다시 읽어보니 역사적 기억을 되돌려놓은 느낌이다. 시간의 흐름이 마치 세대를 훌쩍 뛰어넘은 것 같다고 할까.

현재의 일들은 참과 거짓을 판가름하기가 어렵지만 하나의 일만은 거짓일 수 없다. 마치 하룻밤 사이에 일어난 것처럼 중국은 부유해지고 있다는 사실이다.

역사는 대조되는 것을 두려워한다(사실 역사의 묘미는 바로 여기에 있다).

1988~1989년 당시의 분위기를 돌아보면 참으로 믿겨지지 않는다. 당시의 주류는 선조를 매도하면서 전통을 '발양'할 시장이 없다고 외쳐댔다. 하지만 지금은 선조를 팔아먹는 분위기다. 이러한 변화가 어떻게 형성되어왔는지를 나는 줄곧 생각해왔다.

또한 학교 분위기는 매일같이 울상이었다. 현재와는 영 딴판이었다. 지금의 학교는 부유해졌다.

이른바 '속됨에서 벗어나 고상함에 이른다'는 말은 어떻게 되었나? 이 말처럼 과연 지식인들은 고상해졌는가? 유림儒林의 새들은 노래도 할 줄 알고 또 곡조도 바꿀 줄 아는가?

물론 복고 풍조는 당시에도 있었다. 우리 고향에도 있었다. 그런데 아직도 그것이 그렇게 이상하게 여길 만한 것인가? 참으로 도처에서 모두 일고 있다.

3성급 호텔은 하루에 85원이다. 당시에는 비쌌지만 지금도 그런가? 그러면 누구나 갈 수 있다.

이번 증보판은 내용을 조금 손보았다. 첫째는 구판의 서발문 6편과 「파리를 먹다吃蒼蠅」라는 글을 뺐고, 둘째는 최근에 쓴 10편을 더했다. 셋째는 일목요연하게 하고자 예전에 썼던 것을 재분류하여 2~3편을 한 묶음으로 모아 제목을 달았다.

예전에 썼던 「아직 남아 있는 슬픔: 중국의 문화심리服喪未盡的餘哀:中國現時的文化心態」는 5장 '계몽의 후광 아래서在啓蒙的光環下'라는 표제를 달아 그 아래 두었다. 주로 1980년대 「하상河殤」으로 고조되었던 계몽사조에 대해 쓴 것이다. 이는 최근의 풍조와 정반대이며 한번 돌이켜볼 만하다. 그들에게 찬물을 끼얹은 것은 기념할 만한 일이다.

6장 '큰 나무의 영락大樹飄零'은 사람에 대해 쓴 것이다. 「'소년선봉少年先鋒'을 읽고」는 이미 이 세상에 안 계시는 내 부친에 관한 글이다. 언급하고 싶은 사람이 무척 많아서 나중에 따로 집중적으로 쓰려고 한다. 제목도 미리 정해두었다. '내 천지신명에게'다.

7장 '시간 도살屠宰時光'은 '킬링 타임killing time'이란 뜻으로 미국에 있을 때의 감회를 적은 것이다. '장대비와 가랑비 속을 왔다 갔다 하며 일 년을 훌쩍 보냈다.' 나는 쓸데없는 생각이 참 많다.

3장 '임종 전의 배려臨終關懷'는 캠퍼스와 지식인에 대해 쓴 글이다. 지난 일을 회상하며 세계를 바라보는 내 평가는 한 마디로 '대세는 이미 물 건너갔다大勢已去'는 네 글자다. 학자들이 외치는 '인문에 대한 관심'은 참으로 '임종 전의 배려' 같다.

1장 '종이 위에서 병법을 논하다紙上談兵'는 군사 병법에 대해 논한 것이며, 2장 '문을 닫아걸고 수레를 만들다閉門造車'는 남녀 문제를 다룬 것이다.

4장 '고대와 전통' 가운데 「전통은 왜 이렇게 인기가 있는가?傳統 爲什麼這樣紅」는 강연 원고인데 최근의 공자열, 독경讀經열, 전통문 화열을 식혀보려 했다. 하늘을 원망하고 사람을 원망하며 선조를 욕보이는 사람들에게 찬물을 끼얹은 것이다.

열이 나면 그것은 병이다. 나는 늘 열에 대해 의심의 태도를 갖 는다.

2007년 12월 20일

베이징 란치잉藍旗營에서

호랑이를 산으로 돌려보내다

책을 읽는다는 것은 즐거운 일이다. 편안한 책을 읽을 때가 더욱 그렇다. 특히 한가한 때에 침상 머리맡에서 글자를 곱씹거나 인생의 맛을 느끼는 것이야말로 참으로 커다란 즐거움이다. 직업상 나에겐 책이 무척 많고 손에서도 책이 떠난 적이 없었다. 하지만 문제는 시간도 없고 편안할 여유도 없는 데다 과분하게 '지식인'이라는 이름을 달고서 여러 해를 살아오는 동안 처음부터 끝까지 읽은 책이 거의 몇 권 안 된다는 것이다. 친구들이 잘 빌려가는 일회성의 소비적인 책은 애당초 사지도 않으며, 좀 재미있겠다 싶어 읽어보려고 산 책들도 모두 선반에 묶어두었다. 입고 먹는 것을 절약하여 '살림살이'로 바꿔온, 편폭이 두툼한 서적들만이 묵직하게 서가를 가득 채우고 있다. 이들을 위아래로 옮겨놓고서 이

쪽에서 한 권 저쪽에서 한 권, 여기서 찔끔 저기서 찔끔 이곳저곳을 읽어가면서 논문 속에 늘어놓았다. 이러한 시간이 꽤 흐르자 나중엔 뭐가 뭔지 뒤범벅인 느낌이었다. 내가 책을 읽는 건지 책이 나를 읽는 건지 장자莊子의 호접몽胡蝶夢 같았다.

글을 쓰는 일, 특히 학술적인 글을 쓸 때의 독서는 독서라기보다 문헌을 찾아가며 읽는 작업이어서 상당히 진지하고도 지난한 과정이다. 때론 심지어 비애스럽고 장렬하기까지 하다. 이는 운동선수가 1센티미터, 1초를 위해 수많은 강자와 싸우고 생명의 극한까지 오가며 몸이 부서져라 피땀을 흘린 후 그 대가가 우승컵으로 돌아오거나 원망으로 돌아오는 것과 같다. 그 고통과 괴로움은 가끔 관중들의 눈물을 자아낸다. 하지만 운동선수는 건강한 몸이 가장 중요하며 온 국민의 모범이 되어야 하니, 결과적으로 병든 몸으로 돌아온다면 이 또한 좋은 소릴 들을 리 없다. 다들 스포츠는 '참여하는 데 의의가 있다'고 말하지만 과연 진정한 스포츠 정신은 어디에 있는가? 매일 아침마다 화단과 나무 사이에서 팔을 펴고 다리를 늘이고 목을 돌리며 머리를 흔드는 광경을 보지만, 사실 최종 우승이 누구에게 돌아갈지는 아무도 모른다. 이처럼 진정한 독서란 학문을 잊는 게 아닐까 생각한다. 과거에 책을 읽던 생활, 즉 농촌으로 하방下放되어 내려가 생산에 종사하면서 책을 읽었던 그때가 무척 그립다.

언젠가 학문을 벗어던지고 자유롭게 책을 읽으면서 이런저런 잡다한 얘기를 (말이나 글로) 할 수 있는 날이 올 거라는 꿈이 있기에 항상 '호랑이를 산으로 돌려보내다'라는 말을 떠올리곤 한다.

　호랑이는 알다시피 고양이과에 속하는 흉포하고 잔악한 육식 맹수다. 옛말에 "사람은 호랑이를 해칠 뜻이 없지만 호랑이는 사람을 해칠 마음이 있다"라고 했듯이, '호랑이를 산으로 돌려보내다'라는 말은 본래 좋은 의미는 아니다.[1] 흉악무도한 놈들을 소굴로 놓아주어 계속해서 나쁜 일을 하게 내버려둔다는 뜻이다. 그런데 근래 동물보호자들이 그 누명을 벗겨주어 호랑이의 형상이 크게 바뀌었다.

　중국의 호랑이는 크게 세 종류가 있다. 하나는 둥베이 지역의 호랑이다. 몸집도 크고 털도 아름다우며 러시아 우수리 강 부근의 호랑이와 같은 종이라 한다. 다른 하나는 화난華南 지역의 호랑이다. 화난 지역의 사람들처럼 비교적 왜소하다. 또 하나는 시짱西藏(티베트)의 호랑이인데, 한 번도 본 적이 없다. 일반적으로 화난 지역의 호랑이는 많고 둥베이 지역의 호랑이는 적다고 한다. 나는 동물원에 가면 언제나 동북쪽 호랑이만 보았기 때문에 화난 지역의 호랑이를 귀하게 생각하지 않았다. 그런데 요즘 좋지 않은 소식이 들려온다. 상황은 이와 정반대라고 한다. 비록 둥베이 지역의 호랑이가 멸종위기에 직면하긴 했지만 아직 다 멸종한 상태는 아니며, 반

---

1)　　방호귀산은 원래 호랑이를 산림으로 돌려보낸다는 뜻이다. 후환이 될 수 있는
　　　호랑이를 산림으로 보내어 해악의 불씨를 남겨둔다는 것이다. 진晉나라 사마
　　　표司馬彪의 『영릉선현전零陵先賢傳』에 나오는 말이다.─옮긴이

대로 진짜 멸종위기(야외 멸종)에 직면한 것은 화난 지역의 호랑이라고 한다. 중국엔 인구가 많다. 특히 화난 지역에 많다. 그곳의 고인 물구덩이가 오염되는 바람에 호랑이들이 사라졌다는 것이다. 이제 "사람은 호랑이를 해칠 뜻이 없지만 호랑이는 사람을 해칠 뜻이 있다"는 말의 시비가 전도된 것이다.

호랑이에 대한 인류의 편견은 전체 동물계에 대한 편견 가운데 하나의 작은 예일 뿐이다. 어떤 의미에서 여러 편견 가운데 가장 대표적인 상징이라고 할 수 있다. 예를 들어, 이전에 학계에서 '오리엔탈리즘'에 대한 논쟁이 일었다. 일부 포스트모더니즘 비평가들은 장이머우張藝謀의 영화를 '포스트식민주의'라고 비판했다. 외국의 각종 수상의 올가미에 놀아나고 있다는 것이다. 그러나 반론을 제기하는 사람들은 상대방이 도리어 포스트식민주의 담론에 빠져들어 '각자 조상 무덤 파기'를 건의하고 있다며 힐문했다. 그들이 말하는 자기중심적 문화주의, 다른 문화에 대한 무시와 편견(자발적이든 비자발적이든)은 동물에 대한 편견과 비교해볼 때, 자신의 부족함을 제대로 드러낸 경우라 할 수 있다. 우리는 동물 자체에 대한 선악미추에 대해 알지도 못하고 알고 싶어 하지도 않으면서 우리의 상상만으로 그들에게 제멋대로 기능을 부여한다. 그러면 나비는 예쁘고 공작새는 아름다우며, 원숭이는 총명하고 여우는 교활하고 전갈은 독해야 하며, 호랑이와 이리는 흉포하고 잔악해야 하며 돼지와 당나귀는 바보 같고 멍청해야 하며, 소와 말은 부지런하고 근면해야 하며, 심지어 고양이와 개는 간사하고 충직해야 한다. 우리는 어려서부터 동화童話의 세뇌를 받아왔으며 이러한 틀에서 일찍부터 스스로 만족해왔다. 그 횡포하고 무지막지한 태도란 이미 딱지 붙은 제국주의를 뛰어넘고 있다. 나는 인류가 같은 동류를 무시하는 것에 대해 줄곧 의문을 가져왔다. 이른바 '나와 같은 종족이 아니면 그 마음은 반드시 다르다'는 말은 반드시 상대방을 '금수'나 '짐승'의 위치(아성亞聖 맹자는 일찍이 이런 말로 인류를 비난했다)에 두는 것이며, 이는 스스로의 편견을 더욱 확대하는 일이기 때문이다.

만약 현재 화난 지역의 호랑이가 다 죽는다면 그냥 죽을 수밖에 없는 것이다. 문제는 얼른 둥베이 호랑이를 구제해야 하는 것이다. 독자성이 강한 맹수는 짝을 찾기도 쉽지 않고 교배도 어렵다고 들었다. 그들에게 충분한 종족수를 갖게 하려면 근친교배로 인한 퇴화를 초래해서는 안 되며, 가장 좋은 방법은 그들을 집단적으로 사육하는 것이다. 그러나 또 다른 의견은 그들을 산으로 돌려보내서 아무것이나 먹게 내버려둬야지 그러지 않고 늘어지게 잠만 자고 온순하게 만들어 '호랑이를 기르려다 고양이를 기르는 꼴'이 되어 결국 호랑이의 천성을 잃게 해서는 안 된다는 주장이다. 최근 세계동물보호협회의 일을 돕다가 동북쪽에서 돌아온 친구에게 황당한 말을 들었다. 어떤 동물원에서 영화를 찍기 위해 누군가 사슴을 데려와 호랑이에게 놔주자 사슴이 호랑이를 보고 벌벌 떨더란다. 이건 일단 그렇다 치자. 그런데 진짜 황당한 것은 호랑이 역시 사슴을 보고 안절부절못하더니 똑같이 벌벌 떨더라는 것이다. 호랑이를 기르는 방법에 대해 문외한이고 얻어들은 이야기라서 다 옳다고 할 순 없지만, 만약 인류가 포획할 위험과 교배상의 어려움만 없다면 '호랑이를 산으로 돌려보내는 것'이 가장 좋은 방법('순화'와 상반된 의미의 전문용어로 '야생'이라 한다)일 것이다.

20년 전의 일이 생각난다. 매번 무궤도 전차 103번을 타고 사탄沙灘, 미술관, 덩스커우燈市口를 지날 때마다 매우 익숙한 '삼각지대'를 보면 신비스럽거나 심지어 숙연해지기까지 한다. 국가문물국, 사회과학원 고고학연구소 및 출판사 중화서국이 공교롭게도 바로 그곳에 위치하고 있기 때문이다. 사람들은 모를 것이다. 내가 처음 이 낡은 건물의 문턱을 넘을 때 얼마나 뜨거운 피가 솟아오르고 가슴이 뛰었는지를. 하지만 지금은 학술의 전당에서 많은 땀을 흘리고 많은 눈물도 흘리고 피곤에 지치기도 하고 경의敬意도 다 사라졌다. 이따금씩 예전에 흙으로 지은 작은 방에서 등잔불 하나 켜놓고 책을 읽던 모습이 꿈속에 나타나곤 한다. 설사 그때의 책들이 잡되고 속되었고, 사람도 젊어서 유치했다 할지라도 나는 줄곧 학자가 되고 싶었다. 하지만 필경 학자만은 아니다.

1995년 7월 27일
미국 시애틀에서

16

차례

증보판 서문   005

서문   호랑이를 산으로 돌려보내다   011

1장   ⊅   종이 위에서 병법을 논하다

        1.   종이 위에서 병법을 논하다―손자인 척하다   021

        2.   협객과 무사의 유풍   045

        3.   매국노의 발생학   062

2장   ⊅   문을 닫아걸고 수레를 만들다

        4.   로버르트 판훌릭과 마왕두이의 방중서   093

        5.   문을 닫아걸고 수레를 만들다―방중술   114

        6.   중화의 오랜 풍류―판훌릭과 그의 아내 그리고 예술과 학문   133

        7.   아내를 두려워하는 이유 1   151

        8.   아내를 두려워하는 이유 2   162

3장 　🎜　임종 전의 배려

9.　태사공의 거세와 지식인　　　177

10.　문인들의 대립과 경쟁　　　188

4장 　🎜　고대와 전통

11.　명사와 인문에 대한 환상　　　199

12.　만세萬歲에 대하여　　　220

13.　전통은 왜 이렇게 인기가 있는가?─ '20년 동안 지켜본 이상한 현상'　　　229

5장 　🎜　계몽의 후광 아래서

14.　아직 남아 있는 슬픔─중국의 문화심리　　　269

6장 　🎜　큰 나무의 영락

15.　「소년선봉少年先鋒」을 읽고　　　299

7장 　🎜　시간 도살

16.　'헛수고'의 슬픔　　　317

17.　오늘날의 『봉신방封神榜』─기계 인간과 인간 기계　　　338

18.　중국어 속 외래어　　　355

초판후기　　　369

역자후기　　　371

1장

종이 위에서 병법을 논하다

1.
종이 위에서 병법을 논하다
손자인 척하다

『손자병법孫子兵法』과 고대 병서를 수년간 연구하면서 몇 편의 글을 쓴 나를 사람들은 '전문가'라고 부른다. 하지만 취미 정도로 하는 아마추어 수준이고 일종의 '종이 위에서 병법을 논하는 수준'이다. 그러나 스스로 자신에게 한계를 그어놓거나 사상 연구와 문헌고증을 빼놓는다면 한 걸음도 앞으로 나아갈 수 없다. 종이는 종이이고 고대는 고대이므로 응용연구를 하지 않으면 '고대의 것을 오늘날에 응용'할 수 없기 때문이다.

여하튼 이러니저러니 말하는 사람들은 대충 조금은 자격이 있을 것이다. 하지만 이 '자격'이란 것도 곰곰이 생각해볼 필요가 있다. 겉으로 보기엔 '입장권' 같지만 일단 입장을 하고 나면 아무런 소용이 없다. 사실상 끝도 없는 동굴로 한번 떨어지면 빠져 나올 수 없는 것과 같다. 누군가 나를 자극하여 "만리장성에도 오르지 않으면 사내도 아니지"라고 말하면, "좋아!"라고 하면서 욱한 마음에 만리장성을 오른다(오른 후에 '만리장성에 오르는 거 별거 아니네'라고 말할 수 있다). 그러나 모험소설을 쓰려면 그것은 좀 다른 복잡한 문제다. 모험에 관한 책은 누구나 읽고 싶어 하면서도 정작 모험을 하려는 사람은 적다. 모험은 커다란 역경에도 죽지 않아야 하며 그것도 한두 번이 아니므로 제대로 하기가 여간 어렵지 않다.

일반적으로 군사에 대해 논하려면 군인이 되어봐야 하고 의사 노릇을 하려면 병을 치료해본 경험이 있어야 한다. 이는 기본적인 '자격'이다. 그러나 장군도 실패한 장군이 있고 의사도 돌팔이 의사가 있다. 갈홍葛洪이 "오랫동안 고질병을 앓으면서도 화타華佗와 편작扁鵲의 의술을 잘 안다고 하거나, 매번 패하면서 손자와 오기吳起의 전술을 꿰고 있다고 말하는 것을 사람들이 믿지 않는 이유는 말만으로는 아무런 소용이 없기 때문이다"[1]라고 했다. 사람을 신뢰하고 신복하게 만들려면 군인이 된 것만으로는 부족하다. 장군이 되어야 하며 장군이 되어도 부족하고 '항상 승리하는 장군'이 되어야 한다. 이것은 정말 쉬운 일이 아니다.

자격을 논하면 나는 할 말이 없다. '항상 승리하는 장군'은 감히 말할 것도 없고, 바른 걸음을 걷는 것조차 훈련이 안 되어 있기 때

---

1) "抱痼疾而言精華鵲之技, 屢奔北而稱究孫吳之算, 人不信者, 以無效也." 갈홍葛洪, 『포박자抱朴子』「미지微旨」.

문이다. 어린 시절 골목대장이 "나의 병사가 누구냐, 나를 따르라. 나의 병사가 아니면 다 쏘아버리겠다"라고 외칠 때마다 난 몹시 괴로웠다. 하지만 더 괴로웠던 것은 고대 병서에 나오는 '살사殺士'(축약본 『손자孫子』 「모공謀攻」; 『손빈병법孫臏兵法』 「살사殺士」; 『위료자尉繚子』 「병령兵令 하」) 같은 경우다. 적을 죽이거나 장군을 살해하는 것이 아니라 병사 자신이 목숨을 걸고 싸우는 것을 말한다. "절반을 죽이면 위세가 온 천하를 뒤덮고, 13명을 죽이면 그 힘이 제후들에게 가해졌고, 11명을 죽이면 사졸을 통솔할 수 있다"(「병령 하」). 린뱌오林彪는 "총소리가 나면 이 몸은 오늘 이 전쟁터에서 죽을 것이다"라는 말을 했다. 그는 혁명을 하려면 정치에 무관심한 책벌레가 되어선 안 된다는 것을 잘 알았다. 하지만 영화 속에서 국민당 장군은 앞에서는 병사들에게 진격하라고 외치면서 뒤에서는 도망갈 비행기와 자동차를 준비해두었다. 전쟁은 전쟁이니만큼 자신이 열사(또는 희생물)가 될 결심이 있어야 할 뿐만 아니라 다른 사람도 열사가 되게 하는 독한 마음도 있어야 한다. 또한 쉬운 일이 아니다.

자격의 문제에서 종종 '병법을 논하는 것'과 '군대를 쓰는 것'을 잘못 이해하며 혼용하고 있다.

사마천은 "세상에서 말하는 병법은 모두 『손자』 13편을 말한다"(『사기』 「손자오기열전孫子吳起列傳」)라고 기록했다. 하지만 송나라 사람들의 『손자』에 대한 비판은 엄격했다. 특히 소순蘇洵, 소식蘇軾 부자는 매우 진지했다. 손무孫武를 단지 '병법을 논하는 영웅'이라고 평하면서도 실제로 군대를 통솔하고 용병하는 능력에 대해서는 의구심을 표했다.[2] 이는 송나라 이래 고증학자들이 『손자』를 의심하는 근거를 제공하는 계기가 되었다. 과거에 나는 이를 문인과 무사 간의 언쟁으로 생각했었는데 참으로 무지한 것이었다. 지금 생각해보면, 그들의 주장이 전혀 설득력이 없는 것은 아니다. 사마천이 손자와 오기의 병법에 대해 칭찬을 한 후 당시 유행하는 말 한마디를 내놓았기 때문이다. 이를테면 "실행에 옮길 수 있는 사람이 반드시 말을 잘하는 것은 아니며, 말을 잘하는 사람이 반드시 실행에 옮길 수 있는 것은 아니다"[3]라는 말이다. 이러한 경험에서 나온 말은 문인들이 조작할 수 있는 것이 아니다.

송나라 학자들은 전국·진한戰國·秦漢 시대 유행했던 이 말을 마치 '병법가'와 '용병가'는 절대로 겸할 수 없다는 극단적인 뜻으로 받아들여 지나치게 절대화했다('꼭 …… 하는 것만은 아니다'라는 가능성을 이미 넘어섰다). 심지어 손자의 존재 여부를 의심하는 사람도 있었다(섭적葉適, 『습학기언서習學記言序』 46권 「손자」 참조). 사실 이게 더 심하다. 비록 손무는 '병법의 조상'이지만 그의 용병 실적이 어떠한지에 대해서는 명확하지 않다. 『좌전左傳』에 실린 오나라가 초나라를 멸망시킨 사건을 봐도 오자서伍子胥만 기록되었지 손자는

---

2)   소순, 『가우집嘉佑集』 3권 『권서하·손무權書下·孫武』 및 소식, 『응조집應詔集』 8권 『손무론孫武論』 참조.

3)   "能行之者未必能言, 能言者未必能行." 『사기』 「손자오기열전孫子吳起列傳」.

나오지 않는다.『오월춘추吳越春秋』에는 나와 있지만 오자서보다 더 훌륭한 것으로 보이지는 않으며, 그냥 계책과 전략을 세우는 사람 같다. 그렇게 볼 때, 서양의 카를 폰 클라우제비츠Carl Von Clausewitz는 군인으로서 몇몇 전쟁에 참여한 적이 있으나 큰 전쟁도 아니었고 큰 승리를 거둔 적도 없었다. 마치 축구 코치와 같이 주로 '축구장 밖의 지략가'이며 '배후에 있는 제갈량'인 셈이다. 후대 사람들은 이들을 '군사저술가'라고 일컫지만, 사실은 여기에서 말하는 '병법을 논하는 사람'들이다.

'군사저술가'와 '명장'은 분명한 차이가 있다. '군사저술가'는 전쟁을 하지 않을 수도 있으며 '명장' 역시 반드시 병법서를 쓰는 것은 아니다. 예를 들어,『백장전百將傳』안의 많은 명장은 병서를 쓴 적이 없다. 어떤 사람은 자본가는『자본론資本論』을 쓸 수 있고 기녀는『기녀사妓女史』를 쓸 수 있다고 한다. 그러니 진용金庸이 대협객이라는 말을 절대로 믿어서는 안 된다.

병법은 상서로운 것이 아니어서 옛사람들은 이에 대해 신중하게 언급했다. 조괄趙括은 단지 아버지(조趙나라의 명장 조사趙奢)의 책만 읽고서 "병법에 대해서는 천하의 누구도 당해낼 사람이 없다"고 생각하면서 자신의 아버지조차 눈에 뵈지 않았으니, 참으로 지나쳤다(『사기』「염파인상여열전廉頗藺相如列傳」). 후대에서는 이를 '종이 위에서 병법을 논하다'라고 말했다.[4] 하지만 그의 지나침은 '종이 위에서 병법을 논한' 데 있는 게 아니며, 원서에도 그가 '종이 위에서 병법을 논했다'는 말은 없다(조괄의 시대에는 아직 종이가 없었다). 말로 하거나 필담을 했다. 말로 하면 마음속으로 이해할 수 있고 글로 하면 반드시 문자로 드러난다. 그리고 이는 전쟁이 끝나고 집으로 돌아간 다음의 일이다. 마오쩌둥은 일단 전쟁터에 도착하면 병법은 전혀 기억나지 않는다고 말했다(대체적으로). 전쟁터에서는 상황의 변화가 매우 빠르게 일어나며 구기 경기에서처럼 타임 요청도 없다. 따라서 '병법을 논하는 것'과 '용병'은 별개의 문제다. 손무와 클라우제비츠 두 사람은 종이 위에서 병법을 논했으며 그것도 매우 멋있게 표현하여 명장이라도 탄복하지 않을 수 없다. 어려서부터 가학을 전수받은 조괄이 군진軍陣의 장수가 되어 만약 전쟁에서 대패시키지 못하고 자기 목숨만 건지고 돌아왔다 할지라도 책을 쓰는 것은 전혀 문제될 게 없으며, 심지어 더 좋은 성과를 낼 수도 있다(우수한 코치가 꼭 우수한 선수는 아니듯이). 그에게 문제가 된 것은 '쉽게 말하는 것'이었다. 즉 '죽고 사는 존망의 도'를 장난으

---

4) 조괄은 병법을 잘 알긴 했지만 장평長平의 전투에서 진秦의 백기白起에게 패하여 전사했다. 조나라 군대는 장평의 전투에서 처음에 명장 염파廉頗의 지휘로 방어전을 펼쳤고 이에 진나라가 곤란에 빠졌다. 그런데 진나라의 재상 범저范雎가 "진나라가 두려워하는 것은 사실 염파가 아니라 조괄이다"라는 소문을 퍼뜨리자 조나라의 효성왕孝成王은 이 소문을 믿고 총대장을 염파에서 조괄로 교체했다. 조괄의 어머니는 평소 남편 조사로부터 "사람의 목숨을 가볍게 여기는 조괄을 장군으로 쓴다면 전투에서 패배할 것이다"라는 유언을 들었으므로 효성왕에게 이 사실을 전했지만 왕은 듣지 않았다. 결국 종이 위의 병법만을 이해했던 조괄은 염파의 전법을 모두 바꾸고 진나라 군에 도전했지만 결국 백기의 작전에 걸려들어 대패하고 말았다. —옮긴이

로 삼은 것이다. 뿐만 아니라 군을 통솔하지도 못하고, 병사들과 마음을 함께하지도 못했으며 게다가 '모든 규율을 고치고 장교를 교체하기도 했다'. 그 결과 40만 명이 생매장당하고 자신도 살해되었다.

고대 문인 가운데 두목杜牧처럼 더러 병법을 깊이 논한 사람도 있다. 하지만 병법을 논하고 국가를 망친 사람은 무인이다. 조괄은 무인이지 문인이 아니다. 지식인으로서 불현듯 어떤 생각이 들어 붓을 버리고 군에 들어가지 않으면 전쟁에 끼어들 수도 없고 책임질 수도 없다.

한비韓非는 "나라 안에서 모두 병법을 논하며, 손무·오기의 책을 가지고 있는 이가 많다"라고 했다. 학자들은 그들을 인용하면서 조기 발전을 이룬 병학兵學에 대해 매우 영광스럽게 생각했지만, 그들이 잊고 있는 것은 바로 그 뒤의 한마디다. "그러나 군대는 더욱 약해졌다."

송나라는 군대도 많이 양성했고 무기도 훌륭했으며(화기 발명), 군 장비 면에서도 당시 세계 제일이었다. 당시 병학 연구도 상당히 활발했고 무과 시험도 생겨 『무경武經』을 판각하여 일시에 흥성했다. 하지만 중국의 병학이 가장 발달한 시기는 중국의 역사상 가장 치욕적인 시기이기도 하다.

오늘날 『손자』 연구와 고대 병법에 관한 연구는 여전히 송나라 병학에 커다란 영향을 받았다. 송나라의 학풍은 공소空疏하며 '여러 차례 읽고 또 읽으면 그 의미가 자연히 드러나는' 방식을 추구한다. 당시 유행했던 『무경칠서武經七書』는 처음에는 『손자』에만 조조曹操의 주석이 있었는데, 나중에는 구두점 또는 훈점訓點이 달려 있지 않은 백문본白文本 형태여서 군인들 스스로가 이해해야 했다. 고대 주석을 보존한 십가주十家注 체계의 판본은 해독할 수 있는 사람이 많지 않으며, 그 후로도 아는 사람이 거의 드물다. 원·명대 이후 과거제도를 모방한 무학武學 교육은 문장의 의미는 대충 설명하고 전쟁 사례를 인용한 책이 주도적 위치를 차지하여 실용주의와 학원파의 분위기가 농후했다. 지금까지 『손자』 주석본은 대개 이런 형태다. 사람들은 이러한 변변찮은 무학 교본을 보배로 생각하며, 시자미施子美와 장분張賁, 유인劉寅, 조본학趙本學을 신처럼 받들고 있다.[5] 읽어서 이해가 안 되면 추측하고 수정하며 심지어 새로 쓰기도 한다. '실제로 배우고 실질적으로 활용하는' 분위기가 농후했다.

그런데 왜 송나라는 계속 전쟁에서 패했는가? 그 이유는 여러 가지가 있다.

첫째, 어떤 운용의 묘일지라도 운용의 자유가 있어야 한다. 송나

---

5)   이들은 고대 병법서와 주석서를 남긴 사람들이다. 시자미는 송나라 때 『무경칠서武經七書』의 주석본 『무경칠서강의武經七書講義』를 썼고, 명나라 유인은 『무경칠서직해武經七書直解』를 썼다. 명대 군사가 조본학은 손무 이후로 병학사상이 실전하자 병법을 연구하여 『도령내열편韜鈐內列篇』 『조주손자趙注孫子』 『손자서孫子書』 등을 썼다. ─옮긴이

라는 당말唐末·오대五代의 난을 겪었기 때문에 교만한 병사와 용맹스런 장수를 가장 경계했다. 이 때문에 실제 전쟁에 임해서야 비로소 묘책을 제공했으므로 환란이 생겼다. 이것은 정치적인 이유다.

둘째, 군사전문가가 반드시 천지음양을 알아야 하는 것은 전통이다. 고대 무인은 식법式法을 배워야 했으므로,[6] 송 인종仁宗은 양유덕楊惟德 등에게 '경우삼식景祐三式'을 쓰라고 명했다.[7] 그러므로 "당시 임둔壬遁이 가장 성행했으며" "호기심 많은 사람들이 병법을 논하면서 마침내 정강靖康 시기에 곽경郭京 같은 무리들이 생겨나 황당무계하게 나라를 망쳤다"라는 말이 생긴 것이다. 이는 미신에 속한다.[8]

---

6) 『식법式法』은 천지운행을 다룬 음양오행 서적이다. 모두 천일天一, 사維, 천지天地, 상삭上朔, 제제, 식도式圖, 형일刑日 7편으로 나뉜다. 주요 내용은 12간지, 28성수星宿 등 천지운행에 대한 기록과 월령, 방위 등 천지풍수 방면의 예언들이 수록되어 있다.—옮긴이

7) 양유덕은 송나라 때의 궁정 천문학자다. 1054년의 초신성supernova에 대해 매우 상세한 서술을 했다. 송 지화至和 원년 5월 사축일己丑日(1054년 7월 4일)에 그는 일출 전에 매우 반짝거리는 별 하나가 지평선 위로 떠오르는 것을 발견했고, 이를 '객성客星(중국 고대에 신성新星 또는 혜성을 가리키던 말)'이라고 불렀다. 경우景祐(1034~1038)는 송 인종의 연호다.—옮긴이

8) "自好奇家援以談兵, 遂有靖康時郭京之輩, 以妖妄誤國."(『사고전서총목四庫全書總目』 109권「둔갑연의제요遁甲演義提要」). 임둔壬遁은 육임六壬과 둔갑遁甲의 합칭으로, 여기에 태을太乙을 더해 임둔삼식壬遁三式이라 한다. 음양오행의 원리로 길흉을 점치는 방법이다. 정강靖康(1126~1127)은 송 흠종欽宗의 연호다. 곽경郭京은 북송 말년 사병士兵으로 자칭 법술에 능하여 금나라를 막을 수 있다고 했지만 결국 금군에게 대패하고 말았다. 정치적으로 몹시 어지러운 북송 말년, 금나라 군사가 개봉開封에 쳐들어오자 휘종은 아들 흠종에게 자리를 내주고 호주亳州로 피신했다. 게다가 흠종은 이강李綱, 종사도種師道, 악비岳飛 등을

이 밖에도 교조주의 역시 큰 문제였다. 군사상의 교조주의는 병서를 맹목적으로 믿을 뿐만 아니라 법을 지키는 것만 알고 쓰는 법을 몰랐다. '병법'에 대한 무지의 이면에는 용병을 마치 바둑을 두는 것과 같이 생각하여 순전히 지능게임 정도로만 여겼다. 조괄의 착오가 바로 그런 경우다.

상술했듯이, 소순·소식의 『손자』에 대한 평론을 통해 한 가지 경향을 엿볼 수 있다. 그들은 '용병'의 관건이 군대를 통솔하는 '치병治兵'에 있다고 생각했다. 이러한 능력은 책에서 배울 수 있는 것이 아니다. 소순은 '치병'은 노복들을 통솔하는 것 같아서 보잘 것 없는 장부도 할 수 있는 것이므로 가르칠 필요가 없는 것이라고 보았다. 소식 역시 "강에서 배를 탈 때, 배가 순행하는지 역행하는지는 오직 물의 흐름과 방향에 따르는 것이니, 물을 잊은 사람에겐 그것이 보인다"[9]라고 말했다. 이는 그들이 무인들보다 실천을 더 중시하고 서적을 경시했다기보다, 정치적 문제를 단순한 군사적 문제보다 중요하게 생각했기 때문이다. 예를 들어, 소식은 "천자의 병사는 장수들을 통솔하는 것보다 중요한 것이 없다"라고 했으며, 그가 칭찬한 『하박사비론何博士備論』도 이에 대한 관심을 기울인 것이다.[10]

임용하지 않고 곽경을 살아 있는 신선으로 여겼다. 하지만 개봉이 함락된 후 송 왕실은 남도했고 곽경 역시 금에 투항하여 양산梁山 호한들에게 살해되었다.—옮긴이

9)　"操舟於河, 舟之逆順, 與水之曲折, 忘於水者見之." 소식, 『동파문집東坡文集』 19권 「손무론孫武論 상」.—옮긴이

자고로 '치병'과 '용병'의 모순은 큰 문제다. 전국 말기 순경荀卿과 임무군臨武君은 조趙 효성왕孝成王 앞에서 군사문제를 논의했다. 임무군은 전국 시대 당시 유행하던 손무와 오기의 전술을 중시했고, 순경은 시기적으로 더 이른 '제齊 환공桓公, 진晉 문공文公의 절제'와 '탕湯, 무武의 인의'를 더 중히 여겼으며 그 근거는 『사마법司馬法』이었다.[11] 순경이 옛날 병법을 따르는 것은 분명 보수적인 면이 있지만 실제적인 의미가 없는 것은 아니다. 순경은 '치병'이 '용병'보다 더 중요하며 '절제'를 모르는 '용병'은 정통을 상실하여 단지 '작은 적군'만 대적할 수 있을 뿐 '큰 적'은 대적할 수 없다는 것이다. '병법'은 군대의 자질과 군대의 통제술 및 제도적인 것보다 믿을 만하지 못하다고 보았다. 예컨대 제나라의 병법이 가장 정교하지만 '제나라의 기술적 공격'은 '위나라의 무졸'을 대적할 수 없고, '위나라의 무졸'은 '진秦나라의 정예병'을 대적할 수 없다는 것이다. 진晉나라와 진秦나라는 선진적인 제도로 인해 후에 최고

---

10) 『하박사비론何博士備論』은 북송 시기 무학武學박사 하거비何去非가 쓴 중국 고대의 첫 번째 군사인물평론집이다. 1권에 28편이 실려 있다. 송대 『수초당서목邃初堂書目』『직재서록해제直齋書錄解題』와 청대 『사고전서』『포성유서浦城遺書』 등에 실려 있다.—옮긴이

11) 『사마법』은 사마양저가 지은 병법서다. 사마양저는 강상姜尙, 손무孫武, 손빈孫臏과 더불어 제나라의 병법가다. 제齊 경공景公을 섬길 당시 대사마大司馬로 임명되어 사마양저로 불리게 되었다. 『사마법』은 「인본仁本」「천자지의天子之義」「정작定爵」「엄위嚴位」「용중用衆」 5편으로 구성되어 있다. 『손자』『오자吳子』『울요자尉繚子』『이위공문대李衛公問對』『삼략三略』『육도六韜』와 더불어 중국의 일곱 가지 병서인 『무경칠서武經七書』 중의 하나다.—옮긴이

의 위치에 오르게 되었다.

고대 명장 가운데 병법을 잘 아는 장수들이 많았지만 군병을 잘 통솔하는 장수들이 더 많았다. 이광李廣의 포용력, 정불식程不識의 엄격함 등은 이미 유명하다.[12] 하지만 군병을 통솔하는 것보다 더 중요한 것은 장수를 통솔하는 것이며, 송나라 사람들은 이 점에 대해 가장 많은 관심을 기울였다. 당나라 말기와 오대五代의 배경을 놓고 볼 때, 송나라가 이처럼 '안으로는 긴장하면서도 밖으로는 관대한 태도'를 보인 점 역시 일리가 있다. 다만 애석하게도 '역사의 합리성'이란 면에서는 손해를 보았다.

중국 고대 병법의 요체는 '인내忍'와 '잔인함狠'이다. 이것은 어떤 유명한 사람이 한 말이다(장사교張士釗, 『유문지요柳文指要』 가운데 '우인友人'의 심득心得 부분 참조). 여기서 말하는 '인내'는 억울함을 당해도 말을 못하거나, 기분을 맞추면서 아부를 떨거나 가련한 척

---

12) 이광과 정불식은 한漢 무제武帝 때의 명장이다. 이 둘의 군대통솔 방식은 매우 대조적이다. 한 무제 원광元光 원년에 무제는 이광을 효기장군驍騎將軍으로 삼고 정불식을 거기장군車騎將軍으로 삼아 북방 흉노의 침공을 막게 했다. 그런데 이광의 장병들은 기동할 때 행군 대오를 갖추지 않고 전투 시에도 전열을 제대로 갖추는 법이 거의 없었으며, 숙영할 때에도 물과 풀이 있는 곳이면 아무 데서나 영채를 설치하는 등 군기가 까다롭지 않았다. 반면 정불식의 군은 행군 대오가 질서정연하고 항시 적의 경계 태세를 강화하는가 하면 영내 군사 처리도 정확한 문서와 장부를 작성하게 했다. 이처럼 이광은 직접 전투에 들어가지 않을 때는 군기를 까다롭게 하지 않았고, 정불식은 일사불란한 통제 하에 엄격한 군기를 지켰다. 하지만 둘 다 흉노족의 기습공격에 피해를 당한 적이 거의 없었다. —옮긴이

하거나, 바짓가랑이 밑을 기어야 하는 등 온갖 수모를 다 참는 것을 말한다.[13] '잔인함'은 노인이나 아이 할 것 없이 하나도 남김없이 다 죽여서 가슴속 분을 싹 풀어내는 것이다. 이는 중국의 정치와 역사적 경험, 중국인의 행위를 이해하는 데 매우 중요한 점이다.

고대 병법가는 "대적할 만하면 싸우고 적보다 수가 더 적으면 도망치며 승산이 없으면 피해야 한다"[14]고 했다. 마오쩌둥도 "이길 수 있으면 싸우고 이길 수 없으면 물러나야 한다"고 했다(『중국 혁명 전쟁의 전략 문제』). 이러한 말들은 모두 이 두 글자('인내忍'와 '잔인함狠')에서 나온 것이다. 『좌전』에는 "물러나 피하여 평안을 유지한다", 『삼국三國』에는 "영웅은 거짓 항복을 한다", 『수호水滸』에는 "호걸도 곤장 아래에서는 자백을 한다"는 등의 말이 있다. 그 근원을 추적해보면 역시 이 두 글자를 활용한 것이다. 중국 근대사에 섭명침葉名琛은 광저우를 지키다가 불리해지자 결국 패하여 포로가

---

13)　회음후淮陰侯 한신韓信은 진秦나라 말기 유방劉邦이 한漢나라를 세우는 데 혁혁한 공을 세운 명장이다. '배수진背水陣' '토사구팽兎死狗烹' '다다익선多多益善' 고사의 주인공이기도 하다. 한신은 어릴 적에 어머니 장례를 치를 수 없을 정도로 몹시 가난했다. 그래서 다들 그를 업신여기거나 놀려대곤 했다. 한번은 저잣거리의 패거리들 가운데 한 명이 그를 깔보면서 "네놈은 덩치만 커서 밤낮 허리에 칼을 차고 다니지만 사실 겁쟁이일 뿐이야. 만약 사람을 죽일 용기가 있다면 어디 그 칼로 나를 한 번 찔러 봐. 그렇게 못하면 내 바짓가랑이 밑으로 기어나가야 한다"라고 말하자, 한신은 잠시 후 묵묵히 그의 바짓가랑이 밑을 기어나왔다. 바짓가랑이를 빠져 나온 굴욕이라는 의미에서 '고하지욕袴下之辱'이라 부른다. 하지만 남다른 기개를 소하蕭何가 꿰뚫어보고서 유방에게 추천했고 결국 후에 한나라의 공신이 되었다.—옮긴이

14)　"敵則能戰之, 少則能逃之, 不若則能避之." 『손자』「모공謀攻」.

되어 객지에서 죽었다.[15] 당시 사람들은 "싸우지도 않고 화친을 제기하지도 않으며, 투항하지도 않고 도망가지도 않았다不戰不和, 不降不走"고 비웃었다. 이 말이 그에게 억울한지의 여부는 알 수 없지만 4개의 '부不'자를 보면 확실히 병가의 기피사항을 범한 것은 사실이다. 열세의 전쟁에서는 싸워도 이길 수 없고 필사적으로 대항하려 해도 그렇게 되지 않으며, 화친을 제기하거나 투항을 하거나 도망을 쳐도 모두 손해를 입거나 수치스러운 일이다. 하지만 이러한 난감함이 있을지라도 선택하지 않을 수 없다. 전쟁에서 패한 항우項羽는 오강烏江에서 자결했다. 후인들은 이에 대해 시문詩文을 남겼다. 그 가운데 두목杜牧은 "강동의 자제들 가운데 유능한 인재가 많으니, 흙먼지를 일으켜 다시 왔다면 결과는 알 수 없었으리"라고 읊으면서 도망가는 것이 바로 병법이라고 주장했다.[16] 이청조李清照는 "지금 항우를 생각하니 강동을 넘을 수가 없구나"라며 그의 절개를 표현했다.[17] 도덕과 기술이 충돌했을 때 각각 평가기준이 다르므로 어느 것이 옳다고 말할 수는 없다. 절개를 중시하는 사람은 '전사하는 것은 작은 일이며 절개를 잃는 것이 큰 문제다'라고

---

15) 섭명침은 청말의 정치가다. 1852년 양광兩廣 총독 겸 통상대신이 되어 외교를 담당했다. 대외강경론자로서 애로호 사건에 대한 영국의 항의를 받아들이지 않았다. 그로 인해 1858년 광저우가 영국-프랑스연합군에게 공격당했을 때 붙잡혀서 캘커타로 이송되어 그곳에서 병사했다. '부전不戰, 불화不和, 불수不守, 불사不死, 불항不降, 부주不走'로 비난받았으며 제2차 아편전쟁이 발발한 주요 원인을 그의 외교적 실패로 보기도 한다. ─옮긴이

말하겠지만, 군사학에서 피해야 할 것은 체면을 위해 목숨을 거는 것이다. 특히 다른 사람의 목숨을 가지고 자신의 체면을 세우는 행위가 그러하다.

『전쟁론』제1편 제1장에서 클라우제비츠는 '전쟁이란 무엇인가'에 대해 논하고 있다. 전쟁에 대한 설명이 매우 추상적이다. 먼저 결투를 비유로 들어 세 가지 '극단'을 설명하고 있다. 무제한적인 폭력, 절대적인 제압, 최대한의 병력 투입으로 '계산된 전쟁'과 '부전不戰'을 부정한다. 이것이 이상적인 전쟁이다. 그 후에 다시 현실 속

---

16) 두목은 항우가 죽은 지 약 1000년이 지나 오강의 객사를 지나다 문득 항우가 떠올라 「오강정에서題烏江亭」라는 시를 지었다. "이기고 지는 것은 병가지상사라 예측할 수 없으며, 수치를 참고 욕됨을 견디는 것이 진정 대장부라. 강동의 자제들 중에는 유능한 인재들이 많으니, 흙먼지를 일으켜 다시 왔다면 결과는 알 수 없었으리勝敗兵家事不期, 包羞忍恥是男兒, 江東子弟多才俊, 捲土重來未可知." 항우는 해하垓下에서 사면초가에 빠지자 오강으로 도망갔다. 그때 그곳 정장亭長이 강동으로 돌아가 그곳에서 다시 재기하라는 조언을 하지만, 8년 전 강동의 8000자제와 함께 떠난 자신이 무슨 면목으로 강을 건너가 부형을 대할 것인가라고 하면서 스스로 자결하고 만다. 두목(803~853)은 만당晚唐의 시인이다. 당시 이상은李商隱과 더불어 '이두李杜'로 불렸으며, 대표작으로 「아방궁부阿房宮賦」「강남춘江南春」 등이 있다.─옮긴이
17) "살아서는 마땅히 인걸이었고, 죽어서도 귀신들의 영웅이겠지. 오늘 항우의 절개를 생각하니, 강동을 건널 수가 없구나生當作人杰, 死亦爲鬼雄. 至今思項羽, 不肯過江東."「여름날의 절구夏日絶句」. 이청조(1084~1151)는 남송의 여류시인으로 산둥 사람이다. 남편 조명성趙明誠은 금석학에 조예가 깊었다. 집안이 여유로워 부부는 함께 서화와 금석을 수집·정리하는 데 힘썼다. 그 후 금나라가 중원에 쳐들어오자 함께 남쪽으로 내려가 살다가 남편이 병사하고 만다. 이는 그녀의 삶에 커다란 전환점이 되어 저장 성 일대를 방황하며 고초를 겪는다. 그녀의 후반기의 작품에서도 쓸쓸한 삶과 비탄한 심정이 잘 드러나 있다.─옮긴이

에서 수정을 하면서 지휘 전략의 개연성(혹은 우연성)을 끌어들여(도박에 비유) 절대화된 경향을 변화시키고, 아울러 전쟁은 최종적으로 정치의 제약을 받는다고 말한다. 전자는 극단으로 치닫는 상승이고 후자는 극단적 상태에서 내려가거나 상승하는 것을 중단하는 것이다. 즉 "전쟁은 또 다른 형태의 정치의 연속에 불과하다"는 주장이다. 하지만 실제 논술 과정에서는 먼저 정치를 추상화한 다음 다시 설명해나가고 있다(상무인서관. 1978년. 23~47쪽 참조). 이는 중국의 병법가들의 논리와는 다르다. 중국의 병법가들은 "정법正法으로 치국하고 변법으로 용병하며, 먼저 계략을 짜고 후에 전쟁을 한다".[18] '전략적 방식' '외교적 방식' '전쟁을 하지 않고 승리하는 방식'을 이상적인 형태로 본다. 군사를 일으켜 전쟁을 하거나 나라를 파괴하는 것은 어쩔 수 없는 경우의 방법일 뿐이다.[19] 손자의 병법은 먼저 '전략을 짜고' 다음은 '작전을 펼치고' '작전을 펼친' 다음엔 '성을 공격하는 것'으로 점차 격상한다. 하지만 정작 성을 공략하는 극한의 결정적인 단계에 돌입하면, 도리어 '먼저 계략을 쓰고' '전쟁을 하지 않고 적군을 굴복시키며' '천하를 온전히 함으로써 다

18) "以正治國, 以奇用兵, 先計以後戰."『한지漢志』「병서략兵書略」. 여기서 정正과 기奇는 병법의 술어다. 적진과 대치하여 교전하는 등의 상법常法을 '정'이라 하고, 유격부대나 복병 혹은 기습 등의 변법을 '기'라 한다. ─옮긴이
19) "그러므로 최고의 전쟁은 전략적 방식이고, 다음은 외교적 방식이며 그다음은 군사적 방식이다. 가장 안 좋은 것은 성을 공략하는 방식이며, 이는 부득이한 경우에 하는 방식이다故上兵伐謀, 其次伐交, 其次伐兵, 其下攻城, 攻城之法爲不得已."『손자』「모공謀攻」. ─옮긴이

투는 방식'을 강조한다.

리델 하트^{B. H. Liddell Hart}는 그리피스^{Samuel B. Griffith}가 번역한『손자병법』
의 서문에서 클라우제비츠의 설명은 무척 난삽하여 폭력을 남용하
고 있다는 오해를 받기 쉽다고 했다. 원인은 하트 자신과 반대의
입장이기 때문이다. 『전쟁론』에서 클라우제비츠는 매우 중요한
'양극화 원리'를 제기했다. 하지만 책에서 충분한 논증을 전개해나
가지 못했다. 양극화는 인간 생활에서 자주 보이는 현상이지만 그의
입장에서 볼 때 이는 매우 이상적인 상태다. '좋은 사람과 나쁜 사
람'의 이야기는 아이들도 좋아하고 성인들도 좋아한다. 글쟁이는
과장에 뛰어나고 정객은 미혹함에 뛰어나니, 대중운동이 줄곧 거
세지는 오묘함은 바로 여기에 있다. 양극화의 특징은 '제3의 길'을
기피하고 '중간색'을 배척하며 대립 면이 상호 대치를 이루어야 한
다(그렇지 않으면 대립이 되지 않으며, 그러면 시시하다). 전쟁은 항상
진영이 분명하고 어느 한 쪽은 패하는 것이므로 전형적인 대립 양
상을 띠기 마련이다. 하지만 전쟁일지라도 승세와 약세가 있다. 세
가 약할 때는 적을 피하거나 강화講和를 하거나 투항을 하거나 도
망갈 줄 알아야 한다. 또한 세가 강해도 적당하다 싶으면 돌아오거
나 호전되었다 싶으면 그만두어야 한다. 그렇지 않으면 영광을 얻
으려다가 오히려 치욕을 당하고 이익을 보려다가 도리어 손해를
보게 된다.

현실 생활 속에는 회색과 혼돈의 상태가 많다. 전쟁 문제에서 사

람들이 일반적으로 중시하고 또 이해하기 쉬운 점은 '양극화'의 형성 과정이다. 그러나 거기에는 종종 다른 면이 존재한다는 것을 망각한다. 이를테면 충돌 시 화해하는 것과 모순을 돌파하는 것이다. 사실 전쟁사에서 타협, 강화, 담판, 심지어 거짓항복, 배반 등은 항상 '대전략'의 일부이며, 그 난이도는 조금도 야전野戰이나 성을 공격하는 것에 비해 뒤떨어지지 않는다. 특히 사람들은 분을 풀 때 언제나 감정을 띤다. 중국인에게는 '동조현상conformity'이 있어서 우르르 모이기를 좋아한다. 하지만 임시방편의 일에는 많이 모여들지만 근본적인 문제해결 시에는 그림자도 볼 수 없다. "시작은 쉬워도 끝맺기는 어렵다"는 말이 딱 맞다.

이탈리아 한학자 가블리코브스키Krzysztof Gawlikowski 교수에 따르면, 서양의 군사 전통의 근원은 '결투'에 있다. 이러한 전통과 관련이 있는 유럽, 특히 라틴 민족에게는 '대장부'라는 개념이 있는데, 스페인어로 '마초Macho'라고 한다.[20] 중국의 '대장부'와 서양의 '마초'를 비교해보면, 중국인의 행위와 군사 전통을 이해하는 데 도움이 될 것이다.

근래 중국에 '대장부'란 개념이 유행하고 있다. 여성들은 이런 남자를 찾고 남성들은 '대장부'인 척했지만 왕숴王朔가 그 속에 숨은 비밀을 밝혀냈다. 이는 여성들이 놓은 덫이며 남자들을 거기에 걸

---

[20] 「손무와 중국의 군사 전통孫武和中國的軍事傳統」, 제3회 『손자병법』 국제학술 심포지엄 논문 참조.

려들게 했다는 것이다. 오늘날 중국의 '대장부' 형상의 표준은, 얼굴은 각지고 터프하며 수염이 덥수룩하고 과묵하며 까칠한 이미지로 대체로 외국영화에서 온 이미지다. 하지만 중국인의 본래의 해석은 이와 다르다. 중국인이 마음속으로 가장 무시하는 것은 조그만 일에도 참을성이 없는 필부의 용기이며(항우, 장비, 이규李逵 같은 무리), 가장 중히 여기는 것은 인내와 기량(유방, 유비, 송강宋江 같은 무리)이다. "대장부는 눈앞의 손해를 보지 않는다" "대장부의 보복은 십 년도 늦지 않다" "도량이 작으면 군자가 아니며 독한 마음이 없으면 대장부가 아니다"라는 속담을 통해 중국의 '대장부'의 이미지를 짐작할 수 있다. 일반 사람들은 천하의 대장부는 두 종류가 있다고 한다. 하나는 '목숨을 건 유형'이며 하나는 '뻔뻔스러운 유형'이다. 하지만 결과적으로 목숨을 건 유형이 뻔뻔스러운 유형을 이기지 못한다. 『수호전水滸傳』에서 왜 왕륜王倫은 임충林沖과 결탁하지 못했는가?[21] 도량이 작아 관대함과 수용력이 없었기 때문이다. 양산박梁山泊에는 별의별 사람들이 다 모여 있다. 핍박을 받아 하는 수 없이 양산에 온 임충이나 좀도둑 시천時遷 같은 이들이 수두룩했으니, '송강' 같은 '형님'이 없었다면 이들을 어떻게 통솔할 수

---

21) 왕륜은 능력 있는 자를 시기하며 소심하고 식견이 좁은 두령이었다. 자신이 임충보다 못하다는 것을 알고 임충이 산채山寨로 들어오는 것을 막았지만, 결국 임충은 양산박에 합류하게 되었다. 조개晁蓋가 양산박으로 들어왔을 때에도 역시 조개 일당을 받아들이지 않으려 했다. 하지만 후에 조개 일당을 내몰고자 했던 임충의 결의를 받아들이지 않아 결국 임충에게 척살되었다. ─옮긴이

있었겠는가.

'마초'는 귀족 기사로서 중국인이 볼 때 '군자'라 할 수 있다. 중국의 고대 '군자'들도 결투식의 전법戰法이 있었다. 예를 들어, 마오쩌둥이 "미련하고 멍청한 인의도덕을 가졌다"고 비난한 송宋 양공襄公이 중요시했던 것이 바로 이러한 전법이다(「중국 혁명전쟁의 전략 문제」). 하지만 중국은 오래전부터 귀족 체계를 무너뜨리고 페어플레이를 폐지했다. 전국 시대 이후 이를 대신한 것이 이른바 "번다한 예의를 지키는 군자는 충성과 신의를 꺼리지 않지만, 전쟁 때에는 속임과 거짓을 마다하지 않는다"라는 말이다.[22] 전쟁에서는 속임수도 마다하지 않는 것은 사실 '소인배들의 전술'이다.[23] '소인배의 전술'은 중국인의 특성 속에 많이 배어 있다. 그 장점은 기동성과 유연성이 좋다는 점이며 단점은 쉽게 교활해져서 배반과 복종을 일삼으며 법칙을 무시한다는 점이다. 프랑스 폴 발레리Paul Valery는 보통 서양 사람들은 "동쪽이면서도 서쪽이고, 좌 같으면서도 우

---

22) "繁禮君子, 不厭忠信 ; 戰陣之間, 不厭詐僞." 『한비자韓非子』 「난일難一」.

23) "진 문공이 초나라와 전쟁을 하고자 구범을 불러 '초나라는 수가 많고 우리(진나라)는 적은데, 이 일을 어찌하면 좋겠소?'라고 묻자, 구범은 '제가 듣건대, 번다한 예의를 갖추는 군자는 충성과 신의를 꺼리지 않지만, 전쟁에 임해서는 속임수를 꺼리지 않는다고 합니다. 그러니 적을 속이는 술책을 써야 할 뿐입니다'라고 대답했다晉文公將與楚人戰, 召舅犯問之, 曰 '吾將與楚人戰, 彼衆我寡, 爲之奈何?' 舅犯曰 '臣聞之, 繁禮君子, 不厭忠信, 戰陣之間, 不厭詐僞, 君其詐之而已矣.'" 전쟁은 승리가 목적이므로 적을 속이는 것을 마다하지 않는다는 '병불염사兵不厭詐'라는 성어를 의미한다. 『한비자』 「난일」 참조. ―옮긴이

40

같기도 한" 중국 민족을 이해하지 못한다고 했다(성청盛成, 『내 어머니我的母親』의 서론). 하지만 중국인은 '천궁에서 소란을 피운 자'도 '서천에 가서 불경을 구해온 자'도 같은 손오공이라는 사실을 전혀 이상하게 생각하지 않는다.

중국의 전법은 구천勾踐식 전법이다. '참는 것忍'이 우선이며, 그 속엔 '잔인함狠'이 담겨 있다. 와신상담하면서 마음속에 칼을 갈고 있는 심정은 괴롭다. 하지만 그것은 환경이 그렇게 만든 것이다. 옛 날에는 세상이 어지럽고 험하여 백성들이 병법서를 읽지 않고도 늘 '내부의 경쟁과 싸움'이 있다 보니 자연스럽게 병법을 배울 수 있었다. 비록 거칠고 사나운 여인도 '비분강개한 군대는 반드시 승리를 거둔다'는 이치를 알고 있으며, 때론 필요에 따라 먼저 울기도 한다.

『손자병법』이 마침내 '손자인 척'하는 '병법'이 되어버렸으나 어쩔 수 없다.

'사나운 여인'과 '대장부'는 항상 대칭의 양 극단이다. 예컨대 유방이 무섭지만 그의 부인은 더 무섭다. 남자와 여자의 '싸우는 법'도 병법과 관계가 있다. 고대 방중술에서는 항상 여자를 '적'이라 칭했다. 이른바 "적을 보기를 돌과 기와같이 하며, 자신은 금과 옥으로 생각한다" "여자를 다루는 것은 썩은 끈으로 달리는 말을 모는 것과 같고, 칼이 있는 깊은 구덩이에 접근하는 것과 같아서 그 가운데 떨어지는 것을 두려워한다"라는 말이 그러하다.[24] '전략적

으로는 적을 무시하고 전술적으로는 적을 중시한다'라는 의미와
흡사하다.

'마초'의 특징은 여자를 좋아한다는 것이다. 특히 친구의 아내
처럼 '얻을 수 없는' 여자를 사랑한다. 하지만 중국의 '대장부'는
'처자를 옷으로 생각하고 형제를 수족으로 생각'하므로 이러한 '낭
만'도 없고 또 이런 식으로 여인을 마음에 두지도 않는다.

중국도 과거에는 전형적인 남성 위주의 사회였다. 그런데 어떻
게 여전히 '음기가 성하고 양기가 쇠하고' '자웅이 전도되고' '마누
라를 무서워'하는 것일까? 중국의 남성은 두 가지 유형으로 퇴화
되었다. 하나는 고관이 되어 직책이 높은 경우는 바깥일에 바빠서
집안일을 소홀히 하게 되어 결국 아내에게 내부 권력을 빼앗겼다.
그래서 아랫사람도 제대로 부리지 못하고 재물도 제대로 관리하지
못하고 소식도 정통하지 못하게 되었다. 또한 '지도자는 건강해야
한다'는 이유로 먹고 마시고 싸고 자는 것이 모두 확보되고, 아내에
대한 감정도 내려 놓은 상태다 보니 남자의 생활능력은 상실되고
게다가 여자 문제까지 꼬투리를 잡히는 날엔 총을 가지고 인질을
위협하는 상황이 초래된다. 결국 '한 사람의 아래에 있고 만인의 위
에 있는' 꼭두각시가 되는 것이다.

또 한 부류는 응석받이로 자란 '소황제'로 아버지는 야심찬 영웅

---

24) "視敵如瓦石, 自視如金玉""御女當如朽索御奔馬, 如臨深坑下有刃, 恐墮其中."
     『의심방醫心方』 28권 「방내房內」.

이지만 아들은 불쌍하고 무능한 인간이다. '깊은 궁에서 살면서 여인들의 손에서 자라서' 여인들의 총애만 받았지 남자다운 면이란 찾아볼 수가 없다.

남자의 가장 큰 약점은 여자를 좋아한다는 것이다. 여인은 세계를 직접 정복할 순 없지만 한 '대장부'를 정복함으로써 한 명의 병사도 없이 한 개의 총알도 사용하지 않고 남자가 정복한 세계를 전부 점령할 수 있다. 이는 더욱 고차원의 전술이다(유연함으로 강함을 이기는 명실상부한 '음모'다).

중국의 병법에는 물론 간악한 면이 있다. 하지만 병법을 배우는 사람들이 결코 모두 나쁜 사람은 아니며, 나쁜 사람 역시 병법으로 구제할 수는 없다. 반대로 거기에는 몸을 보호할 수 있는 특성도 있다. 사마천은 일찍이 손빈, 오기의 용병술로 어떻게 자신을 보호할 수 없었을까를 개탄했다(『사기』 「손자오기열전」). 하지만 이 일도 말이 쉽지 실제는 어렵다.

'군자'가 '소인'에게 손해를 본 후, 만약 용서하는 마음의 수양이 덜 되어 분노를 참지 못해 반드시 복수하고자 할 때는 여러 가지 변수를 잘 생각해보아야 한다. '소인'을 제압하려면 '군자의 도로 소인을 제압'해서는 안 된다. 왜냐하면 '소인'도 웅장한 진지와 휘날리는 깃발을 피할 줄 알기 때문이다. 그러므로 '소인'을 제압하려면 반드시 먼저 '무뢰한'이 되어야 한다. 하지만 비극은 '소인'은 '군자'가 실수하도록 몰아간다는 것이다. 즉 '군자'가 전술적으로 성공을 거두었다 할지라도 사실상 소멸되는 것은 '소인배'가 아니라 '군자'다. 왜냐하면 '군자'가 이미 더 뛰어난 '소인배'가 되었기 때문이다.

1992년 6월
베이징 지먼리에서
(『독서』, 1992년 제11기, 143~151쪽)

2.
협객과 무사의 유풍

1992년 런민문학출판사는 천핑위안陳平原 선생이 무협소설의 유형을 연구한 역작 『천고문인 협객몽千古文人俠客夢』을 출판했다. 저자 서문을 보면, 자신을 '문인'으로 자처하면서 "적을 죽일 마음은 있으나 형세를 반전시킬 힘이 없어서" 협객의 슬픔과 자조에 '꿈'을 의탁할 뿐이라고 했다. 이는 저자가 나중에 제창한 '인문 관심'을 이해하는 데 도움이 되는 점이다. 저자는 책을 증여하면서 내가 관심을 갖고 있는 문제에 대해 세심하게 답해주어, 열성 독자인 나는 많은 것을 배웠다. 이 독후감이 저자에게 누가 될까 싶은 점은 있지만, 그 수준은 저자가 일반 무협소설 독자에게 했던 말처럼, '자신이 필요한 점을 취하고' '도움이 되는 점이 없진 않은' '부족한 이해수준'에 속하는 정도일 것이다.

‘꿈’은 중국에서 그렇게 좋은 단어는 아니다. 하지만 천핑위안은 ‘협몽俠夢’에 대해 깊은 애착을 가지고 있고, ‘이것이 분명 여름날의 일장춘몽 같은 것임을 알면서도’ 여전히 ‘아름다운 색채와 빛을 감상하고 있다’.

천핑위안은 자신만의 감상이 있지만 나는 지기知己인 척하면서 그와 함께 강개할 수는 없다. 하지만 ‘협’과 ‘병법’은 연관 관계가 있으며 ‘병법’의 입장에서 작품을 읽다 보면 적잖은 수확이 있을 것이라 생각한다.

만약 내 말이 틀리지 않는다면, 천핑위안이 ‘협’ 자체에 둔 관심은 그가 말하는 ‘꿈’에 훨씬 못 미치는 것 같다. 그는 ‘협’의 역사적 존재에 대해 제1장에서만 조금 언급했으며, 훌쩍 배경을 건너뛰어 바로 본론으로 들어가 제7장, 8장까지 전부 ‘꿈’에 대해 썼다.

직업(전공)이 다르면 잘 모르는 법이고 또 실용주의자여서 그런지 몰라도, 나는 왠지 모르게 이 책의 가장 훌륭한 점과 중요한 부분(유협遊俠문학의 ‘3대 시기’와 ‘네 줄’의 서술 방식)이 모호하고 불분명하게 느껴져서 머리와 끝부분에만 자꾸 집중하게 된다. 천핑위안의 흥미는 문학현상으로서의 ‘협몽’이고 나의 관심은 ‘협몽’의 역사적 근거이기 때문일 것이다.

십 년 전 ‘뜻을 작은 데 두지 않고 사는’ 어떤 노형의 말이 생각난다. “역사가 무슨 놈의 소용이 있는가! 이리저리 고찰한 후에 결국 사람에게도 원숭이의 꼬리뼈가 있다고 말하는 것일 뿐이지.” 물론 '원숭이 꼬리뼈'가 나라와 백성을 부강하게 만드는 데 분명 아무런 쓸모가 없다는 걸 알고 있지만, 나로서는 기왕에 이런 업종에서 일을 하고 있는 이상 자신을 경시할 필요는 없다고 생각한다. 오히려 고인들이 고민했던 큰 문제들이 지금도 여전히 우리를 괴롭히고 있다고 믿는다.

최근 몇 년 동안 천핑위안 선생은 무협소설에 대해 깊은 연구를 하고 있지만 나 역시 병법에 몰두하고 있다. 일전에 글을 한 편 썼다. 조금 만족스러운 것은 '병법'을 '차축車軸 현상'(카를 야스퍼스가 설명한 '문명의 위기')에 적용한 점이며,[1] 이에 대한 깊은 이해다. 하지만 당시 나는 옛 군사 전통이 교활한 '병법'에 의해 대체되어 완전히 소실되는 것은 아닌지에 대해선 전혀 고려하지 않았다.

하지만 천핑위안의 책을 읽고서야 전혀 그렇지 않다는 사실을 알게 되었다. 적어도 '원숭이의 꼬리뼈' 정도는 남겨두었다. 이것이 무사의 유풍인 '협의 정신'이다. 고대 무사 전통과 '협'의 관계를 연구하면 무협소설의 배경을 이해하고 '병법'의 전후 맥락을 탐구하는 데 매우 도움이 된다.

---

1)　카를 야스퍼스는 『역사의 기원과 목표』에서 역사의 기점을 차축시대車軸時代die Achsenzeit로 정했다. 차축시대는 동서양을 막론한 인류 역사의 기원전 800년에서 기원전 200년 시대에 발생한 획기적인 정신 유산을 말한다. 이 기간은 인도, 중국, 그리스 등 동서양을 막론하고 모든 사상이 응축되어 나타난 인류문화가 정상에 도달한 시기이자 진정한 실존적 인간이 탄생한 시기라는 것이다.—옮긴이

'협'은 문학현상이기 이전에 우선 역사적 현상이자 문화현상이다. 천핑위안 선생의 책을 읽으면서 도대체 '협'은 어떤 사람들인가라는 문제를 분명히 하고 싶었다.

현재 '협'의 기원을 논증하기 위한 자료가 거의 없다. 『한비자』「오두五蠹」와 『사기』「유협열전遊俠列傳」등 몇 가지뿐이다. 천핑위안은 이들을 이미 다 섭렵했다. 사마천이 "고대 평민 협객에 대해 들어본 적은 없다"라고 말한 것은 신릉군信陵君, 맹상군孟嘗君, 평원군平原君, 춘신군春申君 등이 모두 인재를 불러 모은 풍족한 부자들이며, 아마 위로 더 거슬러 올라가면 이러한 '부자 협객'조차 찾아볼 수 없다는 것을 의미한다. 이로 볼 때 '협' 역시 일종의 '차축현상'에 불과하다. 한나라 때의 '협'의 윤곽은 그래도 비교적 분명했다. 사마천은 당시의 '협'에 대해 엄격한 범주를 정했다. 품행을 닦고 명분을 지키며 덕의가 있는 '시정 협객'과 '필부 협객'으로 한정지었다. 한 패가 되어 못된 짓을 하거나 힘으로 선량한 사람을 누르는 폭도들과 함께 논하는 것을 반대했다. 하지만 당시 대중들의 안목이 밝지 않아 '의사義士'들을 '불량배' 정도로 생각하며 비웃었다. 이를 사마천은 탄식하며 애석해했다.

천핑위안이 '협'에 대해 중요하게 생각하는 점은 단지 그들의 정신적 기질인 것 같다. 약속을 중히 여기고 죽음을 두려워하지 않고 왕의 법을 무시하고 위험에서 사람을 구하는 그런 정신을 말한다. 또한 무공은 단지 협객으로 행동하는 수단에 불과할 뿐, 그것이 없더라도 협객으로 살아가는 데는 아무런 지장이 없다고 보았다. 「유협열전」에 '협'의 무공에 대해 한 자도 언급하지 않은 점이 바로 그런 이치라는 것이다. 나아가 '협'의 뛰어난 무공은 당나라 소설가들이 창작한 것이며 그 이전에는 그렇게 무공을 잘하지 않았다고 한다. 그렇다면 한비자가 "협은 무력으로 금기를 범한다"라고 한 '무武'자가 문제가 된다. 천핑위안은 대체로 '무'는 단지 "걸핏하면 싸우려 들거나" "노상에서 억울함을 당한 사람을 보면 칼을 뽑아 도우려는 행위"라고 해석한다. 사실 일찍이 '협'의 무공이 어떠했는지에 대해 고증하기란 어렵다. 하지만 '협'이 싸움을 하고자 하면서 손을 쓰지 않거나 사람을 구하려 하면서 칼을 뽑지 않는다면, 어떻게 유협의 정신을 보여줄 수 있겠는가? 일단 손을 한번 움직이거나 칼을 한번 휘두른다면 적어도 고수는 아닐지라도 일반 건달을 상대할 수 있는 정도는 되어야 할 것이다.

나는 "유가는 글로 법을 혼란케 하고 협객은 무력으로 법령을 어긴다"[2]는 말에서 두 종류는 모두 '유사遊士'의 커다란 범주에 속하며, 모두 본래 귀족 전통의 대붕괴라는 배경을 가지고 있다고 본다. 옛 귀족 전통은 무사 교육을 통해 배출되었다. 당시의 '사'는 문과 무를 모두 허용했으므로 묘당에서는 겸손한 군자이지만 전쟁터에서는 용감한 무사였다. 관학이 깨지면서 유儒와 협이 나타나 각

---

2)   "儒以文亂法, 俠以武犯禁." 『한비자』 「오두」.

각 옛 전통의 한 측면을 대표했으므로 협과 무는 뗄 수 없는 관계가 되었다. 「유협열전」 속의 주가朱家, 극맹劇孟, 곽해郭解는 모두 '군자의 풍모'를 지니고 있지만, 이는 그들이 유명한 협객이 된 이후의 일이다.[3] 알고 있던 사람이나 모르고 있던 사람이나 모두 그 명성을 흠모했지만 그 이전은 전혀 다르다. 곽해는 젊은 시절 독하고 악랄하여 수많은 사람을 죽였을 뿐만 아니라, 위폐를 만들고 고분을 도굴하는 등 수많은 악행을 저질렀다. 하지만 나이가 들면서 '절검하고 검약하며, 덕으로 원망을 갚으며 후하게 베풀고 적게 바라는' 사람으로 변해갔다. 하지만 본성은 고치기 어려운지라 여전히 예전과 같이 하찮은 작은 일에도 분노를 드러내곤 했다. 특히 그의 수하의 '객'들은 그가 말하거나 혹은 눈치를 주기도 전에 일단 누군가 그에게 대적한다는 소문만 들어도 바로 쫓아가 죽였으며, 심지어 그에게 통보하지도 않았다. 이것이 '무武'가 아니고 무엇이겠는가?

사마천의 『사기열전』에는 아무나 등장할 수 있는 게 아니다. 자격이 없는 '어린 애송이'들은 말할 것도 없고 이름 좀 날린 일반 '화신火神'도 쉽지 않다. 『사기열전』에 오르려면 적어도 최고 '대

---

3) "태사공은 말한다. '내가 곽해를 만나봤는데, 그의 풍채는 중인에도 미치지 못했고 말하는 솜씨도 뛰어나지 못했다. 그러나 천하의 현명한 사람이나 불초한 사람이나 그를 알던 사람이나 모르던 사람이나 모두 그의 명성을 흠모했다. 자칭 협객이라고 말하는 사람들은 누구든지 그의 이름을 들먹였다' 太史公曰 吾視郭解, 狀貌不及中人, 言語不足采者. 然天下無賢與不肖, 知與不知, 皆慕其聲, 言俠者皆引以爲名."『사기』「유협열전」.─옮긴이

부' 정도는 되어야 한다.

'대부'는 당연히 입만 움직이고 손은 직접 쓰지 않는다. 하지만 무력으로 금기를 범하는 것은 이들의 주특기다.

'무'는 당연히 폭력적 수단이지만 반드시 고매한 무공에만 한정되는 것은 아니다.[4]

'협'과 '무'는 깊은 관련이 있으며 '검'과도 연관이 있다. 천평위안이 귀납한 서술방법의 첫째 항목은 "검에 의지하여 의협을 행한다"는 것이다. '검'은 의협을 실행하는 도구이자 '무'의 상징이다.

천평위안은 '검'을 연구하면서 재미있는 문제를 하나 제기했다. 협객들은 왜 관우關羽처럼 큰 칼을 들고 다니거나 이규李逵처럼 쌍도끼를 가지고 다니지 않고, 가벼운 보검 한 자루를 차고 다닐까라는 점이다. 이유는 큰 칼과 도끼는 비록 실전에서는 유리하지만 "큰 칼이나 쌍도끼를 들고 멀리 떠나기 어렵고, 너무 살기등등해 보이기 때문"이라 한다. 검을 등에 지면 외관이 멋있어 보이고 용사의 풍격도 있으며, 착용하기 쉬운 점 외에도 미적 효과에 착안한 것이다.

---

4) 사석에서 천평위안 선생과 토론한 적이 있다. 그는 '협'은 자객, 녹림綠林, 회당會黨과 다르다고 했다. 자객은 관아가 매수한 도구로서 무공은 있지만 인품이 좋지 않으며, 녹림은 산채에 모여 있는 무장 농민으로 활동 중심이 도시가 아니며, 회당은 엄격한 조직이 있고 단독으로 전쟁하는 경우가 드물다는 것이다. 하지만 나는 '협'이 일종의 무사를 양성하는 것이라면 전혀 조직이 없는 것은 아니며, 또 목숨을 내걸고 복수하려는 무사를 양성하는 것이라면 자객도 포함되며, 그리고 관아와 대립하는 것도 녹림과 비슷한 점이라고 생각한다.

검이 무협소설에서 신비롭게 묘사되는 것은 작가의 과장이나 창작에 의해 만들어진 것이지만, 거기엔 여전히 추적 가능한 역사의 그림자가 있다.

중국에는 일찍부터 화약을 사용하지 않는 무기로 창, 긴 창, 검, 미늘창, 활 등이 있다. 창, 긴 창, 미늘창은 수레의 오른편에 있는 무사가 소지하고 궁은 사수가 직접 소지했다. 모두 수레의 주요 병기로서 장병長兵이다. 검劍은 단병短兵으로 가까운 거리의 격투나 자기 보호를 위해 몸에 휴대하는 것으로 주된 실전 병기는 아니다. 하지만 고대 병기는 작전에 사용하는 것 외에도 몸에 휴대하여 신분을 표시하는 의미도 있다. 예를 들어, 서주西周 시대에 관직을 책봉할 때 하사하는 수레와 군복에는 갑옷과 궁, 화살이 자주 보인다. 그리고 후세의 수레와 복식제도에도 칼과 검이 보인다. 출토된 중국 고대 초기의 검은 모두 비수와 같은 단검으로 길이가 약 10~20cm 정도에 불과하다. 춘추전국 시대부터 조금 긴 검이 나타나기 시작했으며 길이는 약 50cm 정도였다. 80cm, 90cm, 1m 정도까지 되는 긴 검은 진한秦漢 시대에 출현했다. 장검은 춘추전국 시대에 나타났으며 무사들이 검을 차는 기풍도 이때부터 시작되었다. 그래서 출토된 이 시기의 병기는 주조 공정도 정밀하고 장식도 매우 중시했다. 보검은 남성에게 있어 여성의 비녀와 같이 귀중한 '장식품'이었다. 전국 시대에는 평민들이 군에 입대했기 때문에 옛 무사 제도가 쇠퇴했고 검을 휴대하는 풍습도 폐지되지 않았다. 예를 들어, 『사기』의 진간공秦簡公 6년에 "처음으로 관리(하급관원)들로 하여금 검을 소지하게 했다"(「육국연표六國年表」)는 기록과, 다음 해에 "백성들이 처음으로 검을 소지했다"(「진시황본기秦始皇本紀」)는 기록이 이를 입증한다. 한신韓信이 '도검을 소지하기를 좋아했다'는 말은 그 무렵부터 검을 차는 게 유행했다는 의미다.

도검을 차는 것은 세계적으로도 무사의 상징이다. 서양 사람들은 아시아에는 마초(대장부)가 적으며, 일본과 말레이 반도에는 그런 분위기가 조금 있어서 그들은 도검을 휴대하기를 좋아한다고 말한다. 중국은 일부 소수민족만 여전히 도검을 휴대한다. 이런 것은 무사 기풍의 잔재다. 미국 서부 카우보이들이 총을 가지고 노는 것은 절대로 정통이 아니다.

무협들이 검을 찼다는 사실에 대해서도 이러한 단서를 통해 이해해야 한다.

'협'과 '병법'은 모두 중국 고대의 무사 전통과 관련이 있다. 하지만 실질적으로 양자의 정신은 매우 다르다. '병법'은 힘의 대결, 기회의 포착, 이길 수 있으면 싸우고 이길 수 없으면 도망가는 것이다. 모든 것은 '실행 가능한 상황'에 의존하며 근본적으로 도덕과는 아무런 관계가 없다. 하지만 '협'은 다르다. '협'이 중히 여기는 점은 단독으로 싸우고 은혜와 복수를 일삼으며, 무사의 영예는 작은 말 한마디나 조그만 혈기로 목숨을 걸고 얻어낸 것이다.

이치상으로 볼 때, '병법'이 후세 군사 전통의 주류라고 한다면 당연히 옛 무사 전통과 밀접한 관계가 있을 것이라고 생각하지만, 꼭 그렇지만은 않다. 병법을 자세히 연구해본 결과, 병법은 군법에서 분리된 일종의 새로운 현상으로 고대 전법戰法과는 전혀 다르다. 반면 '협'은 표면적으로 관방의 군대를 정비하는 무력을 강화하는 범위에 속하지 않으며 오히려 항상 엄격히 처벌되는 대상이었다. 하지만 사마천과 천평위안이 소중히 생각하는 '약속을 중시하고 목숨을 두려워하지 않는 복수와 결투 정신'은 고대 무사의 전통이라 할 수 있다.

중국의 고대 무사 전통은 단편적인 역사적 기록에서 많이 볼 수 있다. 예를 들어, 자원子元이 군무를 추면서 문부인文夫人을 희롱한 것은 유럽 기사의 스타일과 유사하다.[5] 자로子路가 두려워하지 않고 갓끈을 매고 죽은 것은 일본 무사와 흡사하다.[6] 특히 마오쩌둥이 '미련하고 멍청하다'고 폄하한 송 양공은 분명 중국의 돈키호테다. 송 양공은 자칭 '망국의 후예'(송나라는 은나라의 후예)라고 하고, 고대의 '대열이 정돈되지 않은 적군을 공격하지 않는다不鼓不成列'는 결투방식을 고수하며, 적이 '아직 강을 건너지 못했을 때'와 '아직 진을 다 치지 않았을 때'를 틈타 공격하지 않는다고 했다. 그 결과 패하여 자신도 죽고 세상의 웃음거리가 되었다.[7] 『한비자』「난일難一」에 "전쟁에서는 속임수도 마다하지 않는다兵不厭詐"라고 한 것은 이와 같이 시대에 뒤떨어진 전법에 대해 문제제기를 한 것이다.[8] 과연 송 양공은 어리석었는가? 오늘날의 관점에서 볼 때 당연히 어리석다. 하지만 잘 먹고 잘 살아서, 또는 할 짓이 없어서 그러는 것은 아니다. 송 양공의 전법은 『사마법司馬法』에 명시되어 있으며, 이는 본래 군자들이 반드시 지켜야 하는 경쟁의 규칙으로 페어플레이라 할 수 있다.

---

5) 초나라 문왕文王이 죽고 성왕成王이 등극한 후 문왕의 아우 자원子元을 영윤令尹으로 삼았다. 자원은 어린 성왕을 도와 국정을 총괄했다. 이에 대해 어느 대신도 감히 반대를 하지 못했다. 자원은 평소 초 문왕의 아내이자 형수인 문부인의 미모를 흠모한 데다 스스로 왕이 될 욕심이 있었다. 그래서 성왕의 형식적인 섭정인 문부인에게 접근하기 위해 문부인의 궁 가까이에 거처를 마련하고, 매일 무악을 연주하면서 문부인을 유혹했다. 『좌전左傳』 장공莊公 28년 참조. ─옮긴이

6) 위衛나라 영공靈公에게는 총애하는 '남자南子'라는 부인이 있었다. 영공의 태자 괴외蒯聵가 남자에게 죄를 범하고 죽임을 당할까 두려워 도망쳤다. 영공이 죽자 부인 남자는 공자公子 영郢을 왕으로 세우려 했으나 영은 후사가 두려워 괴외의 아들 첩輒을 추천하니, 그가 바로 출공出公이다. 자로가 위나라 대부 공회孔悝의 읍재(읍을 다스리는 사람)가 되었을 때, 괴외는 공회와 더불어 난을 일으켜 출공을 몰아내고 장공莊公으로 등극한다. 이 난에서 자로는 괴외를 죽이기 위해 싸우다가 자신의 갓끈이 잘리게 되는데, "군자는 죽어도 관을 벗지 않는다"고 말하면서 마침내 갓끈을 매고 죽었다. 공자의 문하에서 자로는 용맹을 대표하는 제자로 손꼽힌다. 『좌전』 애공哀公 15년 참조. ─옮긴이

7) 송宋나라 양공襄公이 초楚나라와 싸울 때, 송나라는 먼저 강가에 진을 치고 있었고 초나라 군사는 이를 공격하기 위해 강을 건너는 중이었다. 이때 공자 목이目夷가 "적이 강을 반쯤 건너왔을 때 공격하면 이길 수 있다"고 아뢰자 송 양공은 정정당당한 싸움이 아니라면서 받아들이지 않았다. 그래서 강을 건너온 초나라 군사가 진용을 가다듬고 있을 때, 목이는 또다시 "적이 진을 치기 전에 공격하면 적을 혼란에 빠지게 할 수 있다"고 건의하자, 송 양공은 "군자는 남이 어려운 때에 괴롭히지 않는 것"이라며 역시 거절했다. 그 결과 송나라는 크게 패하고 말았다. 그 후 어리석은 대의명분을 내세우거나 또는 불필요한 인정을 베풀다가 오히려 심한 타격을 받는 것을 '송양지인宋襄之仁'이라고 한다. 『십팔사략十八史略』 참조. ─옮긴이

8) 병불염사, 166쪽 주 23) 참조. ─옮긴이

55

사실 세계 곳곳에서 이런 무사 전통의 변화는 커다란 문제다.

유럽의 기사와 일본의 무사는 상당히 뒤늦게 쇠락하기 시작했다. 세르반테스의 『돈키호테』가 17세기 초에 쓰였고, 일본 무사들이 대거 낭인浪人으로 전락한 시기도 그 전후였다. 그들의 무사 전통은 지금까지도 사람들의 마음속에 깊이 남아 줄곧 서양인의 '5강 4미五講四美'의 문명·예절과 일본인의 투혼을 발휘한 분투정신에 영향을 미치고 있다.[9]

일본인과 왕래하다 보면 그들이 매우 어리석다는 인상을 받는다. 고인들이 "오랜 시간 경험이 쌓이면 모든 게 정통해진다"고 말하지 않았는가? 옳은 말이다. 중국 문명은 유구하여 곳곳에 풍부한 경험을 가진 사람들이 많다. 중국의 무사 전통이 '돈키호테'로 바뀐 것은 2600년 전의 일이다. 그러니 지사나 현인들이 중국에는 무와 협을 숭상하는 정신이 부족하다고 탄식하는 것이다.

천핑위안은 소설 속의 '협'을 좋아하며 나도 그렇다. 어린 시절 가장 화가 났던 것은 힘도 세고 의기도 높은 항우가 어떻게 인품도 떨어지고 무예도 형편없으며 머릿속은 온통 잔꾀로 가득 차고, 심지어 자기 아버지를 삶은 "국 한 그릇을 나눠주시오"라고 말한 패현沛縣의 건달에게 망할 수 있는가 하는 것이었다.[10] 그가 해하垓

---

9) '5강'은 교양, 예의, 위생, 질서, 도덕을 중시하며 '4미'는 마음, 언어, 행동, 환경을 아름답게 하는 교육 활동을 의미한다. 문화대혁명 이후 특히 청소년 교육의 지침으로 삼았다.—옮긴이

下에서 포위당하여 오강烏江에서 자결한 이야기를 읽고 마음이 무척 갑갑했다. 후에 사람은 두 개의 얼굴을 가지고 있다는 것을 알게 되었다. 현실적이어야 할 때는 현실적이고 이상적이어야 할 때는 이상적이어야 한다. 나쁜 짓을 할 때는 악랄하고 저질스러운 방법을 사용하다가도, 이야기를 들을 때는 순한 어린아이처럼 영웅을 위해 눈물을 흘리고 고인을 위해 걱정하는 것이다. 권술과 병법을 문학적으로 감상하는 사람은 없겠지만 용맹하지만 모략이 없는 어리석은 사람은 간사하면서 충성하는 척하는 사람보다 훨씬 더 독자들의 사랑을 받는다.

천평위안에 의하면 무협소설은 통속문예이며 사람들이 그렇게 고상하게 여기지는 않지만, 인간세상에는 항상 불공평이 존재하기 때문에 사람들은 '협'에 의탁하여 그것을 풀어보려 한다. 이는 인간의 보편적인 기대이자 자연적인 심리이며, 영원히 중요한 주제라

---

10) 유방이 한 왕이 되어 진나라를 평정한 후 초나라 군대를 공격했으나, 오히려 패배하고 자신의 아버지가 초나라에 붙잡히고 말았다. 당시 유방의 군대는 형양성滎陽城에 포위되어 위급했으나 한신의 도움으로 항우와 장기간 대치하게 되었다. 한편 팽월彭越이 여러 차례 초나라를 공격하여 식량보급로를 끊어버렸다. 항우는 다급한 나머지 높은 아궁이를 만들어 그 위에 태공太公(유방의 아버지)을 놓고, 유방에게 "지금 빨리 항복하지 않으면 너의 아버지(태공)를 삶아버리겠다"라고 하자, 유방은 "내가 항우와 함께 북면하여 회왕懷王에게 명을 받아 형제가 되기로 약속했으니 내 아버지가 곧 너의 아버지라. 꼭 태공을 삶을 거라면 나에게도 국 한 그릇을 나눠주길 바란다"라고 했다. '국 한 그릇을 나눠달라'는 '분일배갱分一杯羹'이란 말이 여기서 나온 것이다. 『사기』「항우본기項羽本紀」 참조.—옮긴이

고 한다. 이러한 세속적인 것이 고상한 것으로 변하는 것은 나에게 도 시사하는 바가 크다.

통속문예의 '속俗'의 극한점은 대체로 '간음과 절도행각을 벌이는 일'이다. 청나라 초기에는 정신적 오염을 반대하면서 이 두 가지를 모두 금지했다. 한족은 말도 안 되게 도를 넘는 이런 일에 있어서는 참으로 세계 일류 수준이었다(지금도 손색이 없다). 이런 종류의 책들은 선정적인 부작용이 있지만 아무리 혐오스러워도 그 속에는 기본적으로 인간을 흥분시키는 요소가 들어 있다(약점이라고도 말할 수 있다).

'속'에서 '저속'에 이르면, 싸우지 않으면 소란을 피우고 품지 않으면 안거나 하는 것이 하나의 고정된 틀이 되어 참으로 짜증나게 한다. 진정한 무술을 보면, 격투는 몇 번 왔다 갔다 하면 승부가 난다. 베드신도 몇 분이면 끝난다. 소설가들은 독자의 관심을 끌기 위해 분위기와 상황 배경을 부풀려 편폭을 늘린다. 심지어 불교 교리를 빌려 선정적인 내용을 만들고 순종 속에서 반란을 만들어 고의적으로 우여곡절을 지어낸다. 이러한 수법은 참으로 졸렬하다. 하지만 그 속에는 인류의 '영원한 주제'가 숨어 있다.

인류의 '영원한 주제'는 인간의 기본적인 충동, 즉 음주·여색·금전·의기에 뿌리를 두고 있으며, 이 중 한 가지도 없어서는 안 된다. 특히 여색과 의기는 주 메뉴로서 명·청 시대 통속소설의 양대 주제다. 술에 취해 '떡이 되도록 고주망태가 되는 것'은 '속俗'한 것이며, '옥산이 무너지듯 한 것(옥산경도玉山傾倒, 비틀거리다 넘어짐)'은

'아雅'한 것이다.[11] '육신의 음란'은 '속'한 것이며 '남녀의 사랑'은 '아'한 것이다. '도박꾼의 심리'는 '속'한 것이며 '기업정신'은 '아'한 것이다. '호기를 부리면서 독하게 싸우는 것'은 '속'한 것이며 '의를 보고 용감하게 나서는 것'은 '아'한 것이라고 생각한다. 하지만 전문가들도 『홍루몽紅樓夢』과 『금병매金甁梅』가 밀접한 관계가 있다고 인정하지 않았던가. 현재 외국에서는 아이들이 나쁜 것을 배울까 염려하여 영화에 등급을 매긴다. 벗으면 어느 정도까지 벗어야 하는지, 공포는 어느 정도까지 무서워야 하는지에 따라 G(보통), PG(보호자 지도 필요), R(미성년자 제한), X(성인물) 등 일정한 등급이 있다. 이런 면에서 볼 때, 통속문예와 고상한 문예에 대해 주제에서부터 수법에 이르기까지 자세히 연구해보면 그 '변형' 정도를 알 수 있다.

옛사람들은 "의협을 행하며 의기를 부린다"고 말했다. 전문가인 척하면서 임의로 '유형'을 논하자면 나는 이를 '의기氣'로 분류하고자 한다. 사람들은 사랑은 '영원한 주제'이며 스포츠는 '인류 정

---

11) '옥산경도'는 죽림칠현竹林七賢(중국 위진魏晉 시기에 정치권력에 등을 돌리고 죽림에 모여 노장의 무위자연 사상에 심취했던 일곱 명의 문인. 완적阮籍·혜강嵇康·산도山濤·상수向秀·유령劉伶·완함阮咸·왕융王戎) 가운데 한 명인 혜강에 대한 인물평에서 나온 말이다. 어느 날 산도가 "혜강의 사람됨은 우뚝한 소나무같이 우뚝 선 듯하며, 취하면 큰 몸집이 마치 옥산이 무너지는 것과 같다"라고 했다. 혜강은 술 마시기를 좋아하다 보니 자주 취했고, 취하면 비틀비틀 잘 넘어졌다. 그래서 '옥산경도'는 술 취한 모습을 형용한다. 남조南朝 송나라 유의경劉義慶, 『세설신어世說新語』「용지容止」 참조. ─옮긴이

신'이라고 한다. 좀 더 넓게 보면, 불평이 가득하여 화를 내는 것 (그릇이나 양푼을 내던지는 것)도 '영원'하지 않은 것은 아니다. 특히 중국인에게는 '반역하는' 습벽이 있다. 백 년 이백 년마다 한 번씩 '화를 낸다'. 왕후장상은 기개를 믿지 않고 신괴선불神怪仙佛도 너무 경건함이 없다. 완전히 제멋대로다.

'복수혈전'은 원시적인 공평의 원칙이며 오래되었다면 정말 오래된 것이다. 하지만 미국에서는 지금도「슈퍼맨」이나「배트맨」을 상영한다. 현대 기술로 만든 케케묵은 주제들이다.

끝으로 좀 더 논의하고 싶은 점은 후세에도 '협'이 존재하는가다.

천핑위안은 이 문제에 대해 긍정적이다. 그는『후한서後漢書』에서부터 역사가들은 더 이상 협객에 대한 전기를 쓰지 않았다고 한다. 하지만 그렇다고 해서 세상에 더 이상 협객이 존재하지 않는다는 것은 아니다. 협객소설(문학) 속의 협객의 이미지에는 비록 작가의 상상적 요소가 들어 있지만 종종 창작 당시의 실재적인 존재를 반영하기도 한다.

협객소설의 '3대 시기'의 원형을 찾기란 비교적 어려운 일이며, 이에 대한 연구가 없어서 함부로 논할 수도 없다. 하지만 나는 소설 속의 '협'과 생활 속의 '협'은 상당한 거리가 있다고 생각한다. 태사공은 일찌감치 진짜 협객과 '포악한 사람'을 구별했다. 무협소설 속의 검객들도 정의와 사악 사이에서 양립할 수 없다. 하지만 보통 볼 수 있는 것은 대부분 황진룽黃金榮과 두웨성杜月笙 혹은 마피아들이다. 무덕武德이 훌륭한 격투가는 아주 적거나 아득히 먼 곳에 있어서 정작 급할 때는 찾을 수 없으니 결국 돈을 써서 건달에게 부탁해야 한다.[12] 문학가의 상상은 대개 이렇게 생겨난다. 청관清官이 없을수록 청관을 바라고 애국하지 않을수록 애국을 말하는 것은 아무것도 없으면서 뭔가를 생각하는 것과 같은 것이다. 생각을 많이 하다 보면 제창을 하는 사람도 생겨나고 모방을 하는 사람도 생겨난다. 그러나 억지를 부리듯 제창하고 모방하여 결국 '가짜'라는 폐단을 낳기도 한다.

　나는 이전에 천핑위안에게 무협소설의 유형, 이를테면 『유림외사』 속의 '가짜 협객'은 연구할 만한 가치가 있는지에 대해 물은 적이 있었다.

1992년 7월
베이징 지먼리에서
(『독서』, 1993년 제1기, 17~23쪽)

12)　황진룽, 두웨성, 장샤오린張嘯林은 상하이탄의 암흑계를 장악한 상하이 청방青幇의 거두들이다. 상하이 청방은 중국의 대표적인 암흑계로서 민국 시기 조직원만 해도 약 2만에서 10만 명 정도에 달했다고 한다. 조직원은 하층인, 조계의 형사, 공안국 관원, 유명정치가, 공장 감독, 국민당 노동지도자, 소상인 등 다양했다. 그들은 아편밀수, 인질, 도박, 총기밀매, 살인 및 정치적인 일에도 간섭하고 우국지사, 은행가 부호, 고위정치가, 국민당 간부 등을 끌어들이면서 활동을 펼쳤다. ─옮긴이

3.

매국노의 발생학

　　중국식 비극은 늘 '억울함'에서 비롯되었다. 관한경關
漢卿이 쓴 『두아원竇娥冤』은 천지를 감동시켜 6월에도 눈이 내리게
했지만 이건 '작은 억울함'에 불과하다.[1] 유명한 악무목岳武穆의
마지막은 풍파정風波亭에서 끝이 났으니, 이는 그야말로 영웅이 억
울하게 살해된 것으로 참으로 비극적이다.[2]

　　작가는 비극적 효과를 내기 위해 대개 '영웅'이 억울한 모욕을 당

---

1)　『두아원』은 원元나라 때 관한경關漢卿이 쓴 잡극雜劇이다. 두아는 어린 시절
　　가난하여 채蔡씨 집에 민며느리로 팔려간다. 그 후 남편이 죽자 남편에게 독약
　　을 먹여 죽였다는 무고함을 당한다. 억울한 자신의 누명을 벗기고자 했지만 결
　　국 사형장에서 "내가 죽어 큰 눈이 내려 내 시신을 덮어주고, 3년 동안 크게 가
　　물어 내 원한을 분명히 보여주리라"고 말하고서 형장의 이슬로 사라졌다. 그런
　　데 정말 6월의 혹서인데도 조금 후 하늘이 컴컴해지더니 큰 눈이 내렸고, 3년
　　동안 가뭄이 크게 들었다 한다. ─옮긴이

하는 것으로 설정한다. 한쪽에서 화가 나서 다른 쪽에서 분노를 푸는 것이다. 서양 미학의 말을 인용하면 '배설' 혹은 '카타르시스'라할 수 있다. 임교두林敎頭(임충林沖)의 '야반도주'를 예로 들어보자.

용천을 잡고 피눈물을 전포에 쏟으며 세상을 유랑하는 일생이 원망스럽구나. 오직 마음은 수호에 있지만 고개 돌려 조정을 바라본다. 급히 도망가니 충과 효를 생각할 겨를이 없구나. (…) 실로 제후에 책봉되어 만리를 얻는 반초를 기대했건만, 오히려 핍박받아 나라를 배반하는 홍건적이되고 주인을 배신하는 황소黃巢가 되었구나.[3]

저자가 '충의의 감동'에 흥미를 불어넣을수록 관객의 마음은 더

---

2) 1142년 송나라 고종 조구趙構는 악비岳飛(남송 초기 무장)가 모반을 꾀하고 있다는 간신 진회秦檜의 참언을 듣고 무고한 악비와 그의 아들 악운岳雲, 부장 장헌張憲을 풍파정(남송 때 항저우에 있는 최고 사법기관 대리시大理寺 안에 있는 정자)에서 살해했다. 그 후 진회가 죽고 효종孝宗에 이르러 악비의 혐의가 풀리고 명예가 회복되어 어저우鄂州에 사묘祠廟를 세워 충렬묘忠烈廟라고 했다. 1180년(순희淳熙 6) 무목武穆이라는 시호를 내려 악무목이라 했다. 1914년 이후에는 관우關羽와 함께 무묘武廟에 합사合祀했다. — 옮긴이

3) "按龍泉血淚征袍, 恨天涯一生流落. 專心投水滸, 回首望天朝. 急走忙逃, 顧不得忠和孝. (…) 實指望封侯萬里班超, 生逼作叛國紅巾, 背主黃巢." 용천龍泉은 보검의 일종. 정포征袍는 전쟁 때 입는 전포戰袍. '봉후만리封侯萬里'는『후한서後漢書』「반량열전班梁列傳·반초班超」에 따르면, 예전에 어떤 관상가가 반초를 보고 훗날 "만리에 봉해질 것이다"라고 말했는데, 후에 정말 반초는 대업을 이루어 정원후定遠侯에 봉해졌다. 그래서 후에 '봉후만리'는 '변방에서 공을 세워 공명을 이루다'는 의미로 쓰이게 되었으며, 뜻이 원대하고 기개가 남다름을 형용하기도 한다. — 옮긴이

욱 쉽게 '양산으로 올라가게 된다'. 그들의 마음속에는 분노가 솟아오르고 악한 마음이 생겨나게 된다. 그러다 화가 치밀어 오르면 배반이나 반역의 감정이 불쑥 솟아올라 지식인일지라도 거칠고 저속적인 몰골을 하면서 한마디 외친다. '제기랄! 한 번 부딪쳐 보는 거야!'

중국에서 '핍박받는 자'들이 주인과 한번 틀어져 부딪치면 종종 걷잡을 수 없다. 육겸陸謙도 죽일 수 있고 고구高俅도 살해할 수 있으며, 황궁도 침입할 수 있고 황제 자리도 빼앗을 수 있다.[4] 성공하면 진짜 황제가 되어 세상을 위해 정의를 행한 것이 되고, 실패하여도 영웅이 되어 백성들이 마음 아파한다. 화풀이 할 곳이 없어 아무나 죽여도 박수쳐주는 사람들이 있다.[5] 하지만 문제는 배반자가 배반한 사람이 '주인'이 아니고 우리의 '중국'이라면 어떨까? 말할 것도 없이 더러운 매국노가 되어 다들 죽이려 하고 누구도 용서

---

[4] 고구는 북송 휘종 때의 관료로서 『수호전』에 나오는 4대 간신(동관童貫, 채경蔡京, 양전楊戩, 고구) 중의 한 명이자 당시 정치 파벌의 우두머리였다. 4대 간신은 송강松江 등을 관직에 임명한 후 노준의盧俊義를 수은으로 살해하고 송강과 이규李逵는 술에 독을 타 살해했다. 이 가운데 고구는 시정의 건달 출신으로 축국을 잘하여 단왕(즉위 전의 휘종)의 눈에 들어 휘종이 즉위한 후 태위가 된다. 양아들인 고아내高衙內가 임충의 처를 탐냈던 관계로 고구는 임충을 모함하여 유배를 보내고 후에 죽이려 했다. 육겸도 『수호전』에 나오는 인물로 임충의 오래된 친구다. 그러나 탐욕으로 인해 고구와 손을 잡고 여러 차례 임충을 살해하려고 모의했다가 결국 후에 임충에게 살해된다. ─옮긴이

[5] 이런 살인광들은 분명 어떤 한 사람을 죽이고자 하면서도 도리어 다른 사람에게 화풀이를 한다. 이때 단지 멋진 장면과 사람들의 주목을 끄는 것에 신경을 쓰니, 연기와 감상은 모두 상징적인 것이다. 그러므로 자기만 죽지 않으면 관객의 마음은 상당히 잔혹해질 수 있다.

하지 않을 것이다.

'매국노'란 단어가 언제부터 있었는지는 유감스럽게도 고증할
길이 없다. 하지만 이는 한족 또는 중국인의 '유일한 특허'와도 같
은 용어다. 『사해辭海』의 정의에 따르면, '매국노漢奸'란 본래 한족
의 매국노를 가리키며, 지금은 중국의 배반자를 가리킨다. 시각은
완전히 중국 '민족'에서 전이된 것이다. 모두가 매국노를 욕하지만
욕을 먹은 당사자들은 이미 다 고인이 되었다. 가장 최근의 사람도
지금으로부터 수십 년 전이다. 나 또한 늦게 태어나 요, 금, 몽골,
청에 대한 사건을 보지 못했고 항일전쟁도 보지 못했다. 내가 알고
있는 매국노에 대한 최초의 지식은 '채찍으로 때리기(팽이치기)'였
고, 나중에 '어머니가 들려준 과거의 이야기들'(예를 들어, 단도로 매
국노의 머리를 자른 이야기)을 통해 알게 되었다. 그리고 영화와 극을
통해 알게 된 매국노들, 진회秦檜, 오삼계吳三桂, 왕징웨이汪精衛
등이다.[6]

---

6) 진회는 남송 초기의 정치가다. 1131년 이후 24년간 재상을 했다. 1126년 금金
    나라에 의해 수도 변경汴京이 함락되어 휘종徽宗, 흠종欽宗 두 황제가 포로로
    잡혀갔고 이듬해에는 그도 붙들려갔다. 그는 남침을 거듭하는 금군金軍에 대
    처한 항전파抗戰派를 탄압하는 등 반민족적 행위를 일삼아 결국 1142년 금과
    남송이 중국을 남북으로 나누어 영유하기로 합의했다. 그의 손에 옥사한 악비
    岳飛가 민족의 영웅으로 존경받는 데 반하여, 그에게는 간신이라는 낙인이 찍
    혔다. 오삼계(1612~1678)는 명말 청초 장수다. 명 말기에 청에 투항하여 청군
    에 협력한 공으로 번왕藩王인 평서왕平西王으로 봉해져 윈난을 다스렸다. 그
    후 강희제가 한족을 탄압하는 정책을 실시하고 번을 폐하려 하자 윈난에서 명
    을 재건한다는 명분을 내세워 반란을 일으켰다. 이때 평남왕平南王 상지신尙

내 인상 속에 있는 매국노에 대한 정의는 송나라 이래 충신과 간신의 분별을 통해 이루어졌다. 송나라 이후로는 '몸과 마음을 다해 국가에 충성한다'는 말을 모르는 사람이 없을 정도로 애국주의를 높이 외쳐왔다. 하지만 '중화민족이 커다란 위기에 처할 때마다' 수많은 매국노가 나타났다. 국난을 만날 때마다 간신을 미워하고 충신을 생각하는 정서가 '기개'라는 두 글자에 응축되어 있다. 이말은 주로 남성에게 적용되며 여성의 정절과 짝을 이루는 말이다. 도학자들은 여성이 정절을 잃었던 원인(어떻게 정절을 잃었으며 누구에게 당했는지 등)에는 주목하지 않고 줄곧 결과(처녀인지 아닌지, 목매어 자살했는지 등의 여부)만을 주목해왔다. 마찬가지로 그들은 남성이 절개를 지키지 않은 데 대해서는 단지 개인적인 책망만 했을뿐 환경에 대해서는 묻지 않았다. 이러한 논리는 문학적 표현에 영향을 미친다. 전형적인 수법은 절개 있는 여성을 통해 기개 잃은 남성들을 수치스럽게 만들어(이향군李香君과 후방역侯方域 등)[7] 사

_____

之信과 정남왕靖南王 경정충耿精忠이 오삼계의 반란에 호응했는데 역사에서는 이를 '삼번의 난'이라고 한다. 1678년(강희 17)에 삼번의 맹주 오삼계는 황제를 참칭하고 국호를 주周, 연호를 소무昭武라 정했으나 그해 8월에 향년 67세로 생을 마감했다. 왕징웨이(1883~1944)는 광둥 성 출신으로 본명은 왕자오밍汪兆銘이다. 청의 지원으로 일본에 유학하고 돌아온 후 1905년 쑨원의 중국동맹회에 가입하여 쑨원과 친밀한 관계를 유지하고 장제스와는 대립관계로 지냈다. 중일전쟁 이후에 친일파로 변절하여 극우파를 조직하여 유럽 파시스트와의 연합을 꾀했다. 1940년 상하이에서 일본의 괴뢰정권인 새로운 국민당 정권을 세우고 수반이 되어 일본군의 꼭두각시였다는 역사적 평가를 받기도 한다.─옮긴이

람들로 하여금 '협의와 절개는 여성에게만 남았고' '마소가 아닌 남자는 몇이나 될까'라는 느낌을 갖게 한다.

『명사明史』「열녀전列女傳」에 "대개 근세의 상황은 평범한 행동을 소홀히 하고 기이하고 자극적인 것을 숭상한다. 조정에서 장려한 것과 지방지에 기록한 것, 그리고 항간에서 떠돌고 세속에서 놀라워하는 것들은 모두 상상을 초월할 정도로 기이하다. 문인이나 묵객들은 종종 호방하고 비범한 행동으로 웅장하고 격앙되고 자유분방한 생각을 촉발하므로, 더욱 멀리까지 전해지고 그 일은 더욱 드러나게 된다"8)라고 했다. 이러한 과장된 관점으로 역사를 바라본다면 간결하고 명쾌하며 고무적인 효과가 있지만('절개가 있느냐 없느냐'만 물어보면 된다) 추상적이며 허위적인 폐단이 존재한다.

따라서 누군가 만약 우리 자신과 다음 세대를 교육하기 위해 도식적이지 않은 개성 있는 『매국노의 역사漢奸史』를 사실 그대로 이

---

7) 이향군과 후방역의 이야기는 청나라 공상임孔尙任의 희곡『도화선桃花扇』에 나온다. 명나라 말경, 난징으로 난을 피해 도망친 명나라 개혁파 동림당東林黨은 복사당複社黨을 조직하여 위충현魏忠賢의 잔당인 완대성阮大鍼 일당과 대립한다. 당시 복사당의 후방역侯方域은 진회秦淮의 가기歌妓 이향군과 우연히 사랑에 빠지게 되고, 완대성 역시 그녀를 좋아한다. 후에 남명의 황제로 즉위한 홍광弘光황제에 의해 기용된 완대성은 이향군의 마음을 사려 하지만 거절당하자 권력을 이용하여 그녀를 괴롭힌다. 후에 남명이 멸망하자 이향군은 산으로 들어가 출가하여 여승이 되었고, 후방역 역시 출가하여 도사가 되었다.─옮긴이

8) "蓋挽近之情, 忽庸行而奇激, 國制所襃, 志乘所錄, 與夫閭巷所稱道, 流俗所震駭, 胥以至奇至苦爲難能. 而文人墨客往往偶儻非常之行, 以發其偉麗激越跌宕之思, 故其傳尤遠, 而其事尤著."

치에 맞게 쓸 수만 있다면, 정말 큰 공헌이 아닐 수 없다.

중국의 매국노漢奸 역사는 한나라 이전은 거론할 게 없다. 당시엔 아직 '한나라'가 없었기 때문이다. 이전에 '호한胡漢'(오랑캐와 한나라)의 개념과 상당한 것은 '이하夷夏'였다. 하지만 당시 '이하'라는 개념은 관계가 상당히 복잡했다. 두 나라 간의 영토와 혈연, 심지어 문화까지 서로 얽혀 있기 때문이다. 지금의 미국처럼 '인종의 용광로'라고 하는 멜팅 팟Melting Pot과 같았다. 후에 진秦나라가 6국(조趙·한韓·위魏·초楚·연燕·제齊)을 통일했지만 통일된 나라는 중원이 아니라 그들이 이적夷翟이라고 불렀던 '진융秦戎'이었다. 그 후 6국은 진나라를 멸망시켰다. 당시 진섭陳涉과 오광吳廣은 초나라 사람이었고, 항우와 유방 역시 초나라 사람이었다. 그러므로 '한'은 '진秦'을 반대하고 '초'를 복원한 결과이므로 본래 '형만荊蠻'을 대신하여 분풀이를 한 것이다.

초기 중국의 역사에서 이와 관련된 사례가 두 가지 있다.

하나는 오자서伍子胥가 초나라를 멸한 것이고 다른 하나는 신포서申包胥가 초나라를 구한 일이다. 오자서는 부친과 형님이 모함을 당해 비참하게 살해되자, 오吳나라 군병을 거느리고 초나라 도성 영郢으로 들어가 초楚 평왕平王의 무덤을 판 후 주검을 꺼내어 채찍질하면서 분풀이를 했다. 이 일은 송나라 이후로 본다면 매국노가 틀림없다. 하지만 오나라와 초나라는 당시 미개한 지역으로 화하(중원) 지역과 관계가 없었고, 이후 해내海內가 혼일하여 다같이

'공동의 영광'을 함께하고자 하여 오자서를 증오하지 않았을 뿐만 아니라 도리어 불쌍히 여겼으니, '야반도주'한 임충林沖과 똑같이 생각했던 것 같다. 신포서는 오자서의 친구다. 오자서는 초나라를 떠날 때 이를 갈면서 반드시 초나라에 보복하겠다고 했다. 이때 신포서는 "자네가 초나라를 전복시키려 한다면 나는 반드시 초나라를 일으키겠소"[9]라고 대응했다. 그 후 신포서는 진秦나라로 가서 애공哀公에게 진나라가 만약 군대를 출동해준다면 초의 땅을 떼어 주거나 온 나라를 바치는 것도 감내하겠다며 도움을 청했다. 처음에 진나라가 응하지 않자 7일 동안 아무것도 먹지 않고 진나라 조정을 향해 울며 애원했다. 결국 애공이 감동하여 진의 군대를 출병하여 초나라를 구해주었다. 이 일은 송나라 이후의 관점에서 본다면 '늑대를 집 안으로 끌어들인' 혐의가 있는 것이다. 다행히도 오나라 군사가 뒤쫓아 갔고 진나라 군대 또한 후퇴를 했지만 결국에는 초나라를 회복시켰다. 그래서 신포서는 나라를 구한 영웅의 대명사가 되었다.

다른 하나는 오나라 부차夫差가 월越나라를 멸하고 구천勾踐이 오나라를 멸한 사례다. 오나라와 월나라는 보복과 설욕의 땅이다. 보복을 꿈꾸던 부차는 3년을 참았지만 더 이상 참을 수 없었다. 구천은 이보다 더 했다. "대왕(부차)의 대소변을 맛보는 것도 좋다"고

9)   "子能復(覆)楚, 我必興楚."

했고, 결국 와신상담 끝에 오나라를 멸했다.[10] 후대 사람들은 "군자가 복수하는 데는 십 년도 늦지 않다"라고 했다. 복수하려면 십 년은 참아야 하며 발견되지 않고 성공하면 결국 가치가 있다. 하지만 계속 인내하기만 하면 위험이 매우 크다. 치욕을 씻기 위해 굳은 의리를 지키다가 자칫 기회를 잡지 못하면 한평생 억울한 매국노가 되기 때문이다.

이 두 사례가 중요한 까닭은 거기에는 '매국노의 발생학'의 원리가 숨어 있고, '한번 잘못 하면 천고의 한이 된다'는 위험이 도사리고 있기 때문이다.

매국노는 일반적으로 볼 때 역시 한나라에서 시작되었다. 특히 한나라가 흉노를 정벌할 때부터다. 「만강홍滿江紅」의 "갈증이 나면 마시고 배가 고프면 먹고(다른 것을 돌아볼 겨를이 없는 힘든 상황)", 「소무목양蘇武牧羊」의 "오랑캐에 머물러 있어도 절개는 지킨다"[11]는 말이 다 여기에서 비롯되었다. 사마천은 한나라 장군에 대한 전기를 남겼다. 「이장군전李將軍傳」과 「위장군전衛將軍傳」은 선명한

---

10) 월나라 구천이 오나라 부차에게 패배하여 오나라에 인질로 잡혀 여러 해 동안 치욕적인 생활을 보내고 있었다. 당시 오나라 조정은 구천에 대한 석방 문제로 갑론을박이 벌어졌다. 마침 이때 부차가 병이 나서 자리에 누웠다. 구천은 오왕에게 문병을 가서 직접 그의 똥과 오줌을 맛보는 한편 꾀를 내어 오왕이 병석에서 일어날 수 있는 날짜를 예견한다. 훗날 구천이 예견했던 일자에 오왕은 병석에서 일어나게 되었고, 이로 인해 구천은 귀국할 수 있게 되었다. 이를 '문질상분問疾嘗糞'이라 하며 '와신상담'과 같은 의미다. 『사기』「오자서열전伍子胥列傳」; 『오월춘추吳越春秋』 참조. ─옮긴이

대조를 이룬다.[12] 위청衛靑, 곽거병霍去病, 이광리李廣利는 주장主
將으로서 모두 황제의 친척이나 총애를 받던 자들이다. 다른 사람
은 아무리 능력이 뛰어나다 할지라도 조연에 불과했으므로 그들의
명을 따라야 했다. 이들은 매우 영리하며, '법과 직분을 지키고' '말
을 아끼고 누설하지 않는 것'으로 상사의 환심을 샀다. 지휘에 무능
해도 종종 더 많은 땅을 받게 되었다. 그러나 지위가 비록 높다 해
도 실제 들리는 명성은 매우 안 좋아서 '천하의 현명한 대부들은
그들을 칭찬하지 않았다'. 반대로 이광은 비록 지위가 낮고 성격도
거칠고 '비천한 몰골에 말도 잘 못했지만' '그가 죽을 때 천하에 그
를 아는 자든 모르는 자든 모두 다 그의 죽음을 슬퍼했다'고 한다.

사마천은 '이릉李陵의 화禍'를 입은 후 발분하여 글을 썼다. 이릉
에 대한 남다른 동정심이 있었지만 『사기』는 무제武帝 때 쓴 것이
므로 이릉의 억울함에 대해 그리 노골적으로 표현하진 못했으며,
『한서漢書』만큼 대담하지 않았다. 『사기』와 『한서』에 따르면, 농서
隴西(지금의 간쑤 성 친안秦安) 사람인 이릉은 본디 유명한 무인 출신
이다. 변방에서 태어나 변방에서 성장하면서 말을 타고 활을 쏘는

---

11) 소무는 전한前漢 사람이다. 한 무제 천한天漢 원년(기원전 100), 흉노에 사신으
     로 갔다가 선우單于에게 붙잡혀 복속服屬할 것을 강요당했으나 항복하지 않고
     북해(바이칼 호)에서 양을 치는 등 19년간 갖은 고생을 했다. 흉노에게 항복한
     동료 이릉은 온갖 고생만 하다가 죽어갈 소무를 걱정하면서 설득했지만 끝내
     굴복하지 않고 절개를 지켜 마침내 소제昭帝 때 귀국했다. ─옮긴이
12) 『사기』「이장군열전李將軍列傳」과 『사기』「위장군표기열전衛將軍驃騎列傳」을
     말한다. ─옮긴이

재능이 뛰어났으며 병사들에게도 환영을 받았고 흉노들도 몹시 두려워하는 존재였다. 그러나 그의 가족은 대대로 비참했다. 이광(이릉의 조부)은 포부가 큰 사람이었지만 운명은 기구했다. 그는 성인이 되어 70여 차례의 전쟁을 치렀으나 아무런 책봉도 받지 못했고 마침내 위청衛靑의 문책을 받고 분을 이기지 못해 자살했다.[13] 이광에게는 세 아들이 있었다. 당호當戶와 초椒는 일찍 죽었고 감敢은 곽거병(위청의 조카)에게 암살당했다. 이릉(당호의 아들)은 장군이 되었을 때, 오로지 선우單于를 포섭하여 가문을 다시 일으켜 세우고자 했으나 완전히 실패하고 말았다. 천한天漢 2년, 이릉은 자발적으로 나서서 이사貳師 장군 이광리와 군대를 나누고자 했으나 한 무제가 이를 윤허하지 않았고, 노박덕路博德 역시 이릉의 후방부대가 되는 것을 부끄럽게 여겼다.[14] 이릉은 스스로 5천 명의 보병을 이끌고 광활한 사막으로 들어가 흉노의 주력부대(8만 명)를 만나 준계산浚稽山(지금의 내몽골 서부)에서 혈전을 벌였다. 이릉은

---

13) 흉노의 수장 선우單于의 위치를 알아낸 위청은 이광에게 길을 돌아 진군하게 하고, 자신은 바로 진격해나갔다. 이광은 위치를 옮겨달라고 청했지만 위청은 이를 거절했다. 이 일로 인해 이광은 위청을 안하무인격으로 대했고, 위청이 이를 질책하자 이광은 화가 나서 자살해 버렸다고 한다. —옮긴이

14) 천한 2년, 한 무제는 이광리에게 기병 3만을 이끌고 준계산浚稽山으로 가서 흉노를 치라고 명령하면서, 이릉을 파견하여 이광리 군대의 감호를 맡게 했다. 그러나 이릉은 사양을 하며 직속부대를 이끌고 출전하길 원했다. 그러자 한 무제는 기병 전력이 부족하다고 난색을 표했지만 이릉은 보병 5천여 명이면 충분하다고 하자, 이를 허락하면서 노박덕(복파伏波 장군이라고 함)에게 이릉 부대의 후원지원군이 되라고 했다. 그러나 노박덕은 이를 완곡하게 거절했다. —옮긴이

흉노에게 큰 위세를 보이고 선우에게 심한 타격을 입혔으나 길이 막히고 화살을 다 써버려 결국 포위를 당하여 구조를 받을 길이 없었다. 할 수 없이 나머지 군사들에게 포위를 뚫고 나갈 것을 명령하고 자신은 스스로 투항했다(당시 '투항'은 배반이 아니라 포로가 되는 것이다). 이릉이 생포된 것은 비겁하게 죽음을 무서워한 것이 아니라 한나라에 보답하기 위한 적절한 처사였다. 하지만 한 무제는 자초지종은 묻지도 않고 패배한 결과만을 원망했고(이광리를 위해 체면을 세워주지 못한 것을 원망했다), 급기야 이릉의 상황을 변호하던 사마천에게까지 궁형을 내리게 되었다. 훗날 한 무제는 이릉을 구하지 못한 것을 뒤늦게 후회하여 공손오公孫敖에게 군사를 이끌고 가서 이릉을 구해오라고 명했으나 공손오는 실패하고 돌아오면서 이릉이 배반한 것으로 허위보고를 했다. 무제는 또 사실을 확인하지도 않고 이릉의 모친과 동생, 처자들을 모조리 죽였다(고대에는 군인 가족들이 인질이 되는 경우가 종종 있었다). 그 결과 이릉은 한나라에 절망하여 결국 돌아오지 않았다.

이릉이 투항하여 반역을 한 것은 '강요된 반역'이었다. 물론 '반역'이란 말만 놓고 본다면 이릉은 '반역자'라고 할 수밖에 없다. 그는 흉노의 공주를 아내로 맞아 흉노의 왕이 되어 끝내 돌아오지 않고 그곳에서 죽었기 때문이다. 하지만 그의 '반역'이 강요에 의해 이루어졌다는 점을 고려한다면 그 배후의 손, 즉 자신과 가까운 사람만 기용한 무제, 지휘에 무능한 이광리, 간교한 노박덕, 유언비어를 날조한 공손오, 그리고 불난 집에 부채질만 하는 조정에 득실 거리는 대신들이야말로 진정한 '매국노'라고 할 수 있다.[15]

『사기』와 『한서』를 읽다 보면 당시 군사들이 얼마나 고난을 당했 는가를 알 수 있다. 문제文帝 때 풍당馮唐은 "폐하의 법은 매우 엄 혹하며, 상은 매우 가볍고 벌은 매우 중합니다", 군사들은 "끝끝내 힘겹게 싸우다가 결국 참수를 당하거나 포로가 되며, 큰 공은 장수 의 것이 됩니다. 또 한마디라도 받아들이지 않으면 관리들은 이를 법에 적용시킵니다"라고 직언했다.[16] 상은 내리지 않더라도 벌은 반드시 시행되었다. 무제 때 지방의 관리제도는 "가혹한 형벌을 간 략하게 바꾸고, 간교함을 버리고 후박함을 제창하여 배를 삼킬 만 한 큰 고기도 빠져나갈 수 있을 만큼" 관대해졌지만 군대에는 여전 히 '법이 엄격했다'.[17] 한나라 『군법』에는 "두려워하고 나약한 자 는 참한다" "두려워 도망가는 자는 참한다" "기회를 놓친 자는 참

15) 정확히 말해, 이는 '매국노의 메커니즘'이다. 통상적인 의미의 '매국노'는 개인 이지 조직이 아니며, 뒤에 숨어 있는 것이 아니라 명백히 드러나는 것이다.
16) "陛下法太明, 賞太輕, 罰太重" "終日力戰, 斬首捕虜, 上功幕府, 一言不相應, 文吏以 法繩之." 풍당은 전한 부풍扶風 안릉安陵 사람이다. 선조는 조趙나라 사람이었 다. 90세 세까지 겨우 낭관郞官 벼슬을 하다가 문제文帝 때 중랑서장中郎署長 이 되었다. 한나라 법이 포상은 가볍고 징벌은 무거워 관료들이 전력을 기울이지 않는다고 직언을 했다. 『사기』「장석지張釋之·풍당열전馮唐列傳」 참조.─옮긴이
17) "한漢 왕조가 일어나자 고조高祖는 가혹함을 버리고 관대함을 실행했고, 간교함 을 억누르고 중후함을 제창하여 배를 삼킬 만한 큰 고기도 빠져나갈 수 있을 만큼 법망을 너그러이 했다. 그렇게 했더니 관리의 치적은 오히려 훌륭해져서 실수를 범하지 않았고 백성들은 태평했다漢興, 破觚而爲圓, 斲雕而爲朴, 網漏於吞舟之 魚, 而吏治烝烝, 不至於奸, 黎民艾安." 『사기』「혹리열전酷吏列傳」 참조.─옮긴이

74

한다" "길을 잃은 자는 참한다", 그리고 생포되어도 사형시킨다고 되어 있다. 이광 역시 생포되어 도망친 관계로 법에 따라 참해야 하지만 평민으로 사해져 고향으로 돌아갔다. 이후 기용되었지만 뜻대로 되지 못했다. 마침내 기회를 놓쳐 문무 관료들의 온갖 수모를 견디다 못해 칼로 자결했다. 만약 이릉이 살아 돌아왔다면 그 결과는 참으로 자명하다. 그래서 '조직'의 관점에서 보면 이릉은 억울하지 않다.

하지만 이릉의 이야기의 결말에는 극적인 장면이 있다. 이릉은 의심할 여지가 없는 매국노가 아니던가(뿐만 아니라 '민족대단결'의 오늘날일지라도 역사가들에게 용서받지 못할 것이다).[18] 하지만 한 무제가 죽은 후에 어떻게 되었는가? 한나라 정부는 특히 그의 고향 사람을 흉노로 보내어 "한나라 조정은 이미 그를 사면했고 나라도 태평하니" "고향으로 돌아오면 부귀를 누릴 수 있다"고 전했다. 그러나 이릉은 강경했다. "돌아가는 것은 쉬우나 또다시 치욕을 당할까 두렵다" "대장부는 더 이상 수모를 당하지 않는다"라고 하면서 한나라의 제의를 굳게 거절했다. 그의 관점에서 볼 때, 대장부는 한 주인을 섬겨야 하며 번복하는 것은 대장부의 자세가 아닌 것이다. 한나라

---

18) 중국은 "매국노의 전통이 깊다"라고 비판했던 소수민족 작가는 외몽골에 가서 이릉을 추모하고, 위청과 곽거병을 욕하고 소무에 대해서도 좋은 소리를 하지 않았다. 뿐만 아니라 "돌아갈 집이 없고 조국이 불의를 행할 때, 반역은 비장한 바른 길이 될 수도 있다"고 했다. 장승지張承志, 『고원산림에서 이릉을 회상하며杭蓋懷李陵』(산문散文) 참조.

조정이 배신으로 몰아간 것도 수치이지만 후에 바로잡아 시정한 것 또한 수치다. 만약 내 자신이 배반자라면 왜 사면을 받아야 하는가? 배신자가 아니라면 또한 누가 용서할 수 있단 말인가?

이릉의 이러한 자존심에는 이광의 풍격이 엿보인다. 아시아 대륙의 유목민족(수렵민족)과 농업민족의 장기적인 대항을 배경으로 한 중국의 '남북논쟁' 혹은 '호한胡漢논쟁'은 신해혁명 이전까지의 역사를 관통하고 있다. 하지만 송·원 시기 특히 명·청 시기에 이르러 최고조에 달했다. 중국의 매국노 역사의 중요한 부분도 바로 이 시기에 제대로 보여주었다. 최근 리즈팅李治亭의 『오삼계대전吳三桂大傳』(吉林文史出版社, 1990)을 읽으면서 오삼계는 정말 관건적인 시기의 중요한 인물이라는 것을 알게 되었다. 그는 일반적으로 볼 수 있는 것처럼 죽음을 두려워하고 수치를 모르는 하류 매국노도 아니며, 시인이 상상하는 바와 같이 '장군이 한번 노하여 홍안이 된다'는 유형도 아니다. 오로지 한 여인을 위해 배반한 것이다.[19]

오삼계(1612~1678)는 평생을 말 위에서 보냈다. 그의 전반부(32세까지) 인생은 명나라 말기 '구시대의 중진'이었고 후반부(33~67세) 인생은 청나라 초기 '새 시대의 공신'이었다. 그는 명나라를 섬기기도 하고 배반하기도 했으며, 청나라에 투항하기도 하고 배반하기도 했다. 원수로 생각하는 이자성李自成에게도 투항할 생각을 했다. 기개를 놓고 보면, 하나도 칭찬할 것이 없으나 과정을 보면 감동적이다. 영광이든 치욕이든 일반 사람들이 다다를 수 있는 것은 아니다.

리즈팅 선생은 오삼계의 일생을 세 부분으로 나눠 '명나라 말기의 용맹스런 장수' '청나라 초기의 변왕' '독자적인 행보' 시기로 구분했다. 그 변화 과정은 참으로 의미심장하다.

오삼계는 명나라 말기의 용맹스런 장수로서 농서隴西 이씨와 조금 닮아 있다.[20] 오삼계는 랴오둥의 명문가이자 무예의 가문에서 태어났다. 무술에도 능하고 전쟁에서도 많은 공을 세웠다. 또한 황

---

19) 명말에 이자성의 농민봉기로 인해 자금성이 함락되자 숭정제는 자금성 밖의 경산景山에서 나무에 목을 매고 자살을 한다. 이 소식을 들은 오삼계는 청나라 군대에 투항하여 청군의 선봉장으로 이자성의 군대를 제압하고 영락제로 등극한 명나라 계왕桂王의 세력을 윈난 지역까지 제압하여 청나라의 일등공신이 된다. 그리고 이 일로 인해 왕조를 배신한 대표적인 매국노로 불리게 된다. 한편, 이자성이 오삼계의 가족을 죽이고 그의 애첩 진원원陳圓圓을 휘하의 장수에게 주었다는 소식을 듣고, 진원원을 찾기 위해 이자성을 물리치고 청조의 공신이 되었다는 설도 있다. 명말청초의 시인 오매촌의 시 「원원곡圓圓曲」에서는 오삼계를 조소하면서 "육군은 (황제의 죽음으로) 다함께 흰 상복을 입고 통곡을 하는데, (오삼계만이) 노기충천하여 붉은 얼굴이 되었네慟哭六軍俱縞素, 衝冠一怒爲紅顏"라는 구절이 있다.ㅡ옮긴이

20) 농서 이씨는 중국의 이씨 본관 중의 하나다. 농서 이씨의 시조는 전욱顓頊의 자손 고요皐陶의 후예이며 대대로 이관理官(사법을 관장)이었다고 한다. 주나라 때 노자 이이李耳 때부터 진秦나라 사도司徒 이담李曇의 장자 이숭李崇은 농서군 군수였으며, 이숭의 차남 이요李瑤는 남군수였고, 그 손자 이신李信은 대장군으로 농서후隴西侯에 봉해졌으며, 그 자손 이광李廣은 한나라의 맹장이었다. 그 후 위진남북조에 이르러 이씨 집안은 농서에서 대대손손 고위관직을 맡았고, 당시 조군趙郡 이씨, 청하박릉淸河博陵 최씨, 범양范陽 노盧씨, 형양滎陽 정鄭씨, 태원太原 왕王씨는 5대 고관사족으로 불렸다. 그래서 당나라 고종 때는 이 5대 가문끼리 결혼하는 것을 법령으로 금지하기도 했다. 그럼에도 이씨 집안에서는 당나라 때만 무려 10명의 재상을 배출하면서 최고의 전성기를 맞이했다. 이리하여 남송 때 정초鄭樵는 『이씨원류李氏源流』에서 "천하의 이씨는 모두 농서 이씨를 칭한다"라는 말을 했다.ㅡ옮긴이

제의 은혜를 많이 입었고 어린 시절부터 가정교육을 잘 받아 충효절의를 매우 중시했다(열여섯 살에 포위를 뚫고 부친을 구하여 충효로 이름을 날렸다). 수하의 병사 역시 명나라 군사 중에서 가장 강력한 군대로서 전투력이 매우 뛰어났다. 하지만 명과 청이 바뀔 즈음 관군이 반란군과 교전을 벌일 때 외우내환이 겹쳐 그는 아주 미묘한 상황에 놓이게 되었다. 당시 명나라, 반란군, 만청은 삼각의 형세를 이루어 각자의 이욕을 다투면서 뒤에 올 위험을 생각지 않는 형국이었다. 그는 반란군과 연합하지 않으면 만청에 대항할 수 없었고 만청과 연합하지 않으면 반란군을 평정할 수 없었다. 하물며 병력 면에서 볼 때, 반란군은 100만 병력을 보유하고 만청도 10만 병력을 지니고 있었지만, 오삼계는 겨우 4만에 불과했다. 어느 쪽과 연합을 해도 제압당할 것이 자명했다. 이런 입장에 놓인 그로서 실로 완벽한 계책을 찾기란 몹시 어려웠다. 명예와 절의로 볼 때, 그가 반란군에게 붙으면 주인을 배신하는 것이고 청나라에 투항하면 명나라를 배신하는 것이 되므로 어쨌든 좋은 사람은 될 수 없었다. 이러한 곤경은 아마 장쉐량張學良이나 마잔산馬占山 같은 사람만 이해할 수 있을 것이다.[21]

역사적인 중대한 고비에서 오삼계는 별다른 선택이 없다 할지라도 반드시 선택해야만 했다. 사실 생각이 미치는 범위 안에서 그는 하나하나 다 시도해보았다. 처음에 수도로 진입할 때 숭정崇禎은 닝위안寧遠을 버리고 오吳를 통해 위衛로 들어가려 했다('먼저 내부를 안정시킨 후 외부를 밀어내려는 것'). 그가 군을 거느리고 관내로 향했을 때 이미 때가 늦어서 명나라는 이미 멸망한 상태였다. 그래서 이자성에게 투항하려 했지만, 농민군들이 분노하여 성으로 들어와 명나라의 투항 관리들을 잡아들여 고문하고 금은보화와 여자들을 약탈하는 것을 보고 그냥 물러서고 말았다. 그러나 연로한 아버지가 고문을 받고 애첩을 빼앗기고 친척들이 갖은 능욕을 당하고 있다는 소식을 듣고 가만 보고만 있을 수 없었다. 그 후 죽을 생각도 해보았지만 여러 군관이 막았다. 도학자의 입장에서 볼 때, 자살은 명예와 절의를 지키는 방법이자 떳떳한 태도이지만 군을 통솔하는 장수로서는 가장 무책임한 행동이었기 때문이다. 모든 길이 차단되고 이자성 대군이 들이닥칠 일촉즉발의 상황에서 그는 청나라 군을 받아들이기로 결심했다.

학자들의 고증에 의하면, 오삼계가 청나라 군을 받아들인 것은 처음에는 청나라에 투항하려는 것이 아니라 청나라와 연합하려는 것이었다. 오삼계가 웨이위안타이威遠臺에서 만주족과 맹세를 한 것은 신포서가 초나라를 구한 형태를 모방한 것처럼 보이지만, 실

---

21) 1928년, 장쭤린張作霖 사후 세력을 계승한 장쉐량은 국민당에 투항하면서 동북東北군벌을 형성한다. 장쉐량, 완푸린萬福麟, 위쉐중于學忠, 마잔산馬占山, 왕수창王樹常 등이 주요 인물이다. 이들은 만주와 허베이 성의 접경지대를 맡으며 일본의 침략을 견제했다. 하지만 점차 국민당 정부의 친일적인 타협이 계속되면서 급기야 장제스은 장쉐량과 휘하 군벌을 시안으로 이동시켜 자신의 목표인 공산당 토벌에 동원했다. 결국 시안西安사건이 일어나는 계기가 되었고 그 후 동북군벌은 소멸하고 만다. ─옮긴이

은 명나라가 소유할 수 없는 경기 지역을 청나라가 출병한 광활한 곳과 바꿈으로써 강을 사이에 두고 남북을 통치하는 국면을 만들고자 한 것이다. 이는 남명南明 홍광弘光정권의 입장과 완전히 일치하며, '계급의 분노'가 '민족의 증오'를 넘어섰으므로 '내부를 안정시키는 것'이 '외부를 정복하는 것'보다 우선적이라는 의미이기도 하다. 따라서 왕조의 정통관념으로 볼 때, 질책을 받을 것이 아니라 칭찬을 받아야 하며 '수도를 복원시킨 공은 당나라 곽자의郭子儀, 이광필李光弼보다 더 위'라고 할 수 있으니,[22] 이야말로 나라를 구한 대단한 영웅인 것이다.

최후의 선택을 한 오삼계의 마음은 상당히 고통스러웠을 것이다. 그는 일찍이 만주족이 염두에 두고 있던 놓치고 싶지 않은 장수였기 때문이다. 그 전에 이미 그의 외삼촌, 이모부, 형제, 친구 등은 청나라에 투항했고, 황태극皇太極과 인척들도 그에게 서신을 보내와 높은 관직과 봉록을 조건으로 투항을 제의했지만 그는 결코 투항하지 않았다. 후에 반란군이 수도를 함락했을 때에도 반란

---

22) 곽자의와 이광필은 안사의 난을 평정한 대표적인 두 명장이다. 당나라 현종玄宗 천보天寶 14년(755) 11월 명장 안녹산安祿山, 사사명史思明은 범양范陽에서 거병하여 당나라에 반란을 일으켰다. 당시 당 현종은 명장 곽자의를 시켜 안사의 반군을 토벌하게 했다. 곽자의의 군대는 승리를 거두고 그는 어사대부에 봉해졌다. 그러나 이듬해 반군이 전투에서 연이어 성공을 거두면서 일시에 천하는 혼란의 국면으로 치달았다. 위급한 상황에 당 현종은 곽자의에게 계책을 묻자, 곽자의는 이광필을 천거하고 이광필은 사사명의 군대를 신속히 무너뜨리며 승리를 거뒀다. —옮긴이

군에게 투항할 것은 고려했지만, 청나라에 투항하는 것은 생각지 않았다. 그 속에는 분명 이해관계가 얽혀 있었지만 명예와 절의에 대한 고려도 상당부분 있었다. 그의 늙은 아버지와 계모, 동생들을 포함하여 삼십여 명의 친인척들이 베이징에 명나라와 반란군들에게 인질로 잡혀 있었기 때문에, 만약 청나라에 투항하면 가족 전체가 피해를 입을 뿐만 아니라 불충하고도 불효한 악명을 남길 것이었다. 하지만 지금의 상황은 다르다. 비록 눈물을 흘리며 글을 쓰면서 아버지와 결별하고 가족이 죽는 것을 보고만 있어야 하는 큰 대가를 치렀지만, 적어도 명예와 절의는 지켰다(명나라를 위해 반란군을 평정한 것은 '충'이고 아버지를 버리고 적을 토벌한 것은 '의'다). 하지만 오삼계의 비극은 본인도 신포서가 되고 싶고 남명 정부도 그를 신포서로 생각하고 싶지만, 도르곤은 진秦 애공哀公이 아니었다는 데 있다.[23] 만주족은 베이징을 빼앗은 후 그것으로 만족하지 않고 계속 진격하여 천하를 석권했다. 도르곤의 계산은 매우 분명했다. 오삼계의 의도가 '군주와 아버지의 원수를 갚는 것'임을 알아차리고, 그에게 원수를 갚을 기회를 준다는 명목으로 '왕을 위해 선봉에 서게 했던 것'이다. 오삼계는 험한 길을 택한 이상 두 갈래의

---

23) 기원전 505년 오나라가 초나라를 공격하자 신포서는 진 애공에게 도움을 요청했지만 거절당했다. 그러자 신포서는 7일 동안 아무것도 먹지 않고 밤낮으로 진나라 조정을 향해 눈물로 호소했다. 결국 애공을 감동시켜 진나라는 출병을 하여 초나라를 구해주었다. ─옮긴이

좁은 길에서 더 이상 말머리를 돌릴 수 없었다. 그는 빠져나올 수 없이 더욱더 깊은 곳으로 떨어졌다. 삭발에 이어 남명 정부의 사신과의 만남 거절, 이자성 반란군 추격과 서남 진군에 이르기까지 마침내 한족의 최대 투항자가 되었다. 반란군을 평정하고 복수를 이뤘지만 결국 명나라도 망하고 절의도 지키지 못했다. 사실상 오자서가 된 꼴이다.

오삼계는 당연히 명나라의 멸망에 핵심적인 역할을 했다. 하지만 청나라에게 망했다기보다는 반란군에게 망한 것이며, 반란군에게 망했다기보다는 자신에게 망한 것이다. 명나라는 조정 관리에서부터 변방의 장수, 반란군, 신하에 이르기까지 배반과 투항 및 내분이 끊이지 않아 스스로 멸망한 것이다. 오삼계는 명나라를 구하려 했지만 도리어 명나라를 전복시키고 말았으니, 명나라는 구제할 길이 없었다.

오삼계의 후반부 인생 약 삼십 년은 '청나라 초기의 번왕'에 속하는데, 단지 마지막 6년간 '독자노선'을 걸었으며, 사후 2년은 '삼번三藩의 난'의 끝 무렵에 속한다.[24] 강희康熙가 삼번을 평정한 것은

---

24) 오삼계, 상가희尙可喜, 경정충耿精忠은 명나라가 이자성에 의해 멸망할 때 청군에 협력한 공으로 윈난의 평서왕平西王, 광둥의 평남왕平南王, 푸젠의 정남왕靖南王으로 각각 봉해졌다. 그들은 각기 번부藩府를 설치하여 독립정권과 같은 존재로서 점차 청나라의 위협적인 세력으로 성장했다. 이에 강희제가 번을 폐지할 것을 명하자 이들은 청에 반기를 들고 일어났다. 이를 삼번의 난이라 한다. 그 후 반청 운동자들이 이 반란에 동조하면서 남중국을 중심으로 8년에 걸쳐 난이 전개되었지만 결국 청 왕조에 의해 평정되었다. —옮긴이

한 고조가 한신韓信, 팽월彭越, 영포英布를 죽인 경우와 흡사하다.[25] 이는 새로운 왕조가 들어설 때마다 나타나는 현상이다. '압박'에는 압박의 이치가 있고 '반란'에는 반란의 이치가 있다. 하지만 문제는 청나라를 위해 삼십 년 동안 목숨을 바쳐온 오삼계가 군대를 동원하여 반란을 일으켰으니, 어떻게 천하에 호소력이 있을 수 있겠는가? 그는 청나라를 토벌하자는 격문에서 이렇게 썼다.

우리 진鎭은 관외에 홀로 거하여 화살과 병력이 다 소진되고 눈물이 말라 이젠 피가 흐르고 마음이 아파도 소리를 낼 수가 없었다. 부득이하여 피를 마시며 동맹을 맺어 북방의 번왕이 되었다. 임시로 이족夷族의 십만 군사를 빌려 앞장서 달려 장수의 머리를 베어 입관하자 도적 이씨는 도망을 갔다. 군주와 아버지를 마음 아파하며 복수를 하고자 하니, 원수는 한 하늘 아래 함께할 수 없는 법이다. 반드시 내 손으로 도적의 수장을 잡아와 왕실의 종묘에 수급을 내걸어 선제의 영혼에 위안을 주고자 했다. 다행히도 도적이 도망가고 와해되어 수장을 잡았고, 또 마침 군주를 택하여 종묘사직을 계승하면서 번을 봉해주고 땅을 나누어주어 이로써 이족에게 사의를 표하려 했다. 하지만 뜻밖에 교활한 적이 동맹조약을 깨고

---

25) 한 고조 유방은 초나라를 멸하고 한나라를 세운 후, 개국공신인 한신, 팽월, 영포가 반란을 꾀한다고 판단하여 제거하고 싶었지만 생사고락을 같이했던 정분과 공적 때문에 주위의 시선을 두려워했다. 결국 여후呂后와 결탁하여 이들을 차례로 제거했다. 이 과정에서 한신이 말한 '토사구팽兎死狗烹' 등의 성어가 나왔다. ─옮긴이

우리가 약한 때를 틈타 연도燕都를 점령하고 선대의 기물을 훔치고 중국의 관복을 다 갈아치웠다. 그때서야 호랑이를 거절하고 늑대를 받아들인 잘못과 장작을 안고 불을 끄려는 과오를 면할 수 없음을 알게 되었다. 우리 진鎭은 피를 토할 정도로 격분하고 후회하며 칼날을 북을 향해 싸워 소탕하고자 했다. 하지만 마침 주周, 전田 두 황친이 태감 왕봉王奉과 몰래 만나, 막 세 살 된 황태자를 데리고 각고의 노력을 하며 중요한 일과 종묘사직을 맡겼다. 그래서 눈물을 머금고 아픈 마음을 억누르며 쉽게 행동을 취하지 않았다. 이로 인해 먼 타향으로 피해서 기회를 기다리며 장수를 임명하고 군을 훈련시키면서 회복할 꿈을 꾸었다. 조용히 때를 기다리고 경계하면서 약 삼십 년을 기다렸다.[26]

이 글의 전반부는 진짜고 후반부는 가짜다. 오삼계는 자신의 산산조각 난 인생을 완벽하게 봉합하기 위해 기괴한 이야기를 꾸몄다. 하지만 그의 해석은 시간상 불일치한 점이 있다. 삼십 년의 억

---

26) "本鎭獨居關外, 矢盡兵窮, 淚乾有血, 心痛無聲. 不得已歃血定盟, 許虜藩封. 暫借夷兵十萬, 身爲前驅. 斬將入關, 李賊逃遁. 痛心君父重仇, 寃不共戴. 誓必親擒賊帥, 斬首太廟, 以謝先帝之靈. 幸而賊遁冰消, 渠魁授首. 政(正)欲擇立嗣君, 更承宗社, 封藩割地, 以謝夷人. 不意狡虜逆天背盟, 乘我內虛, 雄據燕都, 竊我先朝神器, 變我中國冠裳. 方知拒虎進狼之非, 莫挽抱薪救火之愧(誤). 本鎭刺心嘔血, 追悔無及, 將欲反戈北逐, 掃蕩腥氣. 適値周田二皇帝, 密會太監王奉, 抱先皇三太子, 年甫三歲, 刺股爲記, 寄名托孤, 宗社是賴. 姑飮泣隱忍, 未敢輕擧. 以故避居窮壤, 養晦待時, 選將練兵, 密圖恢復. 枕戈聽漏, 束馬瞻星, 磨礪警惕者, 蓋三十年矣!"

84

울함과 슬픔(이릉李陵의 예), 삼십 년의 와신상담(구천勾踐의 예)을 지금도 믿는 사람이 있을까?

오삼계가 거사할 당시, 사사신謝四新은 협력을 거절하는 표시로 시 한 수를 보내왔다.

이릉의 마음이 전쟁터에 있은 지 오래인데 李陵心事久風塵

무슨 삼십 년의 와신상담인고? 三十年來詎臥薪

초를 구하지 못하고 먼저 초를 무너뜨리고 復楚未能先覆楚

진나라를 황제라고 부르면서 어찌 또 진나라를 멸망시키는고?

帝秦何必又亡秦

충심은 일찍부터 미인으로 인해 바뀌었으니 丹心早爲紅顏改

역사는 백발 늙은이를 용서하기 어렵네 青史難寬白髮人

긴 밤 나팔소리에 잠 못 이룰 터인데 永夜角聲應不寐

어느 겨를에 자식과 친지를 그리워하겠나 那堪思子又思親

이 시는 '미인'을 지나치게 강조한 것을 제외하면 기타 내용은 일반적인 평가라고 생각한다. 오삼계의 일생을 개괄하고 그의 인격상의 모순점을 드러냈다. 특히 전고典故를 사용한 점은 각종 역사적 역할과 일치하며 또한 '매국노의 발생학'의 복잡하고 미묘함을 농축하고 있다.

오삼계는 인생의 후반부에도 가혹한 대가를 치렀다. 자신의 자손들과 처첩들이 능지처참을 당했을 뿐만 아니라 오랜 세월 자신을 따르던 부하들과 부장까지도 거의 다 살해당했다. 그가 일생 중에 두 번 배반을 하면서 그러한 치욕을 당한 것은 결코 무능한 군주나 간신의 핍박 때문이 아니라 환경이 그렇게 만든 것이다. 이는 매국노 역사의 전형적인 유형이다.

지금은 '호한胡漢논쟁'이 사라졌기 때문에 '매국노'의 함의에도 변화가 생겼다. 현대화가 진행되는 세계라 할지라도 사람들은 새로운 '천하통일'을 향해 한 걸음 한 걸음 가까이 다가서고 있다. 그러나 민족과 종족 간의 원한과 보복은 언제까지 이어질지 여전히 알 수 없다. 특히 후진형 국가들은 아무래도 수동적으로 적응하기 때문에 왕왕 당한다는 기분이 들 수 있다. 만약 그들이 유구한 문명을 가지고 있고 그들의 상대가 과거의 적대국이거나 숙적이라면 전쟁이 아니더라도 단 한 번의 구기 경기에서도 민감한 반응을 보일 것이다. 최근 허즈리何智麗를 '오삼계'라고 욕하는 경우가 바로 그런 일례다.[27]

오늘날 '매국노'의 개념을 어떤 기준으로 판단하는지는 잘 모르겠지만, 역사적인 교훈은 매우 분명하다. '시대적 상황이 영웅을 만

---

27) 중국의 탁구 대표선수였던 허즈리는 중국 탁구의 관행인 '일부러 져주기 사건'과 계파 싸움의 희생양이 되어 88올림픽에 출전을 못하게 되자, 일본으로 건너가 1994년 히로시마 아시안게임 여자탁구 결승에서 덩야핑을 꺾고 금메달을 획득했다. 이에 많은 중국인으로부터 '매국노'라는 엄청난 비난에 시달렸다. ─옮긴이

든다'라는 말이 있듯이 '매국노' 역시 그런 게 아닐까?

1995년 3월 26일
베이징 지먼리에서
(『독서』, 1996년 제5기, 87~93쪽)

부기

　　1995년 여름방학 때 시애틀에서 재외 중국인이 주최하는 반파시스트 기념행사에 참석했다. 학술 강연과 도서 전시회가 열렸다. 나의 아들은 적극적으로 참여했다. 그는 컴퓨터 온라인에서 격앙된 어조로 자신의 의견을 발표하면서, 더 이상 참고 볼 수만 없는 '매국노에 관한 언론의 태도'에 대해 맹렬하게 비판했다. 나는 아들이 '애국적인 열정'이 없는 동포들을 '매국노'라고 보는 점에 찬성하지 않는다. 하지만 그가 주최한 행사를 통해 적잖은 것을 배웠고 정신적으로 깊이 감회를 받은 건 사실이다. 그 소감을 다음 세 가지로 요약한다.

　　첫째, 자본의 축적은 필연적으로 잔혹한 과정이다. 먼저 부자가 된다는 것은 먼저 빼앗는다는 것이다. 영국과 프랑스, 미국 등의 국가가 먼저 약탈하고 독일과 일본이 그다음이고, 우리는 빼앗긴 쪽이다. 일본의 '억울함'은 뒤늦게 약탈한 것에 대한 억울함일 것이다. 그들은 중국을 약탈한 것을 가지고 자국 경제를 축적했다.

약탈을 당한 후의 중국의 '자력갱생'은 자기가 자기를 약탈한 것과 같은 것으로 일종의 비극이었다. 중국은 근 백 년 동안 적잖은 빈곤과 동란이 끊이질 않았다. 표면적으로는 '내부 축적'의 문제로 보이지만 사실은 모두 약탈당한 것과 관련이 있다. 특히 일본의 약탈과 관련이 있다. 내적 요인보다 외적 요인이 더 컸다.

둘째, 병법은 지피지기를 중시한다. 일본은 중국을 침략하기 전에 중국에 대해 철저히 연구를 해왔다. 하지만 중국은 그들에 대해 전혀 아는 것이 없었다. 특히 그들이 마음속으로 무엇을 생각하는지 전혀 알지 못했다(극「리샹란李香蘭」속에 보이는 '후회'를 우리는 이해하지 못한다).[28] 과거에 중국은 항상 '국민성 개조'(일본에서 배운 것이다)를 언급했지만, 지금에 와서 볼 때 전쟁의 교훈에서 배운 가장 중요한 것은 일본 스스로가 자신들의 '국민성'을 개조해야 한다는 것이다(하지만 그들이 가장 싫어하는 것은 맥아더 장군의 이러한 주장이다). 특히 '현대화'에 매우 쉽게 동화되고 한

---

28) 리샹란(1920~?)은 일본인 부친이 중국에서 유학할 때 랴오닝 성 푸순撫順에서 태어났다. 본명은 야마구치 요시코山口淑子다. 1930~1940년대 아시아를 주름잡던 일본 국적의 가수이자 영화배우였다. 일본 대영大映영화사의 「지나의 밤支那之夜」「야래향夜來香」등에 출현했고, 1945년 상하이 대광명회원大光明戲院에서 개인독창회를 갖기도 했다. 1945년 일본이 패망한 후 '매국노'라는 용의로 중화민국 군사재판에 올랐으나 후에 일본 공민의 신분으로 무죄 석방되어 일본으로 후송되었다. 1947년 야마구치 요시코라는 이름으로 예능활동을 계속했다. 1958년 버마주재 일본대사관에서 근무하는 '오다카' 씨와 결혼했고, 1974년부터 1992년까지 18년간 참의원 활동을 했다. ─옮긴이

편으로 신기할 정도로 야만스런 성격은 마치 '킬러로봇'의 특성을 가지고 있어서 '재교육'이 더욱 필요할 것 같다.

셋째, 서양학자들과 교류를 하다 보면, 중국의 '애국주의'에 대해 상당히 열을 올리는 모습을 종종 본다. 하지만 내가 볼 때 중국인의 '애국주의'는 사실 그리 강하지 않다. 혹은 적어도 자국 제품만 사용하는 일본인이나 한국인보다 더 강하지 않다. 마테오리치는 일찍이 일본 민족은 중국보다 더 작지만 흉악하고 공격적이어서 중국인은 그들을 두려워한다고 말한 적이 있다. 제2차 세계대전 이후 일본은 패전국으로서 매우 큰 관용이 베풀어졌지만 그들은 마음속 깊이 굴복하지도 않고 잘못을 인정하지도 않는 민족이다. 우리는 히로시마를 동정했지만(어렸을 적에 그들의 그림전시회를 본 적이 있다) 그들은 난징에서 어떠했는가? 일본이 진정으로 참회하기 전에 보편주의^{universalism}는 아직 조금 이른 것 같다.

1995년 10월 25일
베이징 지먼리에서

2장

문을 닫아걸고 수레를 만들다

4.
로버트 판훌릭과
마왕두이의 방중서 [1)]

　　로버트 판훌릭^{Robert van Gulik}(1910~1967)은 평생 많은
저서를 집필했다. 그의 작품 중에는 시리즈 소설 『적인걸狄仁杰이
야기狄公案^{Judge Dee}』가 가장 잘 알려졌다. [2)] 『중국고대방내고中國古代
房內考^{Sexual Life in Ancient China}』(Leiden: Brill 1961) [3)]는 가장 창의적이고 권
위 있는 작품으로 인정받았다. 판훌릭은 오래전부터 이미 서양의

---

1)　이 글은 중국사회과학원의 요청을 받아 중국사회과학원과 네덜란드 주중 대사
　　관이 로버트 판훌릭 서거 25주년을 기념하기 위해 베이징에서 주최한 중국-
　　네덜란드 학자 학술토론회를 위해 쓴 것이다. 하지만 여러 가지 이유로 회의가
　　제때 개최되지 않아 이 글을 1992년 8월 후난 성 창사長沙에서 개최한 마왕두
　　이 한묘 국제학술토론회에서 발표했다. 논문은 『마왕두이한묘연구문집馬王堆
　　漢墓硏究文集』(湖南出版社, 1994)에 실렸다.

2)　모두 17종이다. T'oung Pao, Vol. LIV, 1968, pp. 123~124 참조.

3)　우리나라에서는 『중국성풍속사』(R. H. 판훌릭, 장원철 역, 까치, 1993)로 번역되었
　　다. ―옮긴이

한학계에서 명성이 자자했지만 중국의 독자들이 그를 알게 된 것은 훨씬 늦은 감이 있다. 이전에 타위안太原 방송국에서 판훌릭의 작품을 기초로 한 TV드라마 시리즈 「적인걸이야기」를 상영하여 많은 중국 시청자의 주목을 받았다. 하지만 촬영 내용이 '지나치게 중국적'인 데다 작가 이름도 중국어로 표기하여, 다 본 후에도 작가가 누구인지 주의를 기울이는 시청자는 거의 없었다. 시청자들은 이 드라마가 외국인의 손에서 나온 것이라는 사실을 알게 되면 몹시 놀랄 것이다. 후에 나는 친구 세 명과 함께 상하이런민출판사의 요청으로 판훌릭의 『중국고대방내고』(1990)를 번역했고, 번역서문에 판훌릭의 생애와 작품에 대해 소개했다. 나와 접촉했던 독자들은 중국에 이러한 전통이 있는 줄 몰랐다며 상당히 깊은 인상을 받았다고 했다. 중국인이 판훌릭이라는 '기인'과 '기서奇書'를 만날 수 있었던 것은 TV드라마와 번역서의 도움이라 생각한다.

판훌릭의 『중국고대방내고』는 역대의 내용을 섭렵한 기백이 충만하고 여러 분야를 아우른 종합적인 작품이다. 내가 이 책에 관심을 갖게 된 것은 마왕두이 방중서에 대한 연구 때문이다. 후자에 대해 연구하면서 비로소 전자를 발견하게 되었고 이를 통해 많은 영감과 감동을 받았다. 마왕두이 방중서의 발견을 통해 판훌릭의 연구를 다시 돌아볼 수 있게 된 것은 나에게 가장 기쁜 기념이 될 것이다.

『중국고대방내고』 겉표지(타오쉐화陶雪華 디자인)

판홀릭이 가져다 준 것

      이 분야에 대해 논하려면 반드시 언급해야 할 두 명의 학자가 있다. 한 명은 중국의 예더후이葉德輝(1864~1927)이고 다른 한 명은 네덜란드의 판홀릭이다. 예더후이는 중국 근대 '국학'의 대표자이고 판홀릭은 서양 전통 '한학'의 대표자다. '국학'과 '한학'은 모두 중국을 연구하지만 그 시각과 방법, 연구자의 배경 및 독자층은 각각 다르다. 이 둘을 비교하는 것은 매우 재미있는 주제가 될 것이다. 1989년 11월 나는 미국 캘리포니아 버클리 분교에서 마왕두이 방중서에 대해 강연했다. 질문에 대답하기 전에 청중들이 분명 이 두 학자에 대해 언급할 것이라고 생각했는데 과연 그랬다.

  중국의 독자들은 예더후이에 대해 잘 알 것이다. 특히 그의 죽음은 중국 현대사에서 유명한 사건이었다.[4] 예더후이는 주로 집일輯佚의 형태로 고대 방중서를 연구·정리했으며, 집일의 핵심은 바로 목록학이다. 이들은 모두 전통 고고학의 범주에 속한다.

  예더후이가 정리한 고대 방중서 집일본은 『쌍매경암총서雙梅景闇叢書』를 전부 수록했다. 즉 『소녀경素女經』『소녀방素女方』『동현자洞玄子』『옥방비결玉房祕訣』(『옥방지요玉房指要』 첨부)이다.[5] 이 네 종류의 집일본 가운데 『소녀방』만 쑨싱옌孫星衍의 집일본(『평진관

---

4)   杜邁之·張承宗 『예더후이평전葉德輝評傳』, 嶽麓書社, 1985 참조.

5)   원서에 수록된 『천지음양교환대락부天地陰陽交換大樂賦』는 방중서가 아니다.

총서平津館叢書』에 수록)을 기초로 하여 증보한 것을 제외하면, 모두 『의심방醫心方』의 제28권 『방내房內』를 통해 집일한 것이다. 마왕 두이 방중서가 발견되기 전까지 『방내』는 이런 주제에 관한 가장 주요한 출처였다.

예더후이는 『방내』의 인용문을 집일본으로 만들어 귀국하여 이를 소개했다. 이는 중국 전통의 '재발견'에 대한 긍정적인 기여를 했다. 하지만 솔직히 집일본에는 적잖은 문제점이 있다.

첫째, 『방내』에 인용된 서적을 자세히 대조한 결과, 이 가운데 가장 중요한 방중서는 세 종류로 『소녀경』 『현녀경玄女經』 『팽조경彭祖經』이다. 다음은 『자도경子都經』 『선경仙經』과 봉형封衡(자字는 군달君達, 청우靑牛도사), 유경劉京 및 '점서'의 개별적인 인용문이다. 이 밖에도 적잖은 의학서, 의약처방서와 관련이 있다. 그 가운데 『소녀경』은 황제黃帝와 소녀 간의 문답이다(두 항목은 직접 인용한 것이고 대부분은 『옥방비결』에서 재인용한 것이다. 그 밖에 『동현자』에는 『소녀론素女論』이, 『천금방千金方』에는 『소녀법素女法』이 각각 한 항목씩 들어있다). 『현녀경』은 황제와 현녀 간의 문답이다(모두 직접 인용). 『팽조경』은 은왕殷王이 채녀采女를 보내 팽조에게 묻는 형식이다(『옥방비결』과 『옥방지요』에서 재인용). 예더후이의 집일본 『동현자』와 『옥방지요』는 대체로 정확하지만 다음 두 가지 문제가 있다. 예더후이의 집일본 『소녀경』은 주로 『소녀경』 『현녀경』 『팽조경』에 보이는 '채녀가 묻기를'이라는 인용문 형식을 혼합한 것이며, 또한

『산경産經』『대청경大淸經』 속의 두 개 인용문을 포함하고 있다. 그리고 『옥방비결』은 『팽조경』의 일부를 인용하여 『소녀경』으로 옮긴 후에 남은 인용문이다. 또한 『팽조경』에 있는 '팽조가 말하기를'이라는 인용문과 『자도경』(원래 세 항목이 있었는데 한 항목이 누락되었다), 봉형의 책 및 편집자의 의견('충화자衝和子가 말하기를'이라는 방식)을 포함하고 있다. 그 밖에 『옥방지요』에도 『팽조경』의 인용문이 들어 있다. 이로 볼 때 예더후이의 집일본은 분합에 있어 확실히 불확실한 점들이 있다.

둘째, 상기 서적들은 수隋·당唐 시기에 상당히 유행했던 책들이다. 예더후이는 『소녀경』『현녀경』『옥방비결』이 수·당의 역사서에 들어 있다고 언급했지만 이들의 연대와 특성에 대한 자세한 고찰은 없다. 사실 『소녀경』『현녀경』『팽조경』은 모두 서한 말기 혹은 적어도 동한, 위진 시기에 이미 유행했던 방중서로 보인다.[6] 이 가운데 『소녀경』이 먼저 나타났고 『현녀경』은 그 속편이며, 둘을 합쳐 '현소의 방법玄素之法'이라 한다. 일설에 따르면, 『팽조경』은 '현소의 방법'을 기초로 하여 작성된 것(「여기전女幾傳」 참조)으로 저자는 방사 '황산군黃山君'이라 한다(갈홍, 『신선전神仙傳』 1권의 『팽조경』과 『황산군전』 참조). 예더후이의 가장 큰 결점은 『팽조경』에 대한 고증을 소홀히 했다는 점이다. 그래서 『방내』 인용문 중의 『팽

---

6) 유향劉向, 『열녀전』 하권 「여기전女幾傳」, 장형張衡, 「동성가同聲歌」 및 갈홍葛洪, 『포박자抱朴子』의 「석체釋滯」와 「하람遐覽」 참조.

조경』을 세 개로 나누었다. 즉『현녀경』과『팽조경』속의 '채녀의 말'을『소녀경』에 집어넣었고, 단지 '팽조가 말하기를'이라는 인용문은『옥방비결』과『옥방지요』에 남겨 두었다. 이로써『소녀경』은 황제와 소녀, 현녀, 채녀 '3녀' 간의 대화라고 오해하게 만들었다. 이 밖에도『옥방비결』과『옥방지요』는 유서類書 형태이지 단순한 고서가 아니다. 이를테면『자도경』과 봉형의 책 역시 한말과 위진 시기의 유명한 방중서이지만 예더후이는 이를 수록하지 않았다.

셋째,『방내』원본에는 속체俗體와 이체異體 및 오류가 많으며, 예더후이의 집일본에도 초록 상의 오류가 많다. 나는 버클리에서 강연을 할 때 예더후이의 집일본은 큰 영향력을 가지고 있지만 오류도 상당히 많다고 지적했다. 학자들이 원서를 읽지 않는 것이 참으로 유감스럽다.

다음은 판훌릭과 예더후이의 연구 성과에 어떤 차이점이 있는지 알아보자.

판훌릭의『중국고대방내고』는 그가 1950년대에 썼던『비희도고 祕戲圖考Erotic Colour Prints of Ming Period』(도쿄, 1951)를 토대로 했다.『비희도고』는 명나라 말기의 성애性愛를 중점적으로 다루고 있다. 1권『도론導論』에는 방중술에 대한 언급이 있고, 뒷부분에는 방중 용어의 고증 부분을 첨부했다. 2권『비서십종祕書十種』에는『방내』의 인용문을 수록한 것 외에도 명나라 때의 방중서 세 권, 즉『소녀묘론素女妙論』『기제진경旣濟眞經』『수진연역修眞演繹』을 포함하고 있다.[7]

『중국고대방내고』에서는 저자가 고대 방중서에 대해 깊이 있는 연구를 한 흔적을 엿볼 수 있다. 이를테면 각종 저작과 기록을 일일이 고증하고 존재 여부를 판단한 것 외에도 제6, 7, 10장에서는『방내』의 인용문과『소녀묘론』등에 대해 각각 토론했으며, 또 그 내용을 해석하고 용어를 분석하며(1권 부록의 고증에 대한 교정校訂) 자신의 평론까지 제시했다. 문헌의 특성과 연대에 대한 이해 면에서 홀릭은 예더후이를 따른 것은 분명하나, 판홀릭의 책은 자료의 범위를 확대했을 뿐만 아니라 시야도 더욱 넓혀 문제에 대한 연구를 자료 정리에서 이론적 탐구로 끌어올렸다.

고대 방중서를 연구하기 위해『중국고대방내고』는 네 가지 측면에서 주의할 만하다.

첫째, 판홀릭은 중국 고대 방중술의 전통에 대해 상당히 체계적인 이해를 하고 있다. 그는『방내』에서 인용한 각종 도서는 수·당시기에 유행했지만 그 내용은 더 오래전의 방중서에서 취했을 것이라고 했다. "만약『한서漢書』에 기록된 방중서가 보존되어 있다면 그 내용들은 분명『의심방』에서 인용한 내용과 일치해야 한다"는 것이다.8) 지금『소녀경』『현녀경』『팽조경』을 모두 한나라 고서로 알고 있다면 출토된 마왕두이 방중서의 연대는 이 고서들보다 이

---

7) 　　기타 몇 가지는 방중서가 아니다.

8) 　　"假如『漢書』所載房中書得以保存下來, 它們的內容肯定應與『醫心方』所引內容是一致的."『房內考』, 124쪽.

전이어야 하며(『십문十問』 같은 일부 책의 내용은 역시 『한서漢書』「예문지藝文志」의 기록과 관계가 있다), 그 용어 체계 역시 이런 책들과 매우 유사해야 한다는 것이다. 판훌릭의 이런 견해는 참으로 일리가 있다.

둘째, 판훌릭의 『비서십종祕書十種』에는 『소녀묘론』 1권이 수록되어 있다. 이 책은 『기제진경』 『수진연의』와 함께 명대의 초본抄本이지만 그 성격은 상당히 다르다. 일반 도가의 '채보采補'류의 책이 아니라 조기 방중서와 일맥상통한다.[9] 나는 연구 과정에서 이 책이 『방내』의 인용문을 이해하는 데 중요한 단서이자 마왕두이 방중서를 연구하는 데 중요한 단서가 된다는 것을 알게 되었다. 예를 들어, 『방내』의 인용문에 '구천일심법九淺一深法'이 있다.[10] 그런데 도대체 '얕고淺' '깊음深'이 무엇을 의미하는지, 이 책에만 그 해석을 보존하고 있다. 그리고 이 책에는 '9세九勢'가 있는데 그 가운데 '물고기가 먹이를 먹는다(어삽魚唼)'라는 1식이 있다. 이는 마왕두이 방중서의 '어최魚噪'와 같은 의미다. 따라서 『방내』에 인용된 '어접린魚接鱗'은 사실 '어삽린魚唼鱗'의 오류인 것이다.

셋째, 중국 고대 방중술의 '환정보뇌술還精補腦術'은 위진 시대 이후 도가들이 매우 중시한 방중술의 비결이다.[11] 판훌릭은 인도

---

9) 채보 또는 채전采戰이라고도 한다. 다른 사람의 정혈精血을 취하여 몸을 보충하는 도가의 양생법 중의 하나를 말한다. —옮긴이
10) 구천일심법은 얕게 삽입하는 것을 아홉 차례 하고 그 후에 한 번은 깊이 삽입하는 것으로 도인들이 중시하던 심천운동법이다. —옮긴이

학을 연구하여 박사학위를 받았다. 그 후 평생 외교관으로 지내면서 인도와 중국, 일본에서 생활한 경험이 있어서 아시아 언어에 정통하며 다문화 비교 연구에도 뛰어나다. 판훌릭은 『중국고대방내고』의 부록에서 재미있는 가설 하나를 제기했다. 즉 인도의 밀교密教 탄트리즘Tantrism[12]의 기술은 아마도 중국에서 기원했다가 인도에서 다시 중국으로 전해졌으며, 당나라 손사막孫思邈의 『천금방千金方』 제27권 『방중보익房中補益』에서 말한 기술이 바로 그렇게 역으로 전수된 것이라고 했다. 그의 가설은 연대기적 비교를 기반으로 한 것이다. 즉 인도 밀교 경전의 연대는 상대적으로 늦어 당나라 이전은 아니며, 중국 방중서의 연대는 이보다 훨씬 빠른 한나라까지 거슬러 올라갈 수 있다는 것이다. 아직 이러한 가설을 입증할 수는 없지만 판훌릭이 지적한 중국의 방중술이 독자적인 기원이 있다는 것은 확실히 변함이 없다.

넷째, 서양과 달리 중국의 전통 상류 사회는 일부다처제를 실행해

---

11) 환정보뇌술은 흡정吸精법을 사용하여 여성으로부터 음에너지인 음정陰精을 가져와 순수한 양의 에너지로 바꾸는 법과 순양純陽의 기를 독맥督脈을 따라 머리 부위에 있는 황정黃精이라는 중요한 혈로 이끄는 방법을 말한다. 김인곤, 『데일리음양』, 시골생활, 2007년 참조.—옮긴이

12) 밀교는 현교顯教와 대응하는 비밀불교를 의미하며 탄트리즘은 탄트라Tantra 경전에서 나온 말이다. 밀교는 인도에서 6세기에 시작되어 8세기 이후 그 영향력이 확대되었으며 티베트와 매우 밀접한 관계가 있다. 밀교는 기도, 신비한 주문 및 특수한 신의 숭배를 강조한다. 생명은 어머니의 자궁에서 잉태되었으므로 지모신地母神은 밀교에서 큰 존경을 받으며, 반면 이러한 맥락에서 남성의 생산력을 상징하는 남근의 생식력Shakti을 숭배한다.—옮긴이

왔다. 이러한 혼인 구조에 적응하기 위해 중국 고대 방중술은 '어린 여자를 많이 상대하고, 사정의 횟수를 통제하는'(마왕두이 방중서의 중요성 참조) 기술이 발달했다. 판홀릭은 『비희도고』에서 이러한 유형의 채보술에 대해 부정적인 평가를 하면서 일종의 '성 착취sexual vampirism'라고 했다. 하지만 그는 『중국고대방내고』에서 조지프 니덤 Joseph Needham의 비평을 받아들이고 이러한 관념에 대해 긍정적인 평가를 해야 한다고 밝혔다. 가령 중국의 가정제도의 배경을 고려한다면, 이러한 기술은 실제적인 필요에 부합되므로 또한 정상적인 것이라고 했다.

한편, 이 기회에 밝힐 것은 판홀릭의 『비서십종』과 『중국고대방내고』의 번역본은 예더후이의 집일본 순서를 직접적으로 채용하지 않았으며, 『동현자』를 한 권으로 묶었고 기타는 원서를 따르면서 비교적 신중을 기했다는 점이다(하지만 오류는 있다).

마왕두이 방중서의 중요성

중국의 방중술은 긴 역사를 가지고 있다. 『사기』「편작창공열전扁鵲倉公列傳」에는 이미 이러한 고서들에 대해 언급하면서 '접음양금서接陰陽禁書'라고 불렀다. 하지만 내용은 상세하지 않다. 『한서』「예문지·방지략藝文志·方技略」에도 방중서 10종을 열거했지만 모두 실전되었다. 각종 관련 자료를 볼 때, 대략 서한 말기부터 위진에 이르러 점차 『용성경容成經』『소녀경』『현녀경』『팽조경』『자도경』 등을 중심으로 한 전승 체계가 형성되었다. 예를 들어, 『포박자』에서 말하는 가장 중요한 방중서가 바로 이런 책들이다(「석체釋滯」와 「하람遐覽」 참조). 『소녀묘론』은 이러한 체계의 연속이다. 판홀릭이 주력한 방향이 이러한 발전과정의 중간 시점 혹은 가장 늦은 시점을 확립한 것이라면, 마왕두이 방중서의 중요성은 이 발전과정보다 더 이른 시점을 확립했다는 데 있다. 이는 적어도 한나라 초부터 명말에 이르기까지 중국의 방중술은 일관된 전통을 이어가고 있음을 말해준다.

1973년에 출토된 방중과 관련된 마왕두이 백서帛書는 모두 7종이 있다. 『양생방養生方』『잡료방雜療方』『태산서胎産書』『십문十問』『합음양合陰陽』『잡금방雜禁方』『천하지도담天下至道談』[13]이다. 이들의 필사 연대는 대체로 기원전 168년(한 문제 12)보다 늦지 않으며, 책으로 완성된 시기는 이보다 더 이를 것이고, 일부는 아마 전국 시대일 것으로 추정된다.

이들을 『방내』의 인용문, 『소녀묘론』과 비교해보면, 그들의 용어와 개념이 상당히 유사함을 발견할 수 있다. 나는 버클리에서 강연을 할 때 이 점에 대해 언급했으며, 후에 별도로 논문도 썼다.[14] 중

---

13) 『마왕두이한묘백서4馬王堆漢墓帛書4』, 文物出版社, 1985.
14) 졸저 「마왕두이방중서연구馬王堆房中書硏究」, 『文史』, 제35집 참조.

복을 피하기 위해 여기서는 후세 방중서의 가장 중요한 기술적 요령에 대해서 중점적으로 논하고, 아울러 그것이 마왕두이 방중서에 존재하는지를 살펴본다.

첫째, '구천일심술九淺一深術'. 이 기술은 『방내』 인용문에 보이지만 내용이 도대체 무엇을 말하는지 과거에는 잘 알지 못했다. 이밖에도 『방내』에는 '십동불사十動不寫'라는 말이 있는데, '십동'이 무슨 뜻인지 아무도 설명할 수 없다. 마왕두이 방중서에는 '구천일심술'을 직접 언급하지는 않았지만 '십동' 혹은 '십이十已'에 대해 정의하고 있다. '십동'은 '첫 번째 10회, 다음으로 20회, 30회, 40회, 50회, 60회, 70회, 80회, 90회, 100회' 즉 열 번 넣었다 빼는 동작을 '일동'이라 하며 누적해서 100회에 이른다는 말이다('백'은 실제 수가 아니라 많다는 의미다). 이를테면 매 10회를 한 박자로 하고 있다. 이런 면에서 볼 때, '구천일심술' 역시 이러한 박자로 구분한 것이다. 하지만 문제는 '천'과 '심'을 어떻게 정의하는가다. 이 점을 해결하기 위해서는 판훌릭이 수록한 『소녀묘론』 「천심편淺深篇」이 가장 중요하다. 이 책에서는 "여성의 음부에는 여덟 개 명칭(팔명八名)이 있는데 여덟 개 골짜기(팔곡八谷)라 하며" 그 밖에 음핵의 명칭을 더하면 모두 아홉 개가 된다.

1. 홍구紅毬(음핵)
2. 금현琴弦(음도의 길이 1치)

3. 릉치菱齒(또는 맥치麥齒, 음도의 길이 2치)

4. 타계娑谿(음도의 길이 3치)

5. 현주玄珠(음도의 길이 4치)

6. 곡실谷實(음도의 길이 5치)

7. 유궐愈闕(음도의 길이 6치)

8. 곤호昆戶(곤석昆石, 음도의 길이 7치)

9. 북극北極(음도의 길이 8치)

　음도의 깊이 1~3치를 '얕다淺'고 하고 4~5치를 '깊다深'고 하며, 7~8치는 '태심太深(매우 깊다)'이라고 한다('치'는 손가락 마디 길이로 약 2cm 정도 된다. 여기에서 8치란 음도를 8단계로 구분한 것이다). 이를 근거로 『방내』 인용문 "여자는 아홉 개 궁宮이 있다"를 다음과 같이 복원해 본다.

1. 적주赤珠(음핵)

2. 금현琴弦(음도의 길이 1치)

3. 맥치麥齒(음도의 길이 2치)

4. 유서俞鼠(음도의 길이 3치)

5. 영녀嬰女(음도의 길이 4치)

6. 곡실谷實(음도의 길이 5치)

7. 취서臭鼠(음도의 길이 6치)

8. 곤석昆石(음도의 길이 7치)

9. 북극北極(음도의 길이 8치)

좀 더 올라가 보면, 마왕두이 방중서에도 유사한 용어들이 보인다. 예를 들어, 『양생방』후권後卷에 「빈호도牝戶圖」라는 그림이 첨부되어 있는데, 이 부위(평면도이다)들을 표시하고 있다. 이상으로 볼 때, 앞뒤가 상당히 일치함을 볼 수 있다.

둘째, '환정보뇌술'. 이 방법은 후세 방중술 가운데 가장 중요한 기술이다. 갈홍의 『포박자』「석체」에 "방중술에는 대략 백여 가지가 있는데" "그 요체는 오직 환정보뇌로 귀결된다"[15]라고 기록하고 있다. 이 기술에 대한 세부적인 묘사는 『천금요방千金要方』제27권 『방중보익房中補益』과 『방내』에서 인용한 『선경』에 잘 나타난다. 그 요령은 기를 운용하는 요령과 병예혈屛翳穴(오른쪽 유두 약 1인치 위에 위치)을 누르는(또는 항문 수축) 방법으로 정기를 멈추게 하며,[16] 배출되지 않은 정기(정액이 아닌 정기)를 척추를 통해 뇌로 돌려보내는 것이다. 앞에서도 언급했듯이 이 기술이 출현한 시기가 문제다. 홀릭은 손사막이 말한 것과 같이 인도에서 역도입된 것이라고 생각하지만, 손사막이 기술한 것과 『방내』에서 인용한 내용은

---

15) "房中之術, 近有百餘事焉" "其大要在於還精補腦一事耳."

16) 판훌릭은 이 혈의 위치에 대해 잘못 해석하고 있는데, 그가 말하는 위치는 옥예혈屋翳穴을 말한다.

모두 위진 시대 고서인 『선경』에서 나온 것으로 보아, 인도에서 역도입된 것이 아닐 수도 있다. 또한 후한 말기 『노자상이주老子想爾注』에도 이러한 기술의 기원은 더 오래되었다고 기록하고 있다. 마왕두이 방중서는 겉으로 보기에 이러한 기술에 대한 언급이 없는 것처럼 보이지만, 최근 나는 이들 문헌에 종종 '정기를 보익하는 법(익기益氣)'과 '음기를 다스리는 법(치음治陰)'에 대해 언급하고 있음을 발견했는데, 일종의 '음기를 끌어들이는 방법(인음引陰)'으로 생식기를 보양하는 것이다. 이러한 도인법은 새로 발표된 장자산한간張家山漢簡의 『인서引書』에도 보인다. 하지만 후자의 경우 '인음'에는 두 가지가 있다. 첫 번째는 '음기를 보익하는 익음법(익음기益陰氣)'의 '인음'으로 같은 뜻이지만, 두 번째는 '양기를 끌어들이는 인양법(인양引陽)'과 상대적인 '인음'으로 이와 관련이 없다. 이러한 도인법은 보통 '기마자세'를 취하여 두 팔을 내리고 등을 곧게 세우고 기를 운행하여 항문을 수축하면서 생식기를 활동시켜 운동의 목적을 달성하는 것이다. 책에는 이러한 도인법을 '적자赤子'(남성 생식기의 은어)를 양육한다고 비유했는데, 반드시 '먹고' '훈련하면서' 매일 아침 일어난 후와 저녁에 잠들기 전 또는 음식을 먹을 때에 행하면 기를 운행시키고 몸도 보양할 수 있다고 한다.[17] 이런 도인법은 항문을 수축하고 생식기를 운동시키는 것이 중요하다. 후세에서 말하는 환정보뇌는 병예혈(회음, 항문과 연관이 있다)을 눌러주거나 '하부를 수축하고 숨을 멈추는 것'('하부'는 항문을 가리킨다)이 요령이다(『선경』 참조). 『소녀묘론』에서는 '곡도谷道를 조여 긴장을 풀고 마음을 편하게 한다'('곡도' 역시 항문을 가리킨다)라고 했다. 이 방법들은 항문 활약근의 반사기능을 통제하는 것이 관건이다. 이 밖에도 이러한 도인법에는 '기를 받아들여 뇌를 채운다'라는 말도 있다. 이러한 방법들은 당시 환정보뇌술이 이미 존재했음을 간접적으로 보여주는 것이다.

셋째, "어린 여자를 많이 상대하고, 사정의 횟수를 통제한다多御少女, 莫數寫精"는 말은 『방내』 속의 인용문 『팽조경』과 봉형의 『옥방비결』 『옥방지요』 등에 보인다. '다어소녀多御少女'는 성 파트너를 자주 바꾼다는 뜻이다. 성 파트너는 나이가 어리고 출산 경험이 없는 여성을 가리킨다(후세에는 이를 '택정擇鼎'이라 했다). '막수사정莫數寫精'은 사정의 횟수와 빈도를 통제하고 일정한 시간에만 사정을 한다는 뜻이다. 위에서도 말했듯이, 이러한 기술은 중국 고대 방중술의 주요 특징이다. 마왕두이 방중서에는 사정을 조절하는 내용이 많다. 하지만 '다어多御'라는 말은 있을까? 자세히 찾아보지 않으면 없을 것 같은데, 사실 『양생방養生方』「치治」(이 항목은 두 번 나온다)에 "1촌의 육포를 먹으면 한 명을 감당할 수 있고, 10촌을 먹

---

17) 『양생방養生方』「식인食引」과 『십문』의 '요임금이 우임금에게 묻다堯問於禹' '왕자 교보가 팽조에게 묻다王子巧父問於彭祖' '반경이 현로에게 묻다帝盤庚問於耆老' '우임금이 사계에게 묻다禹問於師癸', 『천하지도담天下至道談』의 제7장 및 『인서引書』의 '익음기益陰氣' '인음引陰' 편 등을 참조.

으면 열 명을 감당할 수 있다"[18]라는 말이 있다. 보약을 어느 정도 먹으면 몇 명의 여자를 상대할 수 있다는 등의 이런 말을 '다어'라고 한다.

이런 면에서 볼 때, 마왕두이 방중서는 후세 방중서의 모든 요점을 포함하고 있다고 할 수 있다. 또한 마왕두이 방중서의 발견을 통해 중국 고대 방중술은 보약과 기 운행, 도인 등 여러 가지 기술의 복합체임을 더욱 분명하게 알 수 있다. 특히 중국의 고대 체위에 대한 용어는 종종 동물을 모방했으며 이 역시 도인술 중의 (오)금희(五)禽戲에서 비롯된 것이다.

그 밖의 관련 주제

방중술과 연관이 있는 『중국고대방내고』에도 여러 가지 중요한 방중술 관련 내용들을 언급하고 있다. 명·청 시대 소설에는 각종 방중술 도구와 정력제에 대한 언급이 적잖이 보인다. 일부 연구자들은 종종 이에 대한 이해가 부족하여 내용을 이해하는 데 곤란을 겪곤 한다. 명칭은 다음과 같다.

---

18) "食脯一寸勝一人, 十寸勝十人."

1. 촉기觸器 : 속칭 '각선생角先生' 또는 '각모角帽'라고 한다. 남성의 페니스를 모방하여 만든 기구로 페니스에 끼워서 사용하는 기구다.
2. 등진藤津 : 속칭 '광둥인사廣東人事' 또는 '광둥방廣東膀'이라 한다. 온수에 넣으면 단단해지는 기물로 남성 페니스를 대체할 수 있다.
3. 탁자托子 : 남성 페니스 뿌리 부분에 끼우는 링 모양의 기구. 은이나 기타 재질을 사용하여 만들며 링을 한 개 사용하는 사람도 있고 두 개 사용하는 사람도 있다.
4. 현옥환懸玉環 : 탁자托子와 유사하며 옥으로 만든 것이다.
5. 면령緬鈴 : 안에 작은 환이 들어 있는 금속 볼이다. 남성 페니스에 부착하여 여성의 질 내에서 진동을 일으킨다.
6. 유황권硫黃圈 : 귀두에 끼우는 기구로서 작은 유황 링이 있다.
7. 백릉대자白綾帶子 : 약물을 싸매거나 약물을 침전하는 데 쓰는 실크 띠로서 페니스를 싸매거나 탁자托子를 부착하는 데 사용한다.
8. 봉제고封臍膏 : 배꼽에 부착하는 고약으로 '보진고保眞膏'라고도 한다.
9. 전성교顫聲嬌 : 일종의 가루 약재다.

이처럼 항목들이 매우 많다. 판홀릭은 상기 도구와 약물에 대해서도 고증을 했다. 그가 언급한 명말 성인물 책자에 쌍두음구雙頭淫具라는 성인도구가 있는데(『방내고』, 165쪽) 이것은 쌍두의 '각모角帽'를 말한다(『낭사기관浪史奇觀』 제39회 참조). 이 밖에도 광둥방(『방내고』, 165쪽), 현옥환(『방내고』, 281쪽), 면령(『방내고』, 165~166쪽), 약자백대자藥煮白帶子(백릉대자 같은 것, 『방내고』, 281쪽)에 대해 설명했다. 이러한 연구 내용은 연구자들에게 유익한 단서를 제공했다. 물론 그중에는 토론의 여지가 있는 것들도 있다. 예컨대 판훌릭은 현옥환이 '탁자'와 같은 기물이라고 했다. 물론 그럴 가능성도 있지만 그가 제시한 명말 성인물 책자 속의 그림만으로는 그것이 옥인지 확인하기란 어렵다. '탁자'일 가능성이 더 커 보인다. 그리고 '전성교'가 '면령'의 별명이라고 하는데 이것도 잘못된 것이다. 『금병매金甁梅』의 원문에 분명한 기록이 있듯이, 전성교는 가루약이지 도구가 아니다.

이 밖에 상술한 도구와 약물의 기원에 대해 판훌릭은 명·청 이래 중국인들은 성인용 기구를 외국어 단어로 대용한 경향이 있다고 했다. 영국인은 콘돔을 'French letters'라 부르고 프랑스인은 'letters Anglaises'라 부르는 것과 같다(『방내고』, 166~167쪽). 하지만 과연 그러한지에 대해서도 토론의 여지가 있다. 나의 연구에 의하면, 상기 도구와 약물 중에서 중국의 전통성이 가장 강한 것은 '촉기'다. 명·청 시대 소설과 대조·증명할 수 있는 실물들이 고고학 발굴을 통해 적잖이 발견되었다.[19] 또한 유황을 음도의 수렴제로 사용한 경우도 수·당 시대의 의방서(『방내』「치옥문대治玉門大」 참조)에서 볼 수 있다. 하지만 주목할 점은 상술한 기물 중에 일부는 외래의 것이다. 예를 들어, '탁자'는 『욕경欲經The Kama Sutra of Vatsyayana』(Sir Richard Burton and F. F. Arbuthnot 역, New York: G. P. Putman's sons, Inc., 1963 참조) 제7부분에서 말하는 'Valaya'와 'Shanghati'와 매우 흡사하다. 확실히 인도의 특징이 있다. 그리고 최근에 면령은 인도에서 출현하여 미얀마를 통해 들어온 것이라고 고증되었으며, 『욕경』 제7부분에도 이에 대한 기술이 있다.[20] 이로써 볼 때, 중국과 인도 간에는 방중술에 관한 교류가 일부 있었음이 확실하다.

이상으로 판훌릭이 세상을 떠난 후 그가 개척했던 영역에서 얻은 성과와 이를 기초로 하여 이룩한 그의 연구 성과에 대해 기술했다. 앞으로도 지하에서 출토된 많은 기물을 통해 새로운 발견을 함으로써 우리의 생각과 인식을 보충할 수 있을 것이라 믿는다. 그리고 판훌릭이 고생하며 개척해 놓은 공로를 결코 잊지 않을 것이다.

1992년 3월
베이징 지먼리에서
(『마왕두이한묘연구문집馬王堆漢墓研究文集』,
湖南出版社, 1994, 142~149쪽)

---

19) 한나라 때는 대부분 동으로 만들었고 송나라 때는 자기로 만들었다. 나는 이에 대해 고증한 글을 썼다.
20) 吳曉玲, 「『金瓶梅』'勉鈴'釋」, 『文獻』, 1990, 제4기.

5.
문을 닫아걸고 수레를 만들다
방중술

내 본업은 '세 가지의 옛것'을 연구하는 것이다. 고고, 고문자 그리고 고문헌이다. 고인(로버트 판훌릭)도 사람이었고 모든 감정과 욕망은 여러 가지와 연동되어 있으므로 고대를 연구하는 사람이라면 이들을 피할 수 없을 것이다. 내가 판훌릭의 『중국고대방내고』를 번역하고 또 마왕두이 방중서에 관해 두 편의 글을 썼기 때문인지 몰라도 나를 잘 아는 친구 외에 많은 사람은 "리링이란 사람 알아. 방중술 연구하는 사람이잖아"라고 말을 한다. 친구들에게 나의 본분을 바로 잡아달라고 요청했지만 별 효과가 없는 듯하다.

1995년 5월의 어느 날, 베이징 대학의 한 동창생이 '중국의 고대방술'이란 주제로 강연을 요청해왔다. 당시는 전국적으로 '5강4미

五講四美'를 강조하고 학교에서도 이와 유사한 교양활동을 하고 있던 터였다.[1] 분위기도 이런 데다 방술에는 방중술이 포함되어 있기 때문에 거절을 했지만 결국 강연은 진행되었다. 그리고 마친 후에 많은 질문지가 올라왔다. 집요하게 이야기를 이어가려는 사람도 있었다. 어떤 쪽지에는 "선생님께서 『중국고대방내고』를 번역하신 용기에 대해 정말 존경을 표합니다. 기회가 된다면 앞으로 현대 이론으로 이러한 과제를 계속 연구해보실 의향은 없으신지요?"라는 의견도 있었다. 당시 이에 대해 크게 두 가지로 답을 했다. 첫째, 판훌릭의 작품을 번역할 당시 나는 어떤 '용기'라는 걸 생각했던 것은 아니다. 다만 마왕두이 방중서를 연구하는 과정에서 우연히 그 책을 발견하게 되었고 그냥 지나칠 수가 없었다. 번역을 하면 독자들에게도 보여줄 수 있고 고인이 매몰되지 않을 수 있다는 생각뿐이었다. 둘째, 나는 현대의 성에 관한 책을 조금 읽어보았고, 이 분야의 전문 연구가 판쑤이밍潘綏銘과 가끔씩 토론을 하기도 했다. 하지만 이 분야는 고금중외를 막론하고 큰 차이는 별로 없다고 생각한다.

---

1) '5강4미운동'은 1980년대 중국 인민, 특히 청소년들의 문명 수준을 향상시키려는 교육 활동에서 시작했다. '5강'은 문명·예의·위생·질서·도덕을 중시하고 '4미'는 언어·마음·행위·환경의 아름다움을 말한다. 당시 전국학생연합회, 전국윤리학회, 전국총공회, 공청단중앙, 전국부녀자연합회, 중국문학예술계연합회, 중국언어문학학회, 중화전국미학학회, 전국위생애호협회 등 9개 단체에서 시작하고, 중앙선전부, 교육부, 문화부, 위생부, 공안부가 지지했다. 후에 도시에서 농촌으로, 내륙에서 변방으로 전국적으로 확대되어갔다. —옮긴이

음식남녀는 인간의 커다란 욕망이다. 특히 후자에 대한 욕망을 만족시키기 위해 인류는 오랫동안 암흑 속에서부터 여러 가지를 모색하고 반복적으로 실천해왔다. 그 기간은 무려 수백만 년이나 된다(오늘날 체질인류학은 갈수록 복잡해지고 있고, 나도 정확하게 그 연수를 알 수 없어 일단 임의적으로 말한다). 방중술은 어디에서든 고학문이다. 요리를 만드는 것과 같이 꼭 현대 이론이 있어야 만들어지는 것은 아니다. 중국의 발명사는 많은 부분 과장된 것도 있다. 하지만 부끄러움을 느끼지 않아도 되는 한 가지는 중국 고대의 방중술이다. 중국 방중서의 연대는 인도의 『욕경 Kama Sutra』보다 훨씬 오래되었을 뿐만 아니라 심지어 로마의 『애경愛經 Ars Amatoria』보다 더 오래되었다. 그 가운데 환정보뇌술은 한나라 때 시작되었을 가능성이 높으며 인도의 밀교密教보다 더 빠르다. 그리고 명·청 시대의 색정色情소설은 일대를 풍미했다. 20세기 이전에는 수량이 많았을 뿐만 아니라 내용 면에서도 상당히 다양했다. 미국 캔자스 대학의 키스 맥마흔 Keith McMahon 교수는 사람의 뇌로 생각해낼 수 있는 것들은 그들이 이미 다 글로 썼다고 말한다.

베이징 대학에서 강연을 할 때 한 가지 언급하지 않은 것이 있다. 새로운 책을 써서 판훌릭을 대신할 생각은 애당초 없었다는 것이다. 솔직히 말해서 이 분야는 크게 세 부분으로 나뉜다. 방중서, 내단술內丹術 그리고 소설이다(춘화를 포함). 이와 관련된 애정, 혼인, 가정, 생육 등 많은 분야가 매우 넓게 뻗어 있다. 나는 방중서

『욕경』의 삽화

에 대해서는 조금 연구를 했지만 기타 부분에 대해서는 지식이 부족하여 고군분투하면서 더 나아갈 생각은 없다. 그러나 최근『중국 고대방내고』에 대한 새로운 몇 편의 평론을 읽은 뒤 열정이 생겨 몇 마디 덧붙이고자 한다.

방중서는 중국의 네 가지 방술 중의 하나다. 네 가지 방술은 의학과 관련이 있지만 의학의 개념보다 범위가 더 넓다. 질병에 대한 소극적인 예방이나 치료뿐만 아니라 적극적인 양생과 보건, 심지어 보양식, 기의 운행, 도인과 방중 훈련 및 불로장생, 신통력까지 얻고자 하는 고대 신선과 매우 관계가 깊다. 고대의 이른바 '신선'은 본래 절대적인 건강과 불로장생을 위함이다. 하지만 도가와 도교에는 확실히 종교적인 의미가 포함되어 있다. 오늘날 과학이 발달하다 보니 마지막 부분에 대해서는 다들 감히 말을 못하지만, 서양 의학의 개념에 그치지 말고 과학과 미신의 벽을 넘어 절충하여 '양생'이라고 하는 게 낫다.

이러한 태도는 전근대적이고 여성비하라는 비판을 받는 한편 신학문을 하는 사람들에게 세차게 뺨을 맞을지도 모른다. 하지만 논자들은 정력을 보강해주는 고정固精을 양생이라고 생각하고 최음제인 춘약春藥이나 기氣를 받아 정력을 증강하는 채보採補를 보양이라고 생각하여, 중국의 방중술은 양생에서 보양으로 나아가고 다시 보양에서 황홀지경으로 들어간다고 이해하고 있다. 이러한 비판은 초점에서 빗나간 것으로 대다수 현대인의 편견이자 오해다.

예컨대 캉정궈康正果는 중국의 방중술은 단지 '성'에 편중하고 '사랑'에는 관심이 없어서 '비도덕적인 생물학적 태도'로 흐르며 로마나 인도처럼 '성적 체험에 대한 미묘한 묘사와 정욕에 대한 깊은 이해'가 부족하다고 말하지만, 조금 과장된 표현이라고 생각한다. 세계의 여타 지역의 방중술 역시 남성 중심이자 '생물학적 태도'를 지니며 심지어 매우 로맨틱한 사랑 행위도 그렇게 고결해 보이지만은 않는다(뿐만 아니라 고어에서 말하는 '짐승 행위'와 같은 변태적 묘사도 있다). 『애경』은 비록 '사랑의 예술'을 말하고 있지만 시작 부분에 분명히 "우리가 제창하는 것은 위험이 없는 환락과 승인된 은밀한 사랑이다"라고 말하고 있다. 그리고 내용의 중심은 여자를 사냥하는 것이다. 어떻게 여성을 유인하고 어떻게 마음을 사는가다. 이는 서양 로맨스에서 습관적으로 사용하는 수법(어떻게 여성의 마음속 사랑을 어루만지고 그녀의 치맛자락을 올려주며, 어떻게 감언이설로 유혹하고 잘 보이며, 어떻게 끝까지 쫓아다니며, 심지어 어떻게 죽는 것까지 연기할 것인가 등등)을 이해하는 데 도움이 되며, 또한 중국 소설 속의 서문경西門慶 같은 바람둥이의 수법과도 통할 수 있다(손수건을 줍거나 옷을 짓는 등의 어설픈 수법). 방사房事에서는 여성들에게 남자들이 좋아하는 자세를 어떻게 취하고 오르가슴이 없어도 가짜로 신음하는 비결 등을 가르친다.[2] 그리고 『욕경』은 중국의 방중서와 같이 '불결'할 뿐만 아니라 인도 종교와 카스트제도의 깊은 영향을 받았다. '남녀평등'은 말할 것도 없고 '남자끼리의 평등'이나 '여자끼리의 평등'도 없다. 그들의 '생물적 본능'의 '황당함'은 중국의 방중과 비교해도 전혀 손색이 없다. 예를 들어, 『육포단肉蒲團』의 경우 웨이양성未央生이 '물건'이 작다고 고민하다가 '천제진인天際眞人'을 초빙하여 수술했는데 개의 생식기를 이식했다고 한다. 참으로 난감하고도 놀라운 일이며, 이러한 상상은 대체로 외래의 영향을 받은 게 아닐까 한다. 『욕경』에는 이러한 것들에 대해 아주 상세하게 묘사하고 있다. 원시민족들이 '인체조각'이나 문신, 귀고리와 코고리를 좋아하는 것은 각국의 풍습에서 볼 수 있지만, 인도 사람의 경우는 (남성의) 생식기에 칼을 대어 자르거나 구멍을 내어 환이나 구슬을 삽입했으며, 이렇게 하지 않으면 고도의 쾌락을 얻을 수 없다고 생각했다. 이러한 '뿌리예술'은 비교적 드문 것 같다.

중국의 방중서는 기술 서적이며 그것도 상당히 전문적인 기술 서적이다. 주요 특징은 관련 '전문용어'와 '방식'이 오래전부터 형성되었을 뿐만 아니라 처음부터 문학과는 구분되었다. 단지 '성'에 대해서만 논했지 '사랑'에 대해서는 언급하지 않았으며, 간결함을 추구하고 군더더기는 피했다.[3] 문헌상의 기록과 고고학의 발견을 통해 볼 때, 중국의 방중서의 출현은 적어도 전한 초기 이전(기원전

---

2) 관련 서적으로 리장漓江출판사에서 출판한 다이왕수戴望舒의 번역본이 있다. 이 책은 프랑스어로 된 것을 번역한 것이다.

3) 『대락부大樂賦』는 색정色情문학이지 방중서가 아니다. 마찬가지로 엄격히 말해서 『애경』도 방중서가 아니다.

200년 전후)이고, 성숙도와 정형화된 점으로 볼 때는 그보다 더 이전일 것이라고 추정되며, 향후 전국 시대의 문헌이 분명 발견될 것이라고 생각한다. 예를 들어, 한漢 문제文帝 때 명의 순우의淳于意는 이미 고향의 지인 양경수陽慶授를 통해 은밀한 책('음양을 논한 금서')들을 읽었다고 했는데, 그때가 기원전 180년(고후高后 8)이다. 마왕두이의 방중서도 대략 이와 비슷한 시기에 쓰인 것이다. 이보다 조금 뒤에 나온 『한서』「예문지」에는 여덟 가지 방중서를 기록하고 있다. 하지만 모두 산실되었다. 그래도 후한 시기에 유행했던 방중서는 도교에서 강조했던 '방중칠경房中七經'(황제黃帝의 방중서, 『현녀경』『소녀경』『용성경容成經』『팽조경』『자도경』『진사경陳敕經』)에 산일한 글들이 적잖이 보존되어 있다. 출토된 한나라 초기의 문헌과 전해지는 산일한 문헌을 대조해보면, 비록 문답의 인물은 바뀌고 있지만 이야기 내용은 대동소이하다. 용어에서부터 체계에 이르기까지 오래전부터 정형화된 것으로 보인다. 중국의 전통은 상당부분 2000년 동안 하나의 맥으로 전해 오고 있다. 예를 들어, 명 말기 초본抄本 『소녀묘론』은 한나라 초기 마왕두이 방중서와 세부적인 내용에서 매우 흡사하다.

중국의 방중술이 '생물적 본능'을 강조하고 있다는 비판은 타당하지 않다. 중국인은 '생물적 본능'을 말할 때 '식'과 '색'을 함께 거론한다(물질적 기초와 정신적 향유는 서로 맞물린다). 하지만 마왕두이 방중서 『천하지도담天下至道談』에서 방중술을 "천하의 지당한

도"라고 한 것은, "사람이 태어나서 배우지 않는 것이 두 가지가 있는데, 하나는 숨 쉬는 것이고 다른 하나는 음식을 먹는 것이다. 이 두 가지를 빼놓고 모두 배우고 따르지 않는 게 하나도 없다"는 것을 의미한다.[4] 호흡과 식사는 배우지 않아도 할 수 있는 것이지만 '색'은 여기에 포함된다고 생각하지 않았다. 남녀의 교합에는 반드시 법칙이 있고, 이러한 '법칙'은 학문으로 가능하다고 보았기 때문이다. 이는 매우 엄숙하고도 과학적인 면이 있다고 생각한다. 왕쉬王朔의 소설에 "사랑에는 천만 가지가 있지만 동침은 가장 하등한 것이다"라는 말이 있다. 하지만 서양의 성 연구학자들은 "신이 수치스럽지 않게 창조한 것은 우리도 수치스럽지 않게 말한다"고 생각한다. 그들의 성 연구책자에는 성관계를 이야기하면서 도덕, 종교, 혼인, 가정은 논하지 않으며 전혀 로맨틱하지도 않다. 그러고 보면 '가장 하등하다'라는 점에 대한 서양 사람과 중국 사람의 견해는 대체로 유사한 것 같다.

중국의 방중서에 대한 문제를 찾아보면 아직 더 많다. 예컨대 이러한 책들은 '방중'('방 안'이란 뜻) '음도'('여성의 질') '어녀御女' 등의 명칭을 사용하고 있다. 모두 여성에 대해서는 상세하게 묘사하고 남성에 대해서는 소략한 걸 보면('여자의 구궁九宮'은 '남자의 팔절八節'에 비해 더 상세하며 그림까지 첨부했다), 확실히 남성 중심임을 알

---

4) "人産而所不學者二, 一曰息, 二曰食. 非此二者, 無非學與服."

로댕의 『애경』 삽화

수 있다. 체제는 대부분 제왕에 의탁한 것이 많으며(왕이 하문하면 신선 같은 지자智者가 대답하는 형식), 역시 다처제 분위기가 농후하다 (하지만 평민을 경멸하는 의미는 없다). 이러한 것들이 대략적인 요점이다. 하지만 이런 것에 크게 놀랄 필요는 없다. 이러한 태도는 오늘날 우리가 보기에 맞지 않다고 생각되지만 고대에는 정상적인 것이기 때문이다. 고대에는 남권이 보편적이었음은 말할 것도 없다.[5] 다처제는 서양 기독교의 기준으로 볼 때 비정상적이지만[6] 다른 지역에서는 상당히 보편적인 현상이다.[7] 뿐만 아니라 서양의 전통에도 유사한 배경이 있다. 1993년 미연방조사국에 의해 소탕된 데이비드 코레시David Koresh는 『구약성경』의 다윗왕이라 자처하면서 당당하게 '다처'를 정통이라 했다. 『천하지도담』에도 "만약 오래 지속할 수 있으면 여성은 크게 기뻐하며, 형제간엔 우애 있고 부모를 사랑하게 된다"고 했다.[8] 당시 사람들은 성생활의 의미를 이

---

5) 예를 들어, 리샤오장李小江이 말한 "남성은 5가지 사회 형태를 경험했고 여성은 단지 2가지 사회 형태만 체험했다"는 괴변은 남권 통치의 보편성에 착안한 것이다.

6) 일반적으로 아내의 권리는 토지소유권보다 훨씬 더 어렵다. 세계 각국의 상황을 보면, 서양에서 보이는 아내에 대한 공평한 생각은 소중하고 존경스럽기까지 하다. 하지만 이는 여전히 '형식상의 평등'일 뿐 사실상 그들에게도 '공식적인 집사람' 외에 기원, 정부, 기녀 등이 적지 않다.

7) 마커멍馬克夢은 미국에서 중국의 성의 역사를 주제로 강연을 할 때 학생들이 가장 민감한 반응을 보인 대목이 바로 '다처'라고 말했다. 서양 사람은 아랍 세계의 다처제에 대해서는 비교적 잘 알고 있지만 상대적으로 중국에 대한 지식은 턱없이 부족하다.

토록 중요하게 생각했으니, 이러한 배경에서 또 무엇을 더 말할 수 있겠는가.

중국의 방중서는 도가, 도교와 밀접한 관계가 있다. 이러한 책들은 조기의 것과 이후의 것이 조금 다르다. 위에서 언급한 양한, 위진, 수당 시대의 책들은 비록 종종 제왕의 명의를 빌리지만 금서가 아니라 보급 책자인 경우가 많다.[9] 이러한 책은 '황로黃老의 기술'과 밀접한 관련이 있다. 예를 들어, 『소녀경』『현녀경』『용성』은 황제 서적에 속한다. 그리고 한나라 때 『노자』주석서에도 방술과 방중해로房中解老의 전통(『하상공장구河上公章句』『엄준지귀嚴遵指歸』『노자상이주老子想爾注』 등)이 보인다. 방중서는 『노자』속의 용어를 차용했으며,[10] 이 전통은 마왕두이 백서까지 거슬러 올라간다. 하지만 이 책의 내용들은 대부분 상식적인 것이며 갈홍葛洪은 이를 '거친 수준의 일'이라고 비웃었다. 위진 도교가 방중술에서 가장 중요하게 생각했던 점은 요령과 말 밖의 가르침이었기 때문이다. 후자

---

8) "句(苟)能持久, 女乃大喜, 親之兄弟, 愛之父母."

9) 고대 제왕들은 수많은 처첩을 거느렸기 때문에 대응하려면 상당히 힘들었다. 이런 책에 제왕이란 이름을 붙인 이유가 바로 그러하기 때문이다. 또 다른 이유는 그들은 염문의 온상이었기 때문에(할리우드의 스타와 같이) 평민들의 부러운 마음을 이용하여 광고의 효과로 삼았다. 하지만 더 큰 점은 제왕의 명성을 빌린 것으로, 서양에서 제왕절개를 논하면 고대 로마의 카이사르를 언급하는 것과 같다(이를 일본어로 '제왕절개帝王切開'라 한다. 제왕절개는 카이사르가 어머니의 배를 가르고 태어났다는 데서 유래했다).

10) 예를 들어, '적자赤子'는 남성의 성기를, '현빈玄牝'(또는 현문玄門)은 여성의 성기를, '악고握固'는 사정 막기를, '주마走馬'는 사정을 의미한다.

의 경우는 『황서黃書』와 『선경』 등의 서적에서 볼 수 있다. 이들은 보통 '구천일심술'과 '다어소녀, 막수사정법' '환정보뇌술' 등 3대 요령을 위주로 한다. 이러한 요령들은 마왕두이의 방중서까지 근원이 올라갈 수 있지만 실제 행위에 있어 많은 구체적인 규정이 있으며 후에 더 추가로 발전했다. 후한 말기 방중술을 전하는 3개 주요 파벌이 있다. 용성容成의 기술(감시甘始·좌자左慈·냉수광冷壽光·동곽연년東郭延年·봉군달封君達 등 황로파黃老派의 방중술)을 전하는 파와 팽조彭祖의 기술(황산군黃山君)을 전하는 파, 그리고 옥자玉子(장허張虛)의 기술을 전하는 파(천문자天門子·북극자北極子·절동자絕洞子·태음자太陰子·태음녀太陰女·태양녀太陽女)가 있다. 앞의 두 파가 전하는 것은 대부분 '거친 수준의 일'이며, 마지막 파는 '묵자오행술墨子五行術'과 연관이 있다.[11] 그 요령은 장릉張陵의 『황서』에 있는 것과 비슷하며 신비적인 색채를 많이 띠고 있다(갈홍, 『신선전神仙傳』 참조). 후세 내단술內丹術의 발전은 이러한 비책의 수련 및 요령의 전수와 관련이 있을 것이다.

앞에서 언급한 '양생에서 황홀경까지'에서 말하는 '황홀'은 대개

---

11) 묵자는 전국 시대 초기에 활약한 사상가로서 천하에 이익이 되는 것은 북돋우고, 천하의 해가 되는 것은 없애야 한다는 정치 원칙을 주장하고 탐욕과 모략을 일삼은 전쟁을 반대(비공非攻)하며, 타인을 사랑하고 서로의 이익을 높이는 겸애兼愛설 등을 주장했다. 사상가로서의 삶 외에도 양생수련법을 지켜 92세까지 살았다. 특히 묵자오행설이란 오행의 상생과 상승의 기운과 이를 인체 오장의 속성과 연계(목(간)·화(심장)·토(비장)·금(폐)·수(신장))하여 음양기혈의 운행에 활용했다. ─옮긴이

내단파의 방중술을 가리킨다. 내단술에 대한 지식이 풍부하지 못해 두 가지만 언급한다. 첫째, 내단술은 송나라 이전에는 그 위상이 외단술만 못했다. 이는 과학기술의 수준과 관련이 있다. 그들이 말하는 호흡과 토납, 굽혔다 폈다 누웠다 엎드렸다 하는 동작 및 남녀의 결합은 비록 오래된 전통적인 건강법이긴 하지만 모두 '밑천 없는 장사'이므로 '금단대약金丹大藥'의 '첨단과학' 시대에 자연 주목을 끌 수 없었다. 전국 시대와 진한 시기 이래 사람들이 가장 맹신한 것은 '약' 특히 화학적 제조 '약'(오늘날의 서양은 여전히 그러하다. 그들의 화학도 연금에서 비롯되었다)이다. 예를 들어, 갈홍은 오직 금단만이 신선에 도달할 수 있는 근본으로 생각하며, 약으로 안 되면 그때 가서 여러 가지 기술을 수련해야 한다고 보았다. 그는 방술만으로 신선이 된다는 말은 믿지 않았을 뿐만 아니라 이러한 것들을 '무당이나 요괴의 말'이라고 지적했다(『미언微言』). 이러한 견해는 송 이전에 주류를 이루었다. 둘째, 오늘날의 연구자들은 외단술은 당나라 이래로 쇠락했다고 한다. 당나라 때 많은 황제가 먹고 죽었기 때문이다. 방술과 다른 '밑천 없는 장사'가 이 기회를 틈타 부흥했던 주목할 만한 특징은 외단술의 용어를 가지고 원래의 체계를 전면적으로 개조했다는 점이다. 새로운 방중서에는 여러 가지 파가 있는데 도교 사상으로 연구할 필요가 있으며, 그렇게 간단하게 여성에 대한 공포·원한·압박으로 개괄할 수는 없다.[12] 이러한 계파의 공통점은 갈수록 기술화되고 외단 이외의 기술로 신선의 경지에 이를 것으로 기대한다. 만약 도교 이외의 관점으로 도교를 바라본다면, 종교의 경지를 '황홀'한 것으로 볼 수 있다. 하지만 그런 '황홀'함이란 스포츠의 기술과 같아서 대중들과의 관계가 상대적으로 적다. 송명 이후의 방중술은 주로 도교 내부와 궁궐에서 유행했으며(역사서에는 이런 책들을 기록하지 않는다) 일반 백성들은 시간도 돈도 없을 뿐만 아니라 일단 마누라가 적다 보니 바라만 보고 물러나야 했다. 하지만 이렇게 국부적으로 중국 고대의 성 전통을 개괄하는 것은 부적절하다.

상술한 내용을 토대로 하여 중국의 성 전통에 대한 평가에 대해 한 가지 적극적인 제안을 하고자 한다. 방중서를 표본으로 하여 중국의 성관계에 대해 사회학적 평가나 이데올로기적 비판을 하는 것보다는 차라리 명·청 시대의 소설에 입각하는 것이 더 나을 것 같다. 후자는 비교적 기술적이지도 않고 또한 상당히 세속적이어서 더욱 풍부한 사회적 배경을 가지고 있을 뿐만 아니라, 전반적인 상황을 반영하고 있기 때문이다. 이런 면에서 마커밍 선생의 최근 작품『구두쇠, 성질 더러운 여자 그리고 일부다처론자Misers, shrews, and Polygamists』(Duke

---

12) 방중에서는 남녀를 물과 불로 비유하며 성관계를 전투로 비유한다. 심지어 '깊은 곳에 임하면 말을 달리듯 하다'와 같이 여성에 대한 불경스러운 말도 있다. 하지만 이들 대부분은 '신중'을 기하기 위한 것이다. 즉 일반적으로 해를 먼저 말하고 다음으로 유익을 언급하는 것이지, 물과 불이 서로 용납하지 못한다든가 녀 죽고 나 죽는다는 뜻은 결코 아니다. 오히려 그 반대로 남녀 모두에게 이익이 되고 물과 불이 서로 공제함을 강조하는 것이다.

University Press, 1995)는 추천할 만한 좋은 책이다.

중국 소설은 남녀의 사랑을 그린 작품들이 많다. '성'과 '사랑'이 공존하기도 하고 그중 한 가지만 있기도 하다. 일괄적으로 '인정人情소설'이라 통칭하지만 구체적으로는 상세한 분류가 가능하다('재자가인소설' '화류소설' '음란소설' 등). 즉 이성에서 동성, 정상에서 변태, 규각에서 청루青樓, 육체적 음란에서 남녀의 깊은 사랑 등에 이르기까지 거의 모든 것을 다 망라하고 있다.[13] 명·청 교체 시기는 시가가 변화하고 사람들의 욕망도 높아갔다. "배가 부르면 음욕이 생긴다"라는 속담이 있다. 그 시기에는 배부르고 나니 별의별 생각을 다하며, 어떤 것은 심지어 공상과학의 수준에 머물기도 했다.

게다가 중국의 인쇄술이 발달하여(같은 기간의 외국 인쇄물의 총량보다 많았다) 당연히 중국의 성 전통의 여러 가지 면을 반영할 수 있었다. 이러한 것들은 물론 고대 방중서나 도교 전통과도 관련이 있지만 상당히 다른 면도 있다. 예컨대 조기 방중서에는 체위에 대한 기록이 있는데, 10절十節, 9법九法, 30식三十式, 화리호초花裏胡哨(화려하다는 뜻) 등 요리 메뉴처럼 다양하다(한 프랑스 친구가 이렇게

---

13) 정사에 대한 묘사를 삭제한 후 줄거리가 이어지지 않으면 이를 '색정소설'이라고 주장하는 사람도 있다. 예를 들어, 『육포단』이 그렇고 『금병매』는 아니며, 『폐도廢都』(자핑아오賈平凹)가 그렇고 『백록원白鹿原』(천중스陳忠實)은 아니라고 한다. 하지만 '인정소설'의 '인정'의 의미를 명확하게 구분하기란 쉽지 않으므로 커다란 분류에 포함시키는 것이 낫지. 신체의 노출 정도에 따라 '전체 노출' '반신 노출' '노출 없음'으로 구분할 필요는 없다고 본다(미국의 영화에는 이러한 분류가 있다).

말했다). 하지만 소설에서는 단지 세 종류가 있다. '물의 흐름에 따라 배를 밀고나가다(순수추주順水推舟)' '산을 넘어 불을 취하다(격산취화隔山取火)' '거꾸로 촛농을 붓다(도요납촉倒澆蠟燭)'이다. 명칭도 크게 달라졌고 수량도 줄어들었으며 가장 기본적인 체위만 남았다(서양에서는 '정상 체위' '후면 체위' '여성상위 체위'라 한다). 그리고 『금병매』 등의 책에는 "16세의 아리따운 아가씨, 몸이 참으로 부드럽네二八佳人體似酥'라는 시구가 있는데 여동빈呂洞賓이 쓴 것이다. 도교에서 온 것이지만 책 속의 기록은 일반인들의 일반적인 성생활을 위주로 하고 있다.

　중국의 고대 성생활을 어떻게 볼 것인가라는 문제에 대해 판훌릭의 책은 큰 틀을 세웠을 뿐만 아니라 토론할 문제도 상당히 많다. 특히 여권운동이 강해지고 있는 시점에서 훌릭의 책에 대한 '반성'은 불가피하다. 이런 점에 대해 미국의 샬럿 퍼스Charlotte Furth 교수는 새로운 논평을 내놓았으며, 이는 미국에 체류 중인 학자 리샤오후이李曉暉의 반문을 받기도 했다. 퍼스 교수가 여권의 시각에서 훌릭의 작품을 비판한 것은 새로운 각도이기는 하지만, 그녀의 문제는 역사 자료에 대한 오해가 너무 많다. 예를 들어, 퍼스 교수는 방중서에서는 여성에 대한 압박을 읽고 태산서胎産書에서는 여성에 대한 관심을 읽었으며, 아울러 이를 근거로 중국 역사의 전후 차이와 유교와 도교의 대립으로 보는 점은 오히려 엉뚱한 결론에 빠진 격이 되었다. 사실 중국의 태산서와 좁은 의미에서의 방중서는 원래 하나의 맥락에서 온 것이므로, 둘 사이에는 그녀가 상상하는 것처럼 그러한 대립이 존재하지는 않는다.

일찍이 천인커陳寅恪 선생이 펑유란馮友蘭 선생의 『중국철학사中國哲學史』를 읽고 '평가서'를 쓸 때, 역사 연구는 고인들의 흠집을 찾고 그들의 우스운 것들을 찾는 것(그렇게 하기는 쉽다)이 아니라, 반대로 고인들에 대해 이해와 동정의 마음을 가져야 한다('오늘날 마음으로 고인의 생각을 추측하지 말라'는 뜻)고 주장했다. 참으로 공감이 간다. 이 밖에 나의 졸견을 하나 더 얹자면, 오늘날 사람들은 생각과 행동에 있어 고인들에게 끌려 다니지 말라는 것이다. 만약 그들이 마땅치 않으면 책을 덮고 보지 않으면 된다.

1995년 7월 24일
미국 시애틀에서

―관련 서평

柯文輝,「中國古代的性與社會∶讀'中國古代房內考'有感」,『世紀』,
    1993년 2기, 52~55쪽.

康正國,「從養生到荒誕(房中書透視)」,『讀書』, 1995년 2기, 46~52쪽.

Charlotte Furth: Rethinking van Gulik: sexuality and reproduction in
    traditional Chinese medicine, in Engendering China - Women, Culture,
    and the State, pp. 125~146, edited by Christina K. Gilmartin etc.,
    Harvard, 1994.

李曉暉,「千古風流在中華∶高羅佩其人其妻其藝其學」,『新語絲』,
    1995년 7월, 18기.

6.

중화의 오랜 풍류[1]

판훌릭과 그의 아내 그리고 예술과 학문

네덜란드 외교관이던 판훌릭은 취미 삼아 중국 골동품에 대한 관심이 많았다. 하지만 골동품 수집 원칙은 중국인과 퍽 달랐다. 중국인은 골동품을 수집할 때 손상된 부분은 가치가 떨어진다고 생각했지만, 그는 손상된 부분이 있어도 연구와 감상의 가치가 있는 희귀품을 찾았다. 예를 들어, 칠이 일정하지 않아도 고산유수高山流水를 연주할 수 있는 고금古琴이나, 보기에는 별로 가치가 없어 보이지만 송나라 관요官窯에서 구운 보기 드문 도자기 파편 등이다. 그는 한때 한학 연구에도 종사를 했지만 일반적인 학계의 한학자들과는 달랐다. 특히 선진 양한 시대를 추숭했을 뿐만

---

[1] 이 글은 내가 미국에서 읽은 리샤오후이의 글로 국내 독자들이 만나보기 어려울 것 같아 첨부한다.

아니라, 사람들이 소홀히 하거나 혹은 하고 싶지만 선뜻 하지 못하는 주제를 집중적으로 발굴했다. 예컨대 셜록 홈스와 같은 외국 탐정소설이 인기를 끌고 중국의 공안公案소설에 대해서는 관심이 없자, 청나라 사람이 당나라 때의 사건을 다룬 소설 『적공안狄公案』을 번역하기 시작했다. 번역을 해나가는 과정에 아예 본인의 풍부한 지식을 활용하여 직접 적인걸狄仁杰Judge Dee의 이야기를 엮었다. 이야기를 엮은 후 자신의 그림 실력을 활용하여 생동적인 삽화를 넣었다. 그의 20여 권의 시리즈 소설이 출판된 후, 또다시 창작한 '법관 적인걸狄法官'은 서양에서 유명한 인물이 되었다.

전하는 바에 의하면, 2년 전에 국내에서 「적공안」이 TV에 상영되었는데, 사람들은 그 이야기를 네덜란드의 판홀릭이 지었다는 사실을 몰랐다 한다.

중국인보다 더 중국문화를 사랑하다

1943년 판홀릭은 충칭에서 수이스팡水世芳 여사와 결혼했다. 그의 작업실에는 그의 전기에서 보던 부부가 함께 찍은 사진 두 장이 있다. 한 장은 충칭에서 찍은 서양식 결혼사진이고 다른 한 장은 고대 의상을 입고 찍은 사진이다. 고대 의상은 당시 두 사람이 막 일본에 건너갔을 때 골동품 가게에서 구입한 것으로,

너무 기쁜 나머지 그것을 입고 기념으로 찍어 남겨둔 것이다. 판훌릭은 일본 무사의 투구와 갑옷을 착용하고 부인은 섬세하고 단아한 청나라의 치파오를 입었다. 사진에서 볼 때, 본적이 쑤베이蘇北 푸닝阜寧인 판훌릭의 부인은 1990년대 미인의 특징이 물씬 풍겼지만, 한편으론 강남 지역의 빼어나고 수려한 면도 보였다.

수이스팡 여사는 베이징에서 자랐다. 그녀의 부친 수이쥔사오水鈞韶 역시 초기 외교관으로서 소련의 레닌그라드 대사로 있었다. 수이쥔사오에게는 열 명의 자식이 있었다. 수이스팡은 그중 여덟 번째다. 대다수 고급 간부의 자제와 마찬가지로 그녀도 아버지를 볼 수 있는 기회가 많지 않았다. 우연히 만날 기회가 생겨도 두 사람은 그냥 '잘 지내지?' '예'라는 정도의 대화뿐이었다. 하지만 명문 집안의 규수로서 수이스팡의 가정교육은 매우 엄격했다. 그녀는 경성의 명문 여자학교인 무전慕貞 중학을 다녔다. 무전 중학을 졸업할 즈음, 옌징燕京 대학과 칭화淸華 대학은 당시 중일전쟁으로 폐쇄되어, 먼저 시난연합대학西南聯大學의 전신인 창사 임시대학長沙臨時大學을 다니다가 후에 치루齊魯 대학에서 역사사회학으로 학위를 받았다. 졸업 후 당시 충칭에 있던 네덜란드 대사관에서 근무하였고, 그곳에서 판훌릭을 만났다. 결혼 당시 그녀는 스물한 살이고 판훌릭은 서른세 살이었다.

외교관이던 판훌릭은 3년마다 임직이 바뀌었다. 그들은 1943년 충칭에서 결혼한 후 1945년에 헤이그로 돌아갔고, 후에 다시 미국으로 가서 1년을 채우지 못하고 다시 도쿄로 건너갔다. 그 후 인도와 레바논, 말레이시아 등 어느 곳에서도 3년 이상 머문 적이 없었다. 수이스팡의 입장에서 볼 때, 여러 나라를 이동하는 생활은 항상 환경 변화와 문화적 충돌, 심지어 새로운 언어에 직면해야 했다. 그렇다 보니 바로바로 새로운 환경에 적응하여 남편과 아이들을 보살펴야 했고, 각종 연회와 사교장에서도 흥미진진하게 말할 수 있어야 했다. 하지만 떠돌아다니며 다채로운 생활을 했던 외교관 부인의 생활은 참으로 일찍 끝나고 말았다. 1967년 57세에 불과한 판훌릭은 암에 걸려 헤이그에서 세상을 떠났다. 그는 임종 전까지도 매일 글을 썼으며, 병상에서 마지막 논문 「긴팔원숭이에 대한 고찰長臂猿考」을 완성했다.

그들에겐 아들 셋과 딸이 하나 있었다. 수이스팡 여사는 네덜란드의 추운 겨울에 적응하지 못해 스페인 남부로 가서 혼자 지내면서 매년 여름이면 네덜란드로 돌아가 자손들과 즐거운 시간을 보내곤 했다. 한번은 언어학에 관심이 많은 중국 친구가 놀라운 사실을 발견했다며 말한 것인데, 서양에서 여러 해를 은거하며 지낸 수이스팡 여사의 중국어 발음은 수십 년이 지났는데도 거의 변화가 없다는 것이었다. 1930년대 전쟁 이전의 중국어 문법과 부드러운 표준 발음을 유지하고 있으며, 심지어 이를 보존하기 위해 녹음을 요청했다고 한다. 자녀 가운데 큰아들 빌럼이 부친의 사업을 이어받아 네덜란드 라이던 박물관 관장을 맡고 있다. 라이던 박물관은 전문적으로 난징의 변기 종류와 같이 일상적인 민속 문물들을 수장하고 있다.

과거를 돌아보면, 수이스팡 여사가 가장 그리워한 때는 신혼 시절 충칭에서 거문고를 타며 결사를 조직하고, 쉬베이훙徐悲鴻과 위유런于右任 등의 문인들과 교제하던 2년간이다. 판훌릭의 자서전 원고에도 그 시간이 가장 기억에 남는다고 기록하고 있다. 훌릭은 중국의 음률에 정통하여 일찍이 고금古琴의 대가 예스멍葉詩夢을 스승으로 모시면서 위유런, 펑위샹馮玉祥 등 유명 인사들과 천풍금사天風琴社를 조직했다. 1940년 판훌릭은『금도琴道』를 써서 다양한 자료와 증거를 인용하여 중국의 오랜 역사의 고금 예술을 서양에 소개했다. 판훌릭은 15개 언어에 통달했지만 중국어에 유독 남다른 애정을 보였다. 그는 문언文言을 사용하며 신식 부호는 좋아하지 않았다. 종종 시를 읊거나 대구를 맞춰가며 치바이스齊白石, 선윈모沈尹默 등과 주고받곤 했다. 자택에서는 넓은 두루마기를 입고 중국차를 마시며 고금을 연주하고 도장을 파는 일을 즐겼고, 중국의 딱딱한 침상에서 잠을 잤다. 그래서 이 국제적인 부부에게 문화적 장벽이란 없었다. 수이스팡은 판훌릭에 대해 "그 사람은 외국인이 아니에요! 우리가 만났을 때부터 임종 때까지 그는 하루도 글을 쓰지 않은 날이 없었어요. 그가 가장 좋아하는 음식은 (물기를 뺀 후 말린) 소시지와 쓰촨 요리였어요. 그는 그냥 중국 사람이었어요"라고 말했다.

문화수양 면에서 훌릭은 중국인보다 더 중국인 같았다. 악기·장기·서예·그림 등에 모두 뛰어났다. 그는 심경에 따라 여러 가지 자호字號를 지었다. 서재의 아호를 '지이자이集義齋' '쭌밍거尊明閣' '유춘자이猶存齋' 등으로 지었다. 하지만 자신의 조국을 매우 사랑했다. 낙관을 할 때는 언제나 '네덜란드 판훌릭'이라고 밝혔다. 그래서 그의 제목은 긴 경우가 많았다. 예를 들어, '네덜란드 샤오왕 판훌릭이 지대의 중화금실에서 竆荷蘭國笑忘高羅佩識於芝臺之中和琴室'이라고 했다. '샤오왕笑忘'은 그의 자이고 '즈타이芝臺'는 별호이며, '중허친스中和琴室'은 서재명이다. 결혼 후 원래의 서재명이 낭만적인 분위기가 없다면서 다시 '인웨안吟月庵'으로 바꾸었다. 나는 소더비 회사의 1994년 봄 뉴욕의 경매 목록에서 행초行草로 쓴 판훌릭의 서예작품을 보았다. 풍격이 출중하고 사대부다운 분위기가 물씬 풍겼다. 낙관은 '네덜란드 판훌릭'이라고 되어 있었다. 당시 작품의 기본 경매가는 2000달러로 당대 일류 서예가의 가격과 맞먹었다. 어떤 사람은 판훌릭의 서법은 "전승 관계를 그다지 중시하지 않았으며, 용필用筆(붓놀림)은 항상 편봉偏鋒(붓의 끝이 어느 한쪽으로 치우쳐 행필하는 것)을 쓴다"고 평했다. 서법에서 드러나는 그의 예술적 개성은 학술적 스타일과 같았다. 글씨는 사람과 같다는 말이 실감이 난다.

중국의 방중술로
서양의 성 해방을 계몽하다

　　판훌릭은 어떻게 해서 중국 전통의 성을 연구하게 되었는가? 말하자면 우연한 기회에서 시작되었다. 제2차 세계대전 후 판훌릭은 외교사절로 재차 일본을 가게 되었고, 그 참에 자신이 쓴 중국 탐정소설을 일본어로 번역·출판하려 했다. 그 가운데『중국종모살안中國鍾謀殺案』은 반불교의 분위기가 짙어서 받아들여지지 않았다. 하지만『중국미궁모살안中國迷宮謀殺案』에는 선정적 묘사가 들어 있어서 출판사가 승낙했다. 사실 판훌릭은 성관계 장면을 처리하는 데 있어 상당히 전통적이면서 중국적이다. 그의 소설 속 한족 여성은 대갓집 규수가 아니면 부인의 도를 지키며 살아가는 가난한 집의 고운 딸이었다. 다른 민족의 부녀를 묘사할 때에만 '성관계' 장면이 있었다. 출판사는 고객을 끌기 위해 겉표지에 반드시 여성의 나체 사진을 넣으려고 했다. 판훌릭은 책의 시대적 배경에 맞지 않는다며 그림을 넣더라도 중국 고대의 전형적인 춘궁도를 넣어야 한다고 했다. 그래서 판훌릭은 중국과 일본의 골동품상들에게 서한을 보내어 그런 그림을 찾았다. 마침 교토의 한 골동품상에서 명나라 시대의 오채목각화첩 1세트 24폭을 내놓겠다는 의사를 전해왔다. 그림의 명칭은「화영금진花營錦陣」이며 만력萬曆 연간에 출판된 이른바 '비희도祕戲圖'였다. 이 밖에 상하이의 한 서점에서도 유사한 명나라 말기의 그림을 제공할 의사를 전해왔다.

판훌릭은 원래부터 중국의 목각판화에 관심이 많았다. 뜻밖에 이렇게 정교한 비희도를 볼 수 있게 되자, 그때부터 그는 중국 전통사회의 성생활에 대한 연구를 하기시작했다. 엄청난 양의 필기를 하거나 시중에서 보기 드문 10종의 비서祕書를 기록하여 수만 자의 자료를 입수했다. 그는 직접 작은 해서체로 등사지에 쓴 후, 교토 골동품상에서 입수한「화영금진」24폭의 그림과 함께 인쇄하여 1951년 일본에서 출판했다.『비희도고祕戲圖考』라고 제목을 단 이 책은 당시 50부만 인쇄하여 시중에 유포하지 않고 세계 주요 한학센터와 국립도서관 및 애장가들에게만 보낸다고 밝혔다. 이 책은 세상에 나온 후 한학계에 커다란 영향을 주었다. 조지프 니덤과 같은 많은 한학가는 판훌릭과 통신 토론을 벌이기도 했다. 십 년에 걸친 광범위한 자료 수집과 연구를 통해, 판훌릭은『비희도고』제1권의 내용을 더욱 확충·수정하여 1961년『중국고대방내고』를 출판했다. 판훌릭은 대중들에게 안 좋은 영향이 생기는 것을 피하기 위해 방중에 관한 인용문과 용어들을 모두 라틴어로 번역했다. 후에 라틴어를 모르는 독자들의 분노를 사기도 했다.

최근 미국의 샬럿 퍼스 교수는 판훌릭의 이러한 생각에 다른 해석을 내놓았다. 퍼스 교수는 판훌릭이 독자들로 하여금 이러한 X급 인용문을 그리스나 로마의 '고전경문Classics'과 같이 신성한 것이며, 아울러 현대생물학과 같은 '과학'으로 여기도록 했다는 것이다. 또한 이 책의 여러 가지 관점에 대해 '고민'해보아야 할 점이 있다고 했다. 예컨대 판훌릭은 중국 고대 방중술의 요지는 남녀 특히 여성의 입장에서 이러한 천지음양의 쾌락을 충분히 즐기는 것이라고 보았다. 하지만 20세기 말 여권운동의 입장에서 볼 때, 중국 고대 방중술은 남성 중심의 것으로 여성에 대한 이기적인 '성적 착취'의 지도서라고 볼 수 있다는 것이다. 사실『비희도고』에서 판훌릭은 바로 후자의 관점을 취했으나, 나중에 가서는 "전체적으로 볼 때, 도교는 양성 관계의 발전과 여성의 지위를 향상하는 데 유익한 것이다"라고 말한 니덤의 견해를 받아들였다. 그 후 판훌릭은 고대 중국에서 '어린 여자와 많이 관계를 하고 사정을 적게 하는' 방법은 상류 사회의 남성들이 당시 유행하던 일부다처제에 대응하기 위한 필수적인 일종의 생존수단이었다고 생각했다. 이 점이 바로 도가의 입장에서 말하는 많은 여성을 거느리고도 수명을 줄이지 않는다는 뜻이다. 장생불사는 단지 건강의 동의어다. 유가의 입장에서 볼 때, 많은 여성을 거느리는 능력은 일부다처제 하에서 가정의 안정과 평화를 유지하기 위한 기본적인 조건이기도 했다.

퍼스 교수는 「판훌릭에 대한 재고찰對高羅佩的反思」이란 글에서 훌릭이『중국고대방내고』를 쓴 배경에 대해 이렇게 분석했다. 그녀의 분석에 따르면, 판훌릭이 이 책을 쓴 목적은 1950~1960년대에 뜨거웠던 서양의 '성 해방'과 여권주의에 대한 조소라고 한다. 판훌릭이 20세기 중엽 '성 해방의 절정'에 있던 서양의 독자들에게 전달하고자 하는 메시지는 중국 고대의 성적 습관은 원래부터 건강하고 억압받거나 비정상적인 것이 아니라는 것이다. 나아가 판홀릭의 이러한 판단의 근거는 프로이트의 논점에 있다. 즉 모든 억압은 금욕이다. 왜곡된 성행위는 성욕을 정상적인 발설 방법으로부터 벗어나게 하거나 혹은 자기학대 상태에 이르게 한다. 판홀릭은 중국 고대 성생활에서 금욕주의를 배척하는 한편 성적 변태를 통제하는 태도에 대해 극찬을 했다. 동시에 성생활에 있어서 남성이 여성의 만족을 담당하는 책임에 대해 숭고한 가치를 부여했다는 것이다. 하지만 오늘날 서양에서 유행하듯 '남성이 여성을 조종하는 것이 아니라, 여성이 남성을 조종하는 것이다'라는 극단적인 여권주의자들의 시각에서 볼 때, 판홀릭의 이러한 견해는 남성우월주의임이 틀림없다. 그가 그린 중국 여성의 '향기롭고 요염한' 이미지는 '동방학자'들이 늘 갖는 환상이자 마음속의 '이상 세계'를 반영한 것이다.

퍼스 교수의 추측에 의하면, 판홀릭은 자신의 한학 연구를 통해 당시 새로운 영역인 '성과학Sexology'에 기여하고자 했다. 판홀릭이 스스로 정확하다고 생각하는 중국 고대 성생활의 그림을 제시한 목적은 동방의 성관계는 줄곧 '억압'적이고 '변태'적이라고 생각하는 동방의 성생활에 대해 부정적인 편견을 가지고 있는 동방학자들의 관점을 바로잡고자 함이다. 하지만 퍼스 교수는 판홀릭의 이러한 '긍정적'인 해석은 현대 식민주의 문화의 또 다른 산물에 불과하다고 했다. '성 해방'식의 중국 고대 부부생활에 대한 판훌릭의 묘사는 당시 서양 사람들의 성의 자유와 정욕에 대한 추구를 반영한 것이다. 20세기 초 이른바 '성과학'은 현대 의학과 심리학적 용어를 가지고 기독교의 도덕적 전통을 대체한 것이다. 인류의 다원적 문화를 인정하는 분위기 속에서 '성에 대한 학문'은 해방적인 사업이 되었으며, 이는 인류의 각종 성적 풍습을 확립시키고 나아가 문화지상론적 관점에서 기독교의 도덕적 기준을 다원문화의 일종으로 격하시켰다. 프로이트 학파가 여성의 성적 오르가슴 문제를 제기한 이후 20세기 심리학자들은 부부 생활에 대한 충고를 할 때, 항상 성적 만족도와 남성의 무지와 둔감으로 인해 초래된 여성의 성 냉담증, 이 두 가지 문제를 혼인심리학의 핵심으로 언급하고 있다. 그렇다면 중국의 전통 방중술이 강조하는 것은 여성의 쾌감을 자극하는 한편 남성의 통제를 강조하고 있는 것이니, 이는 현대 성학문에서 관심을 갖고 있는 두 가지 부부관계의 문제점과 관련이 있기도 하다. 판훌릭은 중국의 방중술은 동방의 부부 성생활을 계몽시킨 성생활의 지침서이므로, 서양 사람들은 이를 통해 많은 것을 배울 수 있고 부부생활에서 즐거움과 조화를 이룰 수 있다고 한다. 하지만 퍼스 교수는 중국의 방중서에서 여성에게는 기술을 가르칠 수 없다고 분명하게 말한 점으로 볼 때(예: 『팽조경』), 이는 남성의 특권이고 여성은 단지 성적 노예이자 '성적 착취'의 대상이며, 평등한 권리를 향유하는 성적 동반자는 아니라고 지적했다.

중국 성 학문 연구의 개척자

퍼스 교수는 판훌릭이 제시한 중국 성학사의 시기 분류에 대해서도 비판을 했다. 이를테면 판훌릭은 의도적으로 중국 전통 속의 변화를 과장적으로 묘사하여 한나라와 당나라의 방중술을 '건강한 위생적인 방중술'로 간주하고 송나라와 명나라의 이학은 방중술의 유행을 억압하는 가짜 도학으로 치부해, 방중술은 제국의 말기에 거의 실전되었다고 보았다는 것이다. 근래에 들어 예더후이 덕분에 이를 재발견하게 되었고 아울러 문화애국주의 입장에서 성 학문을 가짜 도학에서 해방시킬 수 있었다. 퍼스 교수는 한나라와 당나라 때의 방중술은 의학적이고 종교적인 탐구이며, 쾌감과 여성의 요구를 만족시키기 위한 것이 아니라, 당시 중국인의 생사와 천지자연에 대한 인식을 반영한 것이라고 강조한다. 그녀는 조기 방중술 즉 '음도'는 도가의 양생술과 밀접한 관련이 있으며, 고대 전설 속의 '진인眞人'과 '성군'들이 신하를 다루는 것처럼 어떻게 자신과 여성의 몸을 통제할 것인가를 말한 것이라고 보았다. 이러한 남성의 '통제술'은 제국 후기에 와서 비로소 수정되었으며, 이학에서는 방중의 일을 대를 잇는 중요한 일로 보고 연구하기 시작했으므로 다음 세대의 번식과 건강에 더 많은 관심을 두었다. 당나라 이후 '부인과'가 생겨났고 명나라에 이르러서는 더욱 완벽해져 '임신'부터 '부인유아보건학'이 생겨났다. 그래서 퍼스 교수는 명나라와 청나라 때 중국 여성의 지위가 한나라와 당나라 때보다 더 높다고 본 것이다. 사실 임신, 우생優生, 태아 보호에 관한 의술은 이미 출토된 진한 시기의 죽간에서도 발견되었다. 당시 '부인과'라고 칭하지는 않았지만 이미 방중술에 포함되어 있었다. 이후 도교 방중술이 유학에 의해 배척당하면서 '남녀합기술男女合氣術' 부분을 '단순한 성관계' 부분에서 근절했으며, 부인과 아동의 건강과 관련된 내용은 '부인과婦科'로 남겨두었다. 따라서 당나라 이전에 부인과라는 명칭이 없다고 해서 이러한 의술이 없었던 것은 아니다.

퍼스 교수는 판훌릭을 폄하하기 위해 심지어 중국 여성사의 상식을 무시했다. 중국 여성의 성적 지위가 가짜 도학이 통치한 이래 갈수록 낮아졌음은 누구나 다 아는 사실이다. 주요 특징으로 전족 및 『여논어女論語』『여효경女孝經』과 같은 여성 도덕에 관한 서적들이 출판된 점과 정절문의 출현이다. 이러한 조처들의 취지는 여성들이 자신의 위치를 잘 파악하고 착실하게 그 자리에 있으라는 말이다. 여성의 위치는 정치에 끼어들거나 사회에 얼굴을 내미는 것이 아니라 갈수록 집 안에 구속되어갔다. 중국 역사 속의 거친 여성들을 기억해보라. 한나라 여치呂雉, 당나라 때 무조武照, 명나라 때 큰 발 마낭낭馬娘娘(유감스럽게도 회족이다) 등이 있다. 청나라 때 만족 여성은 전족을 하지 않았다. 그렇다면 한족 여성들이 보편적으로 전족을 한 후에 오히려 성적 지위가 높아진 것일까? 한족 여성 중에도 거친 여성이 있지만 그것은 단지 집에서 거칠 뿐이다. 근래에 들어서야 중국의 여권운동이 타이완의 거리에 '우리는 성희롱을 원하지 않는다. 우리는 오르가슴을 원한다'라는 표어와 함께 나타났다.

여하튼 판훌릭이 중국 성 학문 연구의 창시자라는 위치는 변함이 없다. 그의 주된 공헌은 우선 자료를 체계적으로 정리·분석했다는 점이다. 그는 중국의 방중술은 근원이 있으며 예더후이의 『의심방』 고서는 분명 더 오래된 판본이 있을 것이라고 했다. 이러한 추정은 1970년대 출토된 마왕두이 백서를 통해 입증되었다. 판훌릭이 수집한 방중서에는 『의심방』보다 더 늦게 나온 판본을 포함하고 있으며 그중 가장 중요한 것은 『소녀묘론』이다. 현재 중국의 방중서 연구의 대가인 베이징 대학 리링李零 교수는 판훌릭이 직접 옮겨 쓴 『비서십종』의 『소녀묘론』을 보고 매우 칭찬했다. 비록 이책은 명나라 때 것이지만 내용은 『의심방』에 수록된 조기 방중서와 일맥상통하며 심지어 마왕두이 백서까지 거슬러 올라간다. 『소녀묘론』은 완전하게 보존되었기 때문에 조기 방중서의 용어를 이해하는 데 소중한 해석을 제공하고 있다.

예를 들어, 조기 방중서에는 '구천일심법'이 들어 있지만 도대체 어느 정도 얕고 어느 정도 깊어야 하는가? 이에 대한 해석은 이 책에만 있다. 일찍이 마왕두이에서 출토된 방중서를 보면 당시에 이미 조상들은 남녀의 생식기에 대해 정밀한 해부학적 연구를 했다.

마왕두이 무덤에서 출토된 「빈호도北戶圖」가 바로 그 증거다. 리링 교수의 연구에 따르면, 고대인들은 여성의 음도의 길이를 8단계로 구분하여 단계마다 적주赤珠(음핵), 금현琴弦(1단계), 곡실谷實(5단계), 곤석昆石(7단계) 등과 같은 명칭을 달았다. 이른바 깊고 얕음은 이를 근거로 했다. 이러한 명칭들은 천년이 지나도 별로 변화가 없다. 리링 교수는 명나라 방중서와 마왕두이 방중서를 일일이 대조한 후 조기 방중서에서 말하는 '구천일심'을 복원했다. 세상에 전해진 몇 가지 방중서와 출토된 방중서를 비교해보면,『소녀묘론』「천심편」의 분류가 가장 상세하다. 이 책에는 곡실谷實의 앞을 얕은 곳이라 하고 곡실을 지난 것을 깊은 곳이라 했고, 곤석昆石에 도달하면 너무 깊다고 했다. '심하게 얕으면 쾌감이 없고 심하게 깊으면 상처가 생기므로' 곡실을 넘으면 '오장五臟'이 상한다고 보았다. 고대인은 100회를 대영大盈이라 하고 10회를 소영小盈이라 했기 때문에 '구천일심'이 '일동一動'이며 '십동十動'이면 꽉 차서 사정을 한다고 보았다. 그리고 '구천일심, 구구팔십일'도 모두 양수陽數다. 고대인은 넣었다 빼는 동작의 수를 증상에 따라 약을 처방하는 것과 같이 여겨 사람마다 처방을 달리했다. 이는 '양생과 장수'의 효과와 관련이 있으며 심지어 신명의 경지까지 통한다고 보았다.

또 다른 예를 들면,『현녀경』에서 체위를 이야기할 때 '어접린魚接鱗'이란 자세가 있다. 이는 마왕두이 고서에는 '어쵀魚嘬' 자세라 하고『소녀묘론』에서는 '어삽린魚唼鱗' 자세라고 했다. '어접린'은 사실 '어삽린'의 오류다. 물고기가 먹이를 먹는 것을 비유한(여성의 성기가 남성의 페니스를 삼키는 모양) 명칭이다. 구체적인 방법은 대략 이러하다. "남성이 바로 눕고 여성이 위에 탄 후 두 다리를 앞으로 하고 여성이 천천히 삽입하며, 약간 삽입한 다음 정지하여 깊이 들어가지 않는다. 마치 어린아이가 유두를 입에 문 것과 같이 깊이 삽입하지 않고 여성만 움직이며, 오래 지속하여 여성이 쾌감을 느끼면 남성이 후퇴한다"(『현녀경』).[2] 이것은 『육포단』에서 옥향玉香이 말하는 남자의 몸을 눕히는 '도요납촉倒遶蠟燭'의 자세다.

이로 볼 때, 판홀릭은 중국 고대 방중서의 유산을 회복하는 데 많은 기여를 했다. 하지만 퍼스 교수의 글은 명나라 『소녀묘론』을 언급하지 않고, 명나라 때 부인과 중의학 전문서인 『만씨가전광사사요萬氏家傳廣嗣四要』를 근거로 조기 방중서와 대조하여, 명나라 때 여성들의 성생활에서의 지위 상승을 논했다. 그리하여 "송명 이학은 여성과 아이들의 건강에 관심을 두었지만 도교의 방술은 단지 여성에 대한 성적 착취일 뿐이다"라는 묘한 결론을 도출하게 된 것이다. 또한 문장의 각주에서 판홀릭의 『비희도고』는 "매우 보기 드문 것"이라며 거론하지 않았다. 뿐만 아니라 그 책에 수록된 『소녀묘론』을 간과하면서 판홀릭이 이미 버린 '성 착취' 문제에 열을 올렸다. 설사 행락을 추구하는 방중술이 퍼스 교수의 생각처럼 명대

---

2)　　"男正偃臥, 女跨其上, 兩股向前, 女徐入之, 微入便止, 才授勿深, 如兒含乳, 使女獨搖, 務令持久, 女快男退."

의 썩어빠진 선비들에 의해 이단으로 간주되었고, 이를 '남녀평등'의 '자손 생산'으로 대체했다 할지라도 명대의 성생활과 여성의 성적 지위를 연구할 때 당시 성행했던 성적 사랑의 문화적 조류를 소홀히 해서는 안 될 것이다.

판홀릭이 『중국고대방내고』에서 명나라까지만 연구했던 까닭은 명나라의 붕괴로 인해 남녀의 성적 욕구와 쾌락의 성문화는 다시 돌아오지 않을 것이라고 생각했기 때문이다. 게다가 청나라 초기에 '반정신오염' 운동으로 인해 『육포단』과 『치파자전痴婆子傳』 및 춘궁화첩들은 모조리 불타버렸다. 동시에 중국인은 이민족의 통치 하에서 뒤로 물러나 있으면서, 성을 포함한 사생활을 두텁게 지켜감으로써 정치적 독립성을 상실한 후 적어도 정신적, 문화적인 면에서의 순결성을 찾고자 했다. 하지만 결국 '줄곧 개방적'이었던 중국 고대 성생활은 '돌연히 근절'되고 말았다. 이에 대해 리링 교수는 다른 견해를 내놓았다. 그는 중국 고대의 성생활은 줄곧 개방과 금욕이 병행했고 성 향락주의와 성 금욕주의가 교대로 진행되었으며, 다만 양자의 작용 시간과 범위에 있어 많은 변화가 있었을 뿐이라고 보았다. 일부 사람들은 절대적으로 성 개방을 주장하는 '원시민족'이 사실상 성을 금기하는 부분이 더 많다고 생각한다. 가령 청나라 초기 '반정신오염' 운동이 있었어도 방중술이나 춘궁도 및 음란소설은 여전히 여러 가지 경로를 통해 전해졌다.

이상으로 판훌릭 선생의 인품과 학문 연구 성과에 대한 단편들을 간략히 언급했다. 이를 통해 판훌릭의 높은 성정과 박식한 학문에 대해 기본적인 이해가 되었기를 바란다. 기쁘게도 근래 두 권의 성 역사에 관한 저작이 중국에서 번역·출판되었고, 탐정소설은 TV에서 방영되기도 했다. 판훌릭 선생도 저세상에서 지금 중국에서 진행 중인 '성'에 대한 혁신적인 변화에 놀랄 것이다.

―참고문헌

Charlotte Furth, "Rethinking van Gulik: sexuality and reproduction in traditional Chinese medicine", in *Engendering China Women, Culture, and the State*, edited by Christina K. Gilmartin etc., Harvard, 1994.

高羅佩, 『中國古代房內考』, 李零·郭曉惠 等譯, 上海人民出版社, 1990.

高羅佩, 『祕戲圖考』, 廣東人民出版社, 1994.

李零 主編, 『中國房術槪觀』, 人民中國出版社, 1993.

王家風·李光眞, 『當西方遇見東方: 國際漢學與漢學家』, 臺北: 光華畫報雜誌社, 1991.

7.

아내를 두려워하는 이유 1

1989년에 있었던 일이다. 스탠퍼드 대학에서 오랜만에 왕유친王友琴을 우연히 만났다. 온건한 여권 색채를 띤 잡지『여성인女性人』을 준비하고 있다면서 원고를 청탁했다. 방중술 같은 것도 좋으니 여성에 관한 내용을 좀 써달라는 것이었다. 바쁜 데다 게으름을 피워 질질 끌다가 결국 쓰지 못했다. 그래도 나름의 지지를 보여야겠다 싶어 몇 가지 건의를 했다. 당시 나는 시애틀 워싱턴 대학의 방문 학자로 있었다. 어느 날 그 대학의 아시아도서관에서 이런저런 책을 뒤적이다가 우연히 녜간누聶紺弩의 『아내를 두려워하는 것에 대해論怕老婆』라는 책을 읽게 되었다. 매우 흥미로웠다. 중국 문학의 전통이 현대까지 전해오는 이야기 가운데 이는 매우 전형적인 예이자 반복적으로 등장하는 화제다. 이러한 화제는 요즘 국제적으로도 상당한 영향력을 갖고 있다. 예컨대 어떤 한국 학자가 내 집에서 이야기를 나누다가 갑자기 중국에는 "정말 이런 일이 있냐"고 물었고, 한 일본인 친구도 위뤄진遇羅錦의 『겨울의 동화―個冬天的童話』를 읽은 후, 신혼 밤의 그 '큰 가위'에 눌려 몹시 놀랐다고 했다. 그들은 중국에서 태어나지 않은 것이 천만다행이라고 했다. 반면 중국 여인들은 이러한 일에 상당한 자부심을 느끼는 것 같다. 또 후스胡適가 한 말 중에 "아내를 두려워하는 이야기가 많으면 민주화가 쉬워진다"라는 말도 있지만, 여자들은 박력도 없는 남편들에 대해 더 이상 참을 수 없는 수준에 이르자('중국의 대장부는 이미 다 죽었다!'), 끊임없이 기공을 하듯이 남자들에게 '기운'을 불어넣으려 한다. 하지만 본래부터 '음기가 성하고 양기가 쇠한' 터라 그나마 있는 '양기'를 더 쇠하게 할 뿐이다(거리마다 '병'을 치료한다는 전단지가 붙어 있는 이유가 이상할 게 없다). 그래서 나는 전화로 왕유친에게 이런 글도 좀 실을 수 있냐고 물었다.

왕유친의 잡지가 후에 어떻게 되었는지는 알 수 없다. 하지만 일전에 서점을 돌다가 『공처가의 철학怕老婆的哲學』이라는 책을 보았다.[1] 이러한 주제의 글들을 모아 엮은 책이다. 열어 보았더니 네간누의 글도 포함하고 있었다. 그런데 완전히 이것저것 엮은 것으로 서문도 없고 후기도 없으며 출처에 대한 설명도 없었다. 잘 모르는

---

1)   小琪·春林 著, 『怕老婆的哲學』, 群言出版社, 1993.

작가에 대해 독자로서 좀 유감이 들긴 하지만 그래도 없는 것보다는 낫다 싶어 그럭저럭 읽어보았다.

'아내에 대한 두려움怕老婆'은 당연히 남성들의 화제다('두려움怕'이라는 글자 앞에 생략된 주어는 '남편'이다). 『공처가의 철학』이란 제목은 리쭝우李宗吾의 글의 제목을 따라 쓴 것이지만, 내용은 유사하지 않다. 비록 리쭝우는 '아내에 대한 두려움'을 가지고 농담을 하면서 역사적인 이야기들을 적잖이 수록하여 이를 농담조로 '철학'이라고 제목을 달거나 혹은 간단하게 '아내에 대한 두려움의 학문'이라고 칭했다. 하지만 수록한 글들은 결코 '아내에 대한 두려움의 학문'에 국한된 것이 아니라 일반적인 남녀관계에 관한 이야기가 더 많다. '남편은 남편 말이 옳다'고 하고, '아내는 아내 말이 옳다'고 하지만, '아내 말이 옳다'고 하는 남편은 많아도 '남편 말이 옳다'고 하는 아내는 상대적으로 적다. 세 가지 입장에는 여러 가지 배울 점이 있다. 하지만 집중적으로 다루고 있는 여성 작품들은 주로 '여성에겐 자유가 없다'고 호소하거나 남녀불평등을 비판하는 내용 등이 주를 이루며, '아내에 대한 공포'에 대해서는 그다지 언급하지 않았다. 리쭝우 식의 글과 비교해보면 상응할 만한 대응점이 부족하다. 그래서 예전에 읽었던 것으로 아내와 사랑을 나눌 때(물론 나중에 아내가 되었다) 들려주었던 어떤 이야기가 생각났다.

이 이야기는 14세기 영국에서 있었던 이야기다. 원문은 제프리 초서 Geoffrey Chaucer 의 『캔터베리 이야기 Canterbury Tales』에 실려 있다.[2) 대략적인 내용을 간추린다.

아서왕 시대에 정력이 넘치는 어떤 기사가 한 소녀를 강간하여 법에 따라 그를 사형에 처하게 되었다. 왕후가 그를 위해 인정에 호소하자 왕은 이 사건을 왕후에게 맡겨 처리하게 했다. 왕후는 그 젊은 기사에게 "당신은 지금 죽음을 목전에 두고 있지만 내가 한 번의 기회를 주겠다. 만약 여인들이 가장 갈망하는 것이 무엇인지를 나에게 알려준다면 죽음을 면하게 해줄 것이다. 주어진 시간은 1년이니 그 안에 문제의 답을 찾아오도록 하라"고 말했다.

기사는 어쩔 수 없이 각양각색의 여인들을 찾아다니며 가장 갈망하는 것이 무엇인지를 물어보았다. 돌아오는 결과는 묻는 사람마다 달랐다. 어떤 사람은 재물이라 하고 어떤 사람은 명망이라 하고 어떤 사람은 아름다운 옷이라 하고 어떤 사람은 침상에서의 환락이라 했다. 또 누군가는 애교를 부려서 남성들이 자신의 마음을 잘 받아주고 자신의 단점을 장점으로 말해주길 바라는 것이라고 했다(예를 들어, 여인들은 비밀누설을 매우 잘 하지만 남자들이 그녀에게 입이 무겁다고 말해주길 바란다).

젊은 기사는 이러한 답에 만족하지 못하여 수심이 가득 찬 얼굴과 막

---

2) 내가 읽었던 것은 중문판이었다. 그런데 지금 남아 있지 않아 리샤오후이李曉暉 선생에게 부탁하여 루미안스키R. M. Lumiansky가 번역한 영어 번역본 (*Canterbury Tales of Geoffrey Chaucer*, New York: Simon and Schuster, Inc., 1948)을 빌렸다. 본문의 인용문은 이 책에 근거한 것이다.

막한 심정으로 있었다. 바로 그때 갑자기 숲 속에서 아주 못생긴 늙은 여인을 만나게 되었다. 기사에게 연유를 물어본 늙은 여인은 그에게 "만약 당신이 일을 성취한 후 내가 바라는 요구를 들어준다고 맹세한다면 그 답을 알려주리다. 여왕폐하께서 반드시 흡족해 할 것이오"라고 말했다. 목숨을 살리는 일이 급급했던 기사는 당연히 바로 응했고, 그렇게 두 사람은 함께 왕궁으로 향했다.

왕궁에 도착하자 왕후는 궁의 중앙에 앉아 있었고 여러 귀부인도 그의 답을 듣기 위해 모여 있었다. 기사의 입에서 대답이 나오자 사람들은 모두 크게 놀랐다. 그의 답은 이러했다. "여인들이 가장 갈망하는 것은 자신의 남편을 철저하게 통제하여 주인이 되기를 바라는 것입니다." 그 자리에 모인 사람들은 결혼을 한 사람이든 미혼이든 과부이든 간에 한결같이 그의 대답이 옳다고 하면서 그 기사의 사면에 동의했다. 여왕이 막 결정을 내리려는 순간, 늙은 여인이 벌떡 일어나더니 "이 답은 제가 가르쳐준 것입니다. 이 사람은 제게 한 가지 약속을 했습니다. 만약 사형을 면하게 해주면 저의 소원은 무엇이든 다 들어준다고 맹세했습니다. 그러니 이 자리에서 왕후께서 그가 저를 아내로 맞이하도록 판결하여 주시기를 청합니다"라고 외쳤다. 젊은 기사는 몹시 곤란해 하면서 "제가 비록 맹세는 했지만 다른 것을 청하옵니다. 모든 재산을 털어서라도 소원을 들어줄 테니 저의 몸만은 돌려주시기 바랍니다"라고 말했다. 하지만 늙은 여인은 그 어떤 것에도 동의하지 않았다. 그래서 왕후는 결국 기사가 그 늙은 여인을 취하는 것으로 판결을 내렸다.

늙은 여인을 아내로 맞이하게 된 기사는 죽고 싶은 심정이었다. 신혼 잠자리에도 들려 하지 않았다. 늙은 여인은 경전의 어구와 고사를 들어가면서 재산과 권력, 젊음과 미모가 혼인에 있어 가장 중요한 것은 아니며, 여자가 '늙고 못생기고 가난하다'고 해서 기피하는 것은 일종의 편견이라고 설득하면서(너희 남자들은 늙은 노인을 보면 존경하면서 장로라 부르는데, 왜 여자는 그런 말과 행동에 버금가는 존중을 받지 못하는가라고 지적했다), 기사에게 충정과 미모 둘 중에서 하나를 선택하라고 했다. 기사는 고민 끝에 결국 늙은 여인의 말을 따르고 그녀의 '고단수 통제'를 받아들이기로 했다. 그리고 늙은 여인이 기사에게 "입을 맞춰주세요"라고 하자 기사는 입을 맞추었다. 그 순간 그 늙은 여인은 순식간에 미녀로 변했다.

이 이야기는 『바스의 여장부 이야기 The Wife of Bath』를 근거로 한 것이다. 이 여인은 평생 다섯 명의 남편이 있었는데 모두 그녀에게 복종했다고 한다. 그녀는 말을 타고 멀리 예루살렘 등 많은 성지를 다녔으며 또 『성경』과 여러 가지 전적에 대해서도 잘 알고 있는 식견이 풍부한 여인이었다. 이 이야기의 전반부는 여인들이 가장 원하는 것이 무엇이며 후반부는 남자들이 가장 두려워하는 것이 무엇인지를 잘 설명하면서 선명한 대조를 이룬다. '여인들이 가장 원하는 것'은 하층 여인과 귀부인의 생각이 다르다. 전자가 원하는 것은 일반적으로 작은 명예와 이익 또는 작은 허영심이지만 후자가 원하는 것은 남자에 대한 통제권이다. 정말 여인들의 핵심을 짚

『캔터베리 이야기』 속 '바스의 여장부 이야기'의 삽화

은 것이다. 그리고 '남자들이 가장 두려워하는 것' 또한 흥미로운 논제다. 이 이야기에서 소녀를 강간한 아서왕의 기사는 강간죄를 범했고 이는 남권 침략성의 상징이다. 이러한 '더러운 남자'가 심판을 받게 되었는데 심판자는 누구였는가? 여자였다(왕후가 재판장이고 귀부인들이 배심원이었다. 여자들 중에서 지위가 가장 높은 사람들이다). 그리고 그의 목숨을 구해준 이는 누구였는가? 그것도 여자였다(늙은 여자는 여자 가운데 가장 먼저 남자들에게 거부당하는 존재다). 그렇다면 판결 내용은 무엇이었는가? 못생기고 가난한 늙은 여인을 아내로 맞이하라는 것이다. 이 점 또한 남성의 핵심을 바로 짚은 것이다. 예로부터 남녀관계에는 여러 가지 유형이 있으나 '권력'과 '여색'의 거래가 가장 잘 보이지 않는 곳 중심에 있다.

이 이야기는 양측에 대한 비판을 압축한 것으로 깊은 뜻이 담겨 있다. 더욱이 중세 말의 이야기다. 그렇게 일찍부터 당시 남성 목사들의 여권 반대 입장을 겨냥하여 이렇게 깊은 도리를 제시하기란 쉬운 일이 아니다. 하지만 이야기의 끝부분은 조금 약했다. 비록 늙은 여인(수많은 고통과 원한을 통해 깨달음이 남다른 여인)은 여왕의 비밀을 포함하여 모든 여성의 비밀을 꿰뚫고 있다 할지라도, '집에 못생긴 아내가 있으면 다른 여자를 탐하지 않는다'라는 점으로 늑대형의 '더러운 남자'를 설득한다는 것은 현실적으로 쉬운 일이 아니다. 원만한 결말을 만들기 위해 작가는 부득이 신의 힘을 빌려 추한 모습을 아름답게 만들었다. 이러한 결말은 여권의 관점에서 보면 좀 어처구니없는 상투적인 것이다. 겉으로 보기엔 벌을 내리는 것 같지만 실제로는 상을 주는 격이니, 소녀 강간범을 대가 없이 풀어준 셈이다.

여성이 권리를 쟁취하기 위해 평화적인 변화 과정의 수단을 사용하든 폭풍과 같은 급격한 혁명 방식을 취하든 모두 쉬운 일은 아니다. 그 적이 바로 자신의 옆에 있기 때문이다. 그녀들이 이미 '사회 권력' 면에서 처지가 나아졌다 할지라도 영혼의 깊은 곳에서 혁명을 일으키고, 또 남녀 간의 심리적 최후의 마지노선을 깨뜨리기란 참으로 어려운 일이다. 위에서 언급한 바와 같이, '남자가 가장 두려워하는 것은 못생긴 여성'이고 여성이 가장 두려워하는 것은 약한 남성이며, 양자가 대립적인 구조를 띠고 있기 때문이다. 비록 여성의 마음속에 있는 '강하고 약함'이란 때론 상당히 모호하긴 하지만 종종 사회적 평가와 체질적 특성을 두루 포함한다. 남자들의 마음이 단지 얼굴과 몸매의 미추에만 달려 있는 것과는 다르다.

『공처가의 철학』에 실려 있는 청뤄구誠若谷의 「여인과 운동에 대해 논함與女人談運動」은 바로 이러한 문제를 다루고 있다. 작가는 미국에는 각종 '운동'이 많지만 "자기 자신이 가장 잘 알고 매일 함께 호흡하고 살아가는 것이 바로 여성운동이다"라고 말했다. 여기서 '여성운동'이란 일반적으로 말하는 '여권운동'(영문 feminism에는 본래 '권리權'의 의미는 없다)이다. 청뤄구 선생의 부인(미국 사람이다)은 '여성운동'을 몸소 실천하고 있을 뿐만 아니라 회사의 여성

동료들도 대부분 함께 활동에 참여하고 있다. 그는 '여성운동'을 가지고 농담을 한 적이 있다. 즉 여성들에게 '충고'를 하면서 미국 여성들이 전통적으로 좋아하는 '대장부'(키가 크고 근육질이고 모발이 굵고 진하며, 경쟁심이 강하고 자신감이 많은 남자)를 포기하고 '대중들이 선호하는 약한 남성'(연약하고 감성이 풍부하며 근육도 투지력도 없는 남성)을 찾기를 권한다면서, 그렇지 않으면 여성운동은 "아무런 희망도 없을 것이다"며 강한 농담을 던지기도 했다.

중국의 전통 소설에는 '강포한 여성'도 많고 '유약한 남성'도 많다. 『아녀영웅전兒女英雄傳』의 '안공자安公子'(안기安驥), 『홍루몽紅樓夢』의 가보옥賈寶玉, 그리고 재자가인을 그린 소설 속 남자주인공들은 청뤄구 선생이 추천하는 '이상적인 남성' 반열에 오를 수 있을 것 같다. 하지만 유감스럽게도 중국의 '약한 남자弱男人'는 비록 '근육질에 거친' 용맹스러움은 없지만 적어도 '음풍농월'하는 작은 재기는 있다. 그래서 '약弱'자 앞에 반드시 '문文'자를 붙여야 한다. 만약 '문'자가 없으면 '공명'과 '재기' 같은 것들은 모두 남성 권리의 표징이므로 여성들은 관심도 가지지 않을 게 분명하기 때문이다.

'공처가'의 문제에서 볼 때, 남자가 여자를 두려워하는 이유는 그렇게 복잡하지 않다(졸고『종이 위에서 병법을 논하다紙上談兵』참조). 그 이치는 오늘날 부모가 자식을 두려워하는 것과 약간 유사하다. 역시 자식에게 약하기 때문이다(도가에서 말하는 '유약함이 강함을 이긴다'는 의미).[3] 하지만 여자는 남자가 두려워하기를 바라면서도 남자가 두려워하는 것을 두려워한다. 이것이 정말 어려운 문제다. 마치 '말이 빨리 달리기를 원하면서도 말이 풀을 먹지 않기를 바라는 것'과 같다. 아마도 쉽지 않을 듯하다.

1995년 8월 6일
미국 시애틀에서

---

3) '대장부'들은 남자끼리의 울타리 안에서 받는 스트레스가 꽤 많다. 그래서 종종 여자 앞에서 속내를 털어놓는다. 그렇다 보니 자신의 약점을 남김없이 다 드러내게 된다. 이로 인해 여자들은 남자들이 겉으로는 강해 보이나 속은 텅 비어 있다고 알아차릴 뿐만 아니라 그 약점을 이용하여 자신의 계획을 실현하는 것이다. 이를테면 '밀착전'과 '야간전'을 통해 야금야금 그 권력을 잠식해나간다.

8

아내를 두려워하는 이유 2

'아내를 두려워하는 이유 1'은 대부분 책에 있는 내용들을 말한 것이다. 여기에서는 대개 책에 없는 내용들에 대해 말하고자 한다.

예전에 조지프 에셔릭Joseph W. Esherick 교수 댁(베이징의 임시 거처)을 방문했다가 거기서 그의 학생 한 명을 만나게 되었다. 그 여학생은 당시 청나라의 혼인 상황을 조사하고 있었다. 문헌자료를 보니 중국 여성들의 지위가 양쪽은 높고 중간이 낮은 것으로 나타났고, 고위 관직의 아내와 일반 백성들의 아내의 상황은 상대적으로 괜찮았다며 자신의 인상을 말했다. 만약 이러한 인상에 대해 사회통계학적인 근거가 있다면 고대 중국 '여성의 혼인과 지위'는 대개 '중간층의 여성이 고생'하는 것으로 나타날 것이다. 여성들에게 가장 비참한 것은 높은 것은 올라갈 수 없고 낮은 것은 눈에 차지 않는 어중간한 처지일 것이다. 사실 '아내를 두려워하는 현상'은 역시 양쪽 끝에 집중되어 있을 것이다.

중국의 고관대작들이 부인을 두려워하는 것은 영광스런 전통이다. 그런 부인이 대단한 것은 첫째로 그 여성들의 배경 때문이다. 공주 같은 금지옥엽들은 달랠 수도 없고 때릴 수도 없다. 둘째는 그녀들이 권력의 중심에 매우 가까이 있다는 점이다. 그녀들은 남자를 어렵지 않게 정복하여 권력을 얻고 이러한 권력을 이용하여 남자를 정복한다(졸고『종이 위에서 병법을 논하다紙上談兵』참조). 지위가 낮은 백성들 역시 아내를 두려워한다. 이들은 대부분 외모도 떨어지고 가난한 여자를 아내로 취하기 때문에 권력이란 것은 거의 '제로'에 가깝다. 그렇다면 그들은 왜 아내를 두려워하는가? 이 문제도 연구할 가치가 있다.

일반적으로 사람들은 여성해방 문제를 거론하면 대개 도시인을 주목한다. 5·4운동 이래 중국의 가정혁명은 지식인들이 먼저 앞장섰고 그다음은 원로 간부들이다. 전자는 주로 '사제연애형'(미국의 캠퍼스에서는 금기사항이지만 추천할 만하다)이고 후자는 주로 '혁명연애형'(당연히 '상사'와 '부하' 간의 결합이다)이다.[1] 과거의 남성 세계는

---

1)   설사 혼인법이 공포된 후라 할지라도 지식인들 사이에서는 여전히 신구 둘 다 폐지하지 못하는 국면이 일부 유지되고 있다 보니 간혹 추도회에서 두 명의 부인이 등장할 때도 있었다.

관官, 신紳, 사士의 자연스런 순환이 있었고, 여성 세계에도 처妻, 첩妾, 기妓의 상호 보완의 순환이 있었다. 양자는 복잡하게 뒤얽힌 관계였다가[2] 음과 양의 일대 분열을 겪고 또 창기 금지와 첩실 반대 및 자유연애에 대한 법적 보장이 생기면서 지금에 와서야 깨졌다. 그렇다면 농촌에서의 변화는 어떠했는가? 내가 직접 경험했던 일이다.

이 이야기는 여성해방으로 유명한 지역, 즉 자오수리趙樹理의 『샤오얼헤이의 결혼小二黑結婚』과 미국 작가 윌리엄 힌턴William Hinton 의 『번신翻身』에서 묘사된 진동남晉東南(지금의 산시山西 성 동남부) 지역의 이야기다. 1971~1975년 나는 고향 산시 성 우샹武鄕으로 하방되어 5년 동안 노동을 하고 있었다. 당시에 많은 일반 가정의 슬픔과 기쁨, 이별과 만남을 직접 볼 수 있었다. 지금 생각해보면 그곳이야말로 정말 '아내를 두려워하는' 이상적인 왕국이었다.

당시 매번 고향에 갈 때마다 타이구太谷와 치祁 현을 경유해야 했다. 한 친구에게 들은 이야기다. 일찍이 타이구에서 비극적인 사건이 일어났다고 했다. 하방되어 농촌으로 내려와 있던 학생(칭화

---

2) 스탠퍼드 대학 캠퍼스 안에는 남자 둘이 서서 이야기를 나누고 여자 둘이 앉아서 이야기를 나누는 동성연애 조각이 있었다. 중국인은 이게 어째서 '동성연애'인지를 이해하지 못한다. 왜냐하면 중국에는 전통적으로 남자와 남자의 만남은 공공장소에서 이루어졌고 여자와 여자의 만남은 주로 집(혹은 기원)에서 이루어졌으며, 남자와 여자의 왕래 역시 집에서 이루어졌기 때문이다. 남자와 여자는 본래 두 개의 영역이다. 이는 어디서든 '둘이 함께하는' 서양의 습관과는 다르다.

대학 부속중학교 학생으로 그 학교의 단거리 육상선수였다고 한다)이 여자 친구를 칼로 찔러 죽였다는 것이다. 그런데 그 남학생은 법정에서 당당하게 "나와 관계까지 맺었는데, 어떻게 다른 사람을 좋아할 수 있습니까? ……"라고 말하자, 심문관은 "관계를 한 게 뭐 어떻다는 건가? 그렇다고 살인할 수 있단 말인가? 지금 시대에 결혼하고도 그냥 이혼을 할 수 있는데, 게다가 당신들은 아직 혼인신고도 안 하지 않았는가?"라고 했다는 이야기다. 아무튼 그 남학생은 결국 법의 심판을 받았고, 형을 집행하기 전에 고향 사람들은 탄식하면서 "허허! 우리 지방에는 참으로 사내대장부가 안 나온 지 꽤 오래되었구먼!"이라고 했다고 한다.

타이구 고향 사람의 마음을 조금 이해할 수 있다. 내 고향은 타이구에서 그리 멀지 않기 때문에 동일한 '전염 가능 지역'에 속한다. 내 고향에도 이와 같은 실의와 고민에 빠진 사람들이 있을 것이다. 아마도 그들은 분개한 나머지 "우리 조상들은(청나라 무렵) 간통한 남자는 잡아들이고, 마누라가 간통하면 이불 밑으로 잡아다가 카악! 그냥 대가리를 잘라서 관아(현관縣官)로 들고 가면 즉시 판결이 나서 기세등등했지. 그런데 지금은 여자들의 말 한마디면 끝이야. 달라는 대로 다 줘야 하고 조금이라도 기분을 상하게 해서는 안 돼. 그래서 남자들이 두려워하는 거잖아"라고 말할 것이다.

당시 우리 고향에서도 '남자가 아내를 두려워한다'는 풍조가 한창 일고 있었고 그 두려움이란 참으로 전 방위적이었다. 색시를 언급하는 것부터 시작하여 집에 데려오고 또 이혼에 이르기까지 한 가지도 두렵지 않은 일이 없다. 현지 사람은 "천하에는 18나한이 있는데 단지 17동녀童女만 있으니, 항상 한 사람은 색시를 얻지 못한다고 노인들은 말했다"며 수군댄다. 누구든 자신이 열여덟 번째가 될까 두려워한다는 것이다(남녀비가 18:17임을 말하는 것으로, 지금은 아마 더 벌어졌을 것이다). 멀쩡한 총각인데도 서른을 넘기면 시집오려는 여자가 없어 도시의 '노처녀'보다 더 비참한 처지에 놓인다. 마을 남성들이 여성을 고를 때 이상적인 조건은 성격 좋고(성격이 좋아서 시부모에게 효도하고 이웃과 잘 지내는 것) 밖에서도 몸을 잘 움직이고 집안 살림도 잘하는 것이다. 그리고 더 중요한 것은 당연히 아이를 잘 낳고 잘 길러야 한다. 외모를 볼 것 같으면, 류사오치劉少奇의 부인(1971년 우리 고향에서는 마을마다 「류사오치의 인도네시아 방문劉少奇訪印尼」이란 영화를 방영했다. 표면적으로는 비판하는 것이라지만 사실은 외국의 신비한 것을 체험한 것이다)을 꼽을 수 있지만, 우리처럼 고생한 사람들은 상상도 할 수 없는 일이다. 정말 보고 싶으면 그림 한 장 사다가 벽에 붙여놓을 뿐이다. 그들의 수준은 낮고 현실적이다. 하지만 여자들은 전혀 다르다. 지위와 재물은 물론이고 남자의 정력도 빠질 수 없는 조건이다. 거기에다 부수적으로 위로는 봉양할 노인네가 없고 아래로는 보살펴야 할 어린애가 없어서(부모가 돌아가시고 형제자매가 없거나 있다 해도 따로 사는 것) 결국 혼자서 큰 정원을 다 차지하길 원한다. 혼인 시장이 여성들 쪽으로 기울다 보니 내쳐진 총각들이 야단이다. 어떤 장애가 있어도 그저 여자라면 취하고 보는 상황이 벌어지고 있다. 상대를 찾지 못해서 벌어지는 난국이다. 설사 상대를 찾았다고 해도 내 여자로 잡아두기까지는 여전히 어렵다. 결혼 전에 죽도록 고생하며 돈을 벌어도 여기저기 빚을 내어 예물을 준비해야 하니 빚더미에 앉는 것은 물론이고, 또 아내로 삼아 데려와도 마음은 친정에 가 있다. 그렇다 보니 아내의 마음을 잡으려면 늘 처갓집에 잘해야 하고 모진 시험에도 통과해야 한다. 결혼생활 며칠도 안 되어 신부는 '쥐가 이사하듯' 처음에는 채소나 과일, 쌀이나 밀가루 같은 것을 조금씩 나르다가 나중에는 그것이 눈덩이처럼 불어나 갈수록 태산이 되어 결국 남자 쪽이 견딜 수 없게 된다. 그래서 싸움이 생기고 마찰이 생긴다. 그러다가 조금이라도 마음에 안 들면 아이를 데리고 친정에 가서 몇 달씩 안 돌아온다. 어쩌다 잘 달래서 데려오면 다음에는 더 심하게 군다. 화가 나서 손찌검이라도 하면 그땐 끝장이다. 그냥 바로 이혼이다. 그때가 되면 옮길 것은 이미 다 옮긴 상태다. 끝으로 공사公社에 가서 절차를 밟으면 된다. 일반적으로 결혼할 때 준비한 '세 가지 가정용품' 즉 재봉틀과 자전거, 옷장은 여자 측에게 주고 아이도 여자 측에게 주는 것으로 판결이 난다. 그때는 정말 사람과 재산 모두 다 잃고 알거지가 된다.

우리 고향에서 농민들의 '생로병사'는 매우 혹독한 순환 과정이다. 한 남자로 태어나서 먹고 일하기를 해가 뜨고 질 때까지 계속 반복하면서, 한평생 무엇을 위해 살아가는지 모르겠다. 그저 빨리 신부를 얻어서 아이 낳고 늙어가면서 의지할 곳을 찾는 것은 아닐까. 그들은 온갖 고생을 마다하지 않고 먹을 것을 아껴가며 저축을 하여 자식을 위해 집도 지어주고 시집 장가도 보낸다. 이렇게 하는 이유는 자신들이 늙으면 물을 길어다주고 땔감도 가져다주며(지금은 부모와 함께 사는 가정이 갈수록 줄어들어서 많은 기대를 하긴 어렵다) 마지막 가는 길을 전송할 사람(관을 만들어주는 일)이 있다는 것을 위안으로 삼기 때문이 아니겠는가. 늙은이는 어린 것을 위해 어린 것은 늙은이를 위해 그렇게 삶과 죽음은 사슬의 고리처럼 맞물려 이어진다. 그래서 그들은 특히 자손을 중시하는 것이다(이유는 관념적인 것만은 아니다. 물을 길어다주는 것도 작은 일이 아니다). 우리 고향에서는 남자가 이혼할 때 금전적 손해를 보는 것은 큰 문제가 아니지만 사람을 잃는 것은 큰일이다. 남자가 엄청난 양보 끝에 아내를 잃는다고 해도 자식을 잃을 수는 없다. 하지만 여자는 남자와의 관계를 정리할 때 꼭 이 문제를 물고 늘어진다. 사람도 가고 아이도 함께 데려간다. 그렇다 보니 재미있는 일이 벌어지곤 한다. 도시와는 정반대로 여자가 이혼하고 여러 명의 아이가 있어도 어디든 시집갈 수 있다. 처녀가 아니어도 좋다. 이혼녀여도 괜찮다. 심지어 인기 상품이 될 수도 있다. 이처럼 남자들은 자식을 원하는 마음이 간절하다. 한 예로 내 친척 가운데 일도 잘하고 매우 착실한 사람이 한 명 있다. 어렸을 적 일로 기억한다. 그는 베이징으로 상경하

여 1958년 다롄강철大練鋼鐵 시절(마오쩌둥의 대약진 운동 당시 전국
적인 철강제련운동) 제철소에서 일을 했다(그의 집에는 제철소 작업복
을 입고 찍은 사진이 항상 걸려 있었고 그는 그곳에서 일한 것에 대해 엄청
난 자부심을 느꼈다). 그 후 3년 동안 어려운 시기를 맞아 공장이 문
을 닫게 되자 고향으로 돌아왔다. 내가 고향에 내려가 있을 무렵
그는 마침 부대의 큰 차를 몰고 있었다. 그에게는 아내가 있었는데
누구도 감히 접근할 수 없는 지주의 딸이었다고 한다. 아내가 죽은
후 쭉 혼자 지냈다. 그렇게 여러 해가 지나 결국 새 장가를 들었다.
나도 기뻐해 주었다. 하지만 시간이 오래 지나도 아이가 생기지 않
아 문제였다. 어느 날 그는 나에게 "병원에 가봤는데 네 형수가 아
니라 나한테 문제가 있단다. 네 형수를 원망하지 않는다. 이미 돈
을 써서 남자 한 명 구해 놓았다고 했다. 창피할 것도 없고 불편하
면 다른 곳으로 가자고 했다. 우리에게 아이만 생길 수 있다면 더
큰 고통도 감당할 수 있다"고 토로했다.

일부 '거시적인 역사학자' 가운데는 이러한 현상은 남자들이 여
자를 억압한 데 대한 응보라고 말하는 이도 있을 것이다. 지난 사
회는 어두컴컴한 암흑의 우물과도 같고, 여성들은 바로 그 가장 낮
은 곳에 갇혀 있었다. 남자들이 여성들을 수천 년 동안 억압해 왔
는데, 그에 비하면 몇십 년 정도 '잘못을 바로잡는 시간'은 아무것
도 아니다. 하지만 문제는 우리 고향에서 '아내에 대한 두려움'의
피해자가 항상 남성만은 아니라는 것이다.

어느 밀 수확의 계절이었던 것 같다. 사람들은 밭에서 열심히 일을 하고 있었다. 쪼그라든 배를 채울 수 있는 점심시간이 다가오고 있었다(부대에서 식사를 제공한다. 1인당 큰 전병 하나와 그런대로 충분한 옥수수가루로 만든 죽이다). 나는 고개를 숙이고 한창 보리를 베고 있었다. 때마침 어떤 아이가 큰 소리로 "빨리 와 봐요!"라고 외쳤다. 모두 그쪽으로 몰려갔다. 가보았더니 사람들이 한 여자를 둘러싸고 구경하고 있었다. 그 여자는 사람들 앞에서 바지를 벗고 소변을 누고 있었다. 어른이나 아이 할 것 없이 조롱을 해도 그 여자는 전혀 부끄러워하지 않았다. 아G에게 막 시집온 여자였다. 몸은 멀쩡한데 안타깝게도 정신병에 걸렸다.

내 기억 속에 아G는 건장한 청년이었다. 성실하고 충직한 사람이었는데 어떻게 된 일인지 서른이 넘어도 '시집오려는 여자가 없었다'. 사실 그 여자를 데려올 때 이치상 등기를 하지 말았어야 한다(혼인법에 규정이 있다). 하지만 그들이 공사公社에다 뭘 어떻게 했는지 모르지만, 결국 부부가 되었다. 당시 나는 아G가 이런 미친 여자를 얻을 수 있는 것도 복이라고 생각했다. 그는 '나이가 좀 있긴 했지만' 결국 어쩔 수 없는 문제이고 집에는 또 홀어머니가 계시기 때문이다. 누가 그런 남자에게 딸을 주려 하겠는가?

소문에 의하면 아G가 데려온 이 미친 여자는 우리 어머니의 고향에서 왔고, 이 마을로 시집오기 전에 이미 몇 번이나 시집을 갔었다고 한다. 어떤 사람이 내게 "여자의 엄마가 진짜 독한 여자야.

자식을 그저 돈줄로 이용했다더군. 그것도 한 집도 아니고 두 집도 아니고 도통 만족할 줄 몰랐대. 결혼하고 신혼 밤도 며칠 못 보내고 그냥 이혼하게 만들었대. 그러다가 결국 너의 어머니 고향까지 시집오게 되었는데, 여자는 죽어도 안 가려 했대. 근데 그 어미라는 여자가 억지로 이혼시키는 바람에 저렇게 미친 거라잖아"라며 말해주었다.

우리 집은 아G의 집에서 매우 가까웠다. 샘터에 물을 길으러 갈 때마다 거의 매번 아G의 어머니를 만나곤 했다. 아주머니는 항상 오리 떼를 몰고 다녔다(우리 마을에서 오리를 키우는 집은 딱 그 집뿐이었다). 아주머니는 나를 보자 "어쩔거나, 도시에서 이런 산골짜기까지 와서 고생이 많구먼. 튼실한 놈으로 잡아다가 집에 가서 요리해 먹어라. 우리는 감히 이런 거 못 먹어"라고 말했다. 선량한 이 늙은 아주머니는 항상 포동포동한 손자를 안아보는 것이 꿈이었다. 그러니 며느리가 들어온 후로 얼마나 즐거운지 몰랐다. 그런데 이웃들의 말에 의하면 밤만 되면 밤새도록 시끄러웠다고 한다. 이튿날 아침에 밭에 나타난 아G의 얼굴은 항상 여기저기 멍이 들어 있었다고 한다. 마을 사람들은 "이봐! 밤에 소리 들었어? 어머니와 아들이 힘을 합해도 방법이 없을 걸"이라며 키득거렸다.

훗날 나는 마을을 떠나 그 여자가 어떻게 되었는지 모른다. 아G의 어머니도 죽고 아G도 죽었다는 말만 들었다(우리 고향에서 사람이 죽는 것은 일상사에 불과하다).

이야기가 이쯤 되면, '아내를 두려워하는' 왕국에도 예외는 있지 않겠냐며 질문을 할 수도 있을 것이다. 물론 예외도 있고 그 수 또한 아마 상당할 것이라고 생각한다. 그들은 모두 다 촌에서 그래도 '능력자'들이다. 한 부류는 외지에서 돈을 벌어온 근로자들이며(트럭 기사나 광부), 다른 부류는 현과 공사의 간부들이고 또 다른 한 부류는 공립학교 교사들(현과 공사 간부들의 후원군들)이다. 그들은 두려울 게 없다. 그다음으로는 촌에 있는 트랙터 기사와 전기공, 석공, 목수, 사립학교 교사들을 꼽을 수 있다. 이들도 두려운 정도는 조금 덜하다. 물론 일괄적으로 논할 수는 없다. 예를 들어, 우리 이웃집에 한 젊은 목수가 살고 있었다. 밖에서는 힘도 세고 일도 잘하는데 집에만 들어가면 늘 얻어터지거나 혼쭐나곤 했다. 그러나 다른 한 늙은 목수는 감히 끌을 가지고 들어가 마누라의 엉덩이에 끌질을 했다고 한다(연령과 관계가 있을 수 있다. 후자는 그래도 용기라도 있기 때문이다).

내 이야기 속에는 남녀 양측의 역할이 뒤바뀌었다. 과거의 남성 통치 시대와 비교해보면 선명한 대조를 이루며, 오늘날 도시 사람들과 비교해보아도 역시 그러하다(과거 소설 속의 '음양전도'의 의미는 이 지역에선 기타 어느 지역에 비해 충분하게 드러나고 있다). 이는 겉으로 보기에 마치 철저한 혁명같이 보인다.

마크 트웨인Mark Twain의 작품에 나오는 '왕자'와 '거지'처럼 남자가 여자가 되고 여자가 남자가 되는 것이다(『왕자와 거지』 참조). 서로 역할을 바꾸는 것도 확실히 좋은 교육적 의미가 있는 것 같다. 하지만 걱정되는 것은 사회학적 유전의 메커니즘은 종종 '학대 받음'을 통해 '학대를 가하는' 방식으로 유전된다는 것이다(시집살이를 해본 며느리가 시집살이를 시키는 경우). 여인들이 이러한 천지개벽의 상황에서 활개를 칠 때에 동시에 남자들은 중독이 될 것이다. 여인들의 승리란 단지 '유약하고 못난' 남자에 대한 승리를 말할 뿐이며, '강하고 능력 있는' 남자를 원하는 여성의 이상은 여전할 것이기 때문이다(강자에게는 더 강한 자가 있기 마련이다. 이러한 추구는 끝이 없는 바닥과 같은 것이다). 하지만 남자의 실패는 단지 여자를 단념하는 것뿐이다. 그들의 생각은 조금도 개선되지 않고 반대로 아내를 버리고 자식을 보존하는 것이며, 단지 여자를 '자식 낳는 기계'로 여기는 것이다('욕망을 푸는 도구'에도 미치지 못한다).

그래서 나는 이러한 '해방'은 마치 '전煎'을 한 번 뒤집는 것에 불과하다고 생각한다.

1995년 8월 12일
미국 시애틀에서

3장

임종 전의 배려

9.

ㅁ

태사공의 거세와 지식인

2000년 전, 중국에 '굳세고 의연한' 사람이 있었다. 태사공太史公이 바로 그다. 그는 자신과 아무런 관계도 없는 이릉李陵 장군이 '매국노'로 모함을 당하자 그 부당함에 맞서 변호하다가 결국 한漢 무제武帝에게 궁형宮刑의 형벌을 받았다.[1] 궁형은 '5형

---

[1] 사마천이 궁형을 당한 것은 기원전 99년 흉노에 투항한 이릉을 변호한 것이 화근이었다. 이릉은 한 무제 때 흉노족과의 싸움에서 여러 차례 공을 세운 이광李廣 장군의 손자다. 그는 5천의 병사를 이끌고 흉노 10만 기병을 상대하여 1만이 넘는 흉노의 군사를 살상했지만 후에 퇴로가 차단되어 결국 흉노에게 항복하고 만다. 한편, 흉노의 선우單于는 자신의 딸을 이릉에게 시집보냈다. 한 무제는 이릉이 흉노에게 항복한 데다 선우의 사위가 된 것을 보고 그의 일가를 몰살했다. 사마천이 이릉의 항복은 불가항력적인 것이라며 5천 병사로 10만 기병을 상대한 이릉의 치적을 변호하자 그에게 치욕의 궁형을 가했다. 『사기史記』 「흉노열전匈奴列傳」.─옮긴이

五刑' 중의 하나다. 5형은 얼굴에 문신을 새기는 묵형墨刑, 코를 베어내는 의형劓刑, 거세를 하는 궁형宮刑, 발뒤꿈치를 베어내는 비형剕刑, 그리고 참수형 대벽大辟이다. 대벽만 사형이고 나머지는 모두 육형肉刑이다. 한 문제는 육형을 폐지함으로써 중국의 형벌 제도를 확립한 상징이 되었으며, 이는 세계 형벌 역사상 획기적인 사건이다. 그러나 이러한 변혁은 단번에 철저하게 이루어지지 않으며, 계속 반복해도 꼬리는 남는다. 통치자들은 궁형을 폐지하려 들지 않았다. 문제文帝가 폐지한 지 얼마 안 되어 바로 경제景帝가 다시 회복시켰다. 그래서 무제 때에 이르러 사마천이 이런 몹쓸 화를 입은 것이다.

고대의 형벌은 맞대응 보복을 원칙으로 한다. 이른바 살인자는 사형에 처하고 상해를 입히거나 도둑질을 한 자에게는 그에 상응하는 벌을 내린다. 하지만 사마천의 죄는 '화근이 입에서 나온 것'이다. 한 무제는 사마천의 변론을 용서할 수 없었다면 목을 자르거나 혀를 뽑아버리거나 아니면 글을 못 쓰도록 손을 자를 수도 있었을 텐데, 왜 하필이면 그러한 '하책下策'을 썼을까? 이유는 궁형이 육형의 정수를 보여줄 수 있는 최고의 형벌이었기 때문이다. 죄인에게 지독한 모욕을 주어 일벌백계하기 위함이었다.

궁형이란 남성은 생식기를 거세하고 여성은 폐쇄하는 것이다. 즉 남성의 생식기를 잘라내는 것을 말한다. 사마천은 「임안에게 보내는 편지報任安書」[2]에서 썼듯이 맹호가 깊은 산에 있으면 다들 무서

위하지만 함정에 빠져 있으면 꼬리를 흔들며 동정을 구걸하는 입장이 된다면서, 마치 감옥에 갇힌 자신이 그와 같다고 비유했다. "옥리를 보면 머리를 땅에 조아리게 되고, 옥졸을 보면 가슴이 떨립니다"[3]라고 했다. 그리고 "용감함과 겁약함은 기세 때문이며 강함과 약함은 형세 때문이다"[4]라고 하면서 그 감개를 드러냈다. 사마천은 거세를 당한 후 극도의 슬픔으로 더 이상 살고 싶지 않았다. "이 때문에 슬픔은 하루에도 수없이 생겨나 집에 있을 때는 망연자실하고 집을 나서면 어디로 가야 할지 몰라 했습니다. 이런 치욕감이 일 때마다 등에서는 식은땀이 흘러 옷을 흠뻑 적십니다"[5]라고 말했듯이 남성에게 '거세'가 얼마나 커다란 수모인지 짐작이 가고도 남는다. 이 일은 늘 나에게 한 가지 일을 떠올리게 한다. 중국 지식인의 현대화 문제다.

---

2) 사마천은 치욕스런 궁형을 받고 다시 태사령이 되어 발분하여 『사기』를 완성할 무렵, 옛 친구 임안이 황제와 태자 간의 무고巫蠱의 난에 연루되어 사형을 받게 되자 그에게 보낸 서한이 바로 「임안에게 보내는 편지」다. 사마천은 이 편지에서 뼈아픈 심정과 치욕 속에서도 왜 살아야 했는지에 대해 토로하면서 이러한 명구를 남긴다. "사람은 본디 한 번 죽지만 어떤 죽음은 태산보다 더 무겁고 어떤 죽음은 깃털보다 더 가볍다人固有一死, 或重於泰山, 或輕於鴻毛".─옮긴이

3) "猛虎在深山, 百獸震恐, 及在檻穽之中, 搖尾而求食. 積威約之漸也. (…) 當此之時, 見獄吏則頭搶地, 視徒隸則心惕息."「임안에게 보내는 편지」.─옮긴이

4) "난리는 다스림(바른 질서)에서 생겨나고 겁은 용기에서 생겨나며 약함은 강함에서 생겨난다. 군대의 치난은 운용이요, 용겁은 기세요, 강약은 형세다亂生於治, 怯生於勇, 弱生於彊. 治亂, 數也; 勇怯, 勢也; 強弱, 形也."『손자孫子』「병세兵勢」.─옮긴이

5) "是以腸一日而九迴, 居則忽忽若有所亡, 出則不知所往. 每念斯恥, 汗未嘗不發背霑衣也."「임안에게 보내는 편지」.

179

'지식인'의 범위는 넓고도 좁으며 또는 고상하면서도 천박하다.

서양인은 지식인을 '사회의 양심'이라고 한다.[6] 그들의 정의에 따르면, '생산력' 개발을 주도하는 과학기술 인재들은 포함되지 않으며, 대학을 졸업하고 국가 간부가 된 공무원도 포함되지 않으며, 심지어 대학교수들도 꼭 포함된다고 할 수 없다(그들이 사회에 얼마나 많은 관심을 갖고 있는가를 봐야 한다). 어떤 이는 좌파가 일찍부터 물러난 미국에서 이제 '지식인'이란 신문기자(저널리스트)밖에 남지 않았다고 한다(참으로 양심을 바짓가랑이에 감춰둔 형국이다). 이것은 '좁은' 의미의 지식인을 가리킨다.

서구의 개념과는 달리 중국에서 말하는 '지식인'은 좌우간 '조금이라도 글줄을 읽은' 식자를 말하며, 서구에서 인정하지 않는 지식인들을 우리는 다 지식인이라고 한다.[7] 또한 본래의 뜻으로 미루어볼 때, 이미 관직에 올랐거나 아직 관직에 오르지 않은 사람(서양의 한학자는 scholar와 official, 두 단어의 합성어로 복잡한 개념이다)을 가리킨다. 하지만 유림 선현의 전기, 즉 오경재吳敬梓의 글에 보이는 과거에 실패한 향시 합격자와 곤궁한 문인들도 포함된다.[8] 이

---

6) 서양의 기준인 '철학' '종교' '과학' '민주'로 중국을 가늠해본다면, 대부분의 사람들이 말하는 것과 같이 우리는 '아무것도 가진 게 없다'. 만약 이를 받아들여야만 한다면 중국에는 아마도 '지식인'이 없을 것이다.

7) 얼마나 알아야 지식인 축에 드는지 아직까지 정설은 없다. 과거에는 대체로 '수재秀才' 정도는 되어야 했다. 지금은 그 기준이 매우 혼란스럽다. 중고등학생을 '소지식인'이라고 부르는 사람들도 있다.

것은 '넓은' 의미의 지식인이다(이런 '큰 발'이 당연히 서양의 '작은 신'에 맞을 리 없다).

과거 지식인의 상황은 비교적 괜찮았고 적어도 서양보다는 더 좋았다. '사민四民'에 속한 지위는 말할 것도 없고, 전란 시에도 '먹고살 만했던(네 가지 반찬에 국 한 그릇으로)' 전설도 말할 필요 없으며, '고관대작을 별것 아닌 것으로 여긴' 그들의 기개가 그립다. 이는 '향기 나는' 지식인이다.

하지만 얼마 전까지 어떠했는가? 공농병工農兵들은 개조를 맡았다는 직책을 믿고 지식인을 무시했을 뿐만 아니라, 심지어 충웨이시從維熙의 글 속의 노동개조범조차 과거에는 포박된 죄인이었다가 오늘날 대작가가 된 충웨이시를 '구린내 나는 지식인'이라고 부른다.[9] 이는 '악취 나는' 지식인이다.

일찍이 지식인의 전통에 관해 쓴 전문서가 있다. 위잉스余英時의 『사와 중국 문화士與中國文化』가 그중의 하나다. 중국 고대의 '사士'의 어원을 보면, '귀족' 혹은 적어도 '몰락한 귀족'(팔기자제八旗子弟)이라 할 수 있다.[10] 비록 그들이 '초라한 집 잃은 개'처럼 여기저

---

8)   오경재(1701~1754)는 안후이 취안자오全椒 사람이며 청나라의 유명한 소설가다. 어려서부터 아버지를 따라 여러 곳을 다니면서 직접 관료사회에 대한 견식을 넓혔다. 그 후 스물두 살 때 부친의 죽음, 가족 간의 재산과 권력 다툼 및 과거 실패 등으로 난징으로 이주했다. 이후 무려 십 년을 들여 사회현실 특히 타락한 지식인 사회를 목도하면서 관료사회와 지식인들의 모순을 파헤친 대표적인 소설 『유림외사儒林外史』를 완성했다.—옮긴이

기 떠돌아다닌다 할지라도 일본의 '낭인浪人' 같은 어느 정도 귀족의 기량과 기질을 가지고 있다. 한비韓非는 "유가는 글로 법도를 어지럽히고 협객은 무력으로 법령을 어긴다"[11]고 했으니, 유가와 협객을 기생충이나 유랑자쯤으로 생각한 것이다. 아마도 그들이 '유游'와 '류流'의 특징을 가진 데다 왕성한 반체제 요소(혹은 사회변혁의 촉진제)를 가지고 있었기 때문일 것이다. 심지어 타오시성陶希聖은 지식인을 부랑자로 비유하기도 했다. 진시황이 6국을 통일한 후 그 은혜가 소와 말에게도 미쳤으며, 천하의 유능한 인재들을 불러 모

---

9) 충웨이시從維熙(1933~)는 중국의 현대 작가이며 초등학교 교사와 신문기자를 역임했다. 1956년부터 집중적으로 창작 일을 했으며 1957년 우파로 몰려 노동개조공장과 광산에서 일하다가 1978년 문단으로 복귀했다. 베이징 시 중국문학예술계연합회 전문작가와 작가출판사 사장 겸 총편집인을 역임했다. 복귀한 후 발표한 『큰 담장 아래의 붉은 옥란大牆下的紅玉蘭』『멀리 떠난 돛단배 遠去的白帆』『바람 속 눈물風淚眼』『혼돈을 향해走向混沌』 등은 근대 중국이 걸어온 역사적 굴곡을 묘사하고 있다.—옮긴이

10) 팔기군은 1601년 누루하치가 만주족을 통일하고 각 부족의 부대를 깃발로 구분한 일종의 만주족의 군사·행정제도다. 정황正黃기, 양황鑲黃기, 정백正白기는 황제의 직속부대이고, 정홍正紅기, 정람正藍기, 양백鑲白기, 양홍鑲紅기, 양람鑲藍기는 제후들의 관할이다. 청나라 말기 팔기군은 군사조직이자 청나라 통치기반이 되었지만, 19세기 말 북양군이 등장하면서 그 세력이 약화되어 유명무실한 존재가 되었다. 팔기자제는 청말에 선조의 음덕으로 월급을 받아가며 놀고먹던 팔기인의 후대를 가리킨다.—옮긴이

11) "儒以文亂法, 俠以武犯禁." 『한비자韓非子』「오두五蠹」에 나오는 말이다. 오두란 나무를 갉아먹는 다섯 종류의 좀이란 뜻으로, 유가와 협객(나머지 셋은 권문세가, 유세객, 상공인이다)이 이에 속한다. 한비자는 법은 국가통치의 근본이자 백성이 따라야 할 절대적인 기준이며, 이러한 법의 운용을 통해 부국강병의 정치를 실현할 수 있다고 보았다.—옮긴이

아 서책과 불로장생의 약을 바치게 함으로써 태평성대를 누리고자
했다. 하지만 결과적으로 양쪽의 사이가 틀어졌다. 이에 분노한 진
시황이 '서적을 불사르고 유생들을 생매장'하는 분서갱유焚書坑儒
를 단행하자 마지못한 유생들은 농민군에게 의탁했다. 이는 단지
일화에 불과하다. 이후 2000년 동안 지식인의 '털'은 모두 제국 정
부의 '가죽'에 들러붙어,[12] 시종 문관文吏 또는 문관 후보자 역할
을 하면서 '관-신-사官-紳-士' 삼위일체의 의존적 순환관계에서
운신의 폭을 넓혀왔다. 그들은 난세를 만나면 예전대로 자신들의
'유游'와 '류流'의 본색을 회복하여 또다시 부랑자나 토비들과 대
오를 만들거나 반역자 대열에 합류하여 계책을 꾸며 다시 정부를
만들 수 있으며, 영원히 무대 앞에 나설 수 없는 불량배들과는 다르
다. 중국의 지식인들은 '천하를 자신의 책임'이라 생각하므로 명군
성왕을 보필하는 왕의 스승이 될 수 있다. 소크라테스의 '철인 왕'
을 제외한다면, 기껏해야 이 정도의 이상이 최고다.

---

12) "가죽이 없으면 털이 장차 어떻게 붙을 수 있겠는가皮之不存, 毛將焉附"라는
성어에서 나온 표현이다. 사물이 의지할 만한 생존의 기초를 잃으면 살아갈 수
없다는 뜻으로 양자의 관계를 의미한다. 위魏나라 문후文侯가 길을 나섰다가
갖옷을 거꾸로 입고서 땔감을 지고 있는 사람을 보았다. 그리하여 "어찌하여 갖
옷을 거꾸로 입고 땔감을 지는가?"라고 물었더니, "신은 그 털을 아껴서 그럽니
다"라고 대답했다. 위 문후는 "그대는 그 안이 다하면 털이 붙어 있을 데가 없
다는 것을 모르는가?"라고 말했다魏文侯出游, 見路人反裘而負芻. 文侯曰 "胡爲
反裘而負芻?" 對曰 "臣愛其毛." 文侯曰 "若不知其裏盡而毛無所恃耶?" 유향劉
向, 『신서新序』「잡사雜事」. —옮긴이

중국의 지식인은 근대에 들어 엉망진창이 되었다. 그 후 상황이 점점 악화되면서 '정말 눈물 콧물 흘리며 탄식하는' 많은 변화가 생겼다. 이전의 고통은 지식인 집단의 분화와 사회의 고통이 모든 것을 압도했기 때문에 지식인 자체 또는 지식인 전체의 일이 아닌 것처럼 보였다. 하지만 지금 그들은 보편적인 공동의 인식을 갖고 있는 것 같다. 과거와 비교해볼 때, '화이트칼라의 수입이 블루칼라의 그것보다 낮은 것'에 대한 분개심도 있고, 외국과 비교해볼 때, '그들에 비해 턱없이 부족하다'는 상실감도 있다. 특히 그들은 자신들이 처한 열악한 형편을 종종 '지식인의 현대화'를 구현하지 못했기 때문이라고 말하거나, 외국의 지식인과 보조를 맞춰야 한다고 말한다(오늘날 이른바 각종 '연계'의 일종이다). 하지만 그들은 중국의 지식인들이 '현대화'를 실현하고 또 미국 등과 같은 나라의 '현대화'를 실현하려면 반드시 세 가지 어려움을 겪어야 한다는 것을 의식하지 못하고 있는 것 같다. 이를테면 첫째, 벼슬길과 연계해야 한다('학문적으로 뛰어남'이 꼭 '벼슬길'과 직결되는 것은 아니다). 둘째, 월급쟁이 집단에 들어가야 한다('고용노동자' 혹은 '근로자 계급의 일원'이 되는 것이다). 셋째, 대중에 대한 영향력을 상실하는 것이다(상업적인 통속문화에 자리를 내어주는 것이다). 그다음에 캠퍼스에 틀어박혀 교육과 양성에 힘쓰거나 책을 써서 주장을 펼칠 수 있는 것이다. 이로써 재력가나 거상 및 정객들과 열을 올리지도 않고 상업적인 통속문화의 스타들과도 경쟁하지 않으며, 주택과 승용차를 소유하여 '블루칼라 같은 화이트칼라'로 안주할 수 있는 것이다(한 미국 학자의 말이다).[13] 이러한 커다란 변화는 여전히 근대 역사의 연속이며 비록 '끝까지 진행되진' 않았지만 전통 선비들이 지닌 이상의 '대세가 이미 기울었음'을 의미한다.

최근 수년간 이러한 변화와 관련하여 중국의 지식인들은 세 번의 풍파를 겪었다. 처음에 지식인들은 결국 '근로자 계급의 일원'이 되고 과학기술도 '생산력'이 되자 국가도 마땅히 지식인들이 관리해야 한다는 환상을 품었다.[14] 그 후에 이러한 헛된 꿈이 깨지자 다시 모험의 발을 내딛은 '샤하이下海'의 흐름을 타게 되었다.[15] 몇 년 전 중관춘中關村의 '전자상가'가 막 뜰 무렵 총장 한 분이 어떤 지도자와 논쟁을 벌인 적이 있다. 총장은 "당신은 지식인들 스스로 길을 찾아야 한다고 하는데, 어떻게 찾아야 하죠? 설마 화학과에서 비료를 만들어야 하는 건 아니겠죠?"라고 묻자, 지도자는 "이것

---

13) 미국에서는 종종 수입을 비교하는 자료가 신문에 발표된다. 그들의 상황으로 볼 때, 그들에게도 '화이트칼라의 수입이 블루칼라보다 낮은' 문제가 똑같이 존재한다.

14) 당시 일부 사람들은 서양의 정부는 전문적인 두뇌집단(싱크탱크)이 관리를 하며 심지어 정부는 지식인들의 지지를 받고 있으므로 '내가 아니면 누가 하랴'라는 충동이 있다고 잘못 인식했다. 하지만 실제로 서양인은 중간 인재들이 관리한다고 믿고 있다. 선진先秦 시기 법가法家의 생각과 대략 비슷하다.

15) '샤하이下海'는 직역하면 '바다에 뛰어들다'라는 뜻으로, 1990년대 안정적인 관직과 국영기업 직장을 그만두고 사업이나 창업에 뛰어드는 것을 일컫는다. 중국은 개혁개방 이후 국영기업의 경쟁구도를 강화하고 노동생산성을 높이기 위해 노동자 정리해고를 단행했다. '샤강下崗'('崗'은 원래 언덕, 초소란 뜻이나 여기서는 직장을 의미한다)은 이러한 정리해고를 표현한 말이다. —옮긴이

이 대세입니다. 대세는 어쩔 수 없이 따라야 합니다"라고 했던 것이 기억난다. 이러한 '대세'가 진행된 지 이미 오래고, 일부 관료나 국영기업의 사람들 가운데 이미 '샤하이'하여 부유해졌거나 가난에서 벗어난 사람들이 있다. 하지만 대다수의 사람들은 여전히 '가난하고 힘들어하면서' 불만을 쏟아내거나 스스로를 연민하면서 할 수 없이 월급쟁이로 지내고 있다. 그리고 '이러한 고난에서 구해줄' 부자들이 나타나지 않을 것이라고 생각한다. 특히 '과학'의 은혜를 입을 수 없고 문화를 '생산력'으로 끌어올린 인문학자들의 불만이 가장 심하다. 그래서 결국 "세상을 위해 쓰일 생각에는 골몰하면서 먹고사는 일에는 서투른"[16] 오랜 전통의 문제점이 철저하게 드러나게 되었다. 이렇다 보니 국가는 전문적인 행정 관리자들에게 맡기고 과학기술은 과학기술 전문가들의 일이라고 인정할 수밖에 없는 것이다. 사실 엄격한 '지식인'의 정의(물론 서양의 정의다)에 따르면 이는 지식인의 일이 아니다. 지식인은 근대 국학대사를 통해 알 수 있듯이 그들의 책임은 '인문적 관심과 배려'다. 하지만 이러한 생각이 이미 변화의 바닥까지 떨어진 상황에서 앞서 언급한 환상에 비하면 상대적으로 현실적인 것같이 보이지만, 듣고 있자면

---

16) "急於用世, 拙於謀生"은 리아오李敖(1935~)가 한 말이다. 리아오는 작가이자 중국 근대 사학자이며 시사평론가다. 타이완입법위원을 역임했다. 그의 글은 예리하고 비판적 색채가 농후하며 조소와 분노가 섞인 글들이 많다. 특히 '전반서화'를 강조하며 자유주의 사조를 중시했으며, 서양매체에서 '중국 근대 걸출한 비평가'로 선정되기도 했다.―옮긴이

'임종 전의 배려' 같은 비장함에 처량함마저 더해진 느낌이다.

끝으로, 근래 볼 수 있는 마지막 한 가지 현상은 '아雅'와 '속俗'의 논쟁, 또는 '엄숙한 문예'와 '통속적인 문예'의 경쟁이다. 이번 만큼은 인민정부가 주체가 됨으로써 지식인들의 처지가 변화했다. 왕쉬王朔와 자핑아오賈平凹가 말과 언론을 통해 정죄를 받고 있을 때, 전통과 국학이 선양되고 경극과 교향악도 끊임없이 귀에 들려오면서 TV프로를 점령했다(이런 성황은 '문혁' 이후 극히 드문 경우다). 매일 오래된 종이더미를 정리하는 우리도 찬밥 신세가 될 것이다.

현대화 과정에서 물질문명과 정신문명은 함께 발전해야 한다. 빈곤층이 가난으로부터 벗어나 부유하게 살 수 있도록 물자를 공급하여 사랑을 베푸는 '희망 프로젝트'가 있다. 그렇다면 '통속적인 것에서 벗어나 우아해지려면' 어떻게 해야 하는가라는 문제가 남아 있다.

1995년 8월 1일
미국 시애틀에서

10.

문인들의 대립과 경쟁

　　일반인의 마음속에 '문인'(지식인의 옛 호칭)은 원래 교양 있고 사리에 밝으며 전반적인 상황을 잘 아는 사람이다. 하지만 사실 그들은 배타심이 매우 강한 집단이자 개인이다.

　　'문인상경文人相輕'(조비曹丕, 『전론典論』「논문論文」에 나오는 말)이란 문인끼리 서로 무시하고 백안시하며 콧방귀를 뀌는 것을 말한다. 그래도 이건 그런대로 괜찮다. '문인상경文人相傾'도 있다. 끼리끼리 편을 만들거나 다른 편을 공격하며 어떤 때는 같은 편끼리도 공격을 하니 그 정도가 더욱 심하다. 그 악랄한 수법은 악덕 상인이나 정객政客들 못지않다. 예컨대 '문혁' 시절 지식인들이 박해를 받을 때, 그야말로 생사가 오가는 지경까지 괴롭힘을 당했다. 그렇게 때리고 욕설을 퍼붓고 수모를 준 사람들이 누구인가? 대부분의 경우 같은 부류였다(학생이 스승을 해치고 학우끼리 해치고 동지끼리 해쳤다). 그래서 나는 '지식인'으로 자처하길 원치 않으며, 또한 그들이 나를 대표하기를 원치 않으며 나 역시 그들을 대표하고 싶지 않다(중국에서는 늘 타인의 동의를 얻지 않고도 입만 열었다 하면 어떤 큰 조직이나 많은 인민을 대표한다고 발언하는 습관이 있다). 사실 어떤 사람이 핵심이고 누가 몹쓸 사람인지는 별도의 문제다.

지식인의 배타적인 특성은 우선 집단에서 비롯된다. 각 업종에는 조합이 있고 깡패에게는 검은 조직이 있듯이 지식인 역시 함께 모이는 동지들의 집단이 있다. '청탁淸濁' '아속雅俗'으로 구분되는 두 개의 큰 집단이다. 문인들이 집단 밖에서는 위협에 대응하고 집단 내에서는 인정을 받기 위해 꼭 '청렴淸'이 필요한 것은 아니지만[1] '고상함雅'은 없어서는 안 된다. 예를 들어, 외국에서 건너온 것, 홍콩이나 타이완에서 건너온 것, 고서에서 찾은 '은어' 등은 식별표시(또는 위조방지 표시)가 가능하며, 암호를 맞춰보면 적군인지 아군인지 알 수 있다. 이것이 '아雅'다. 그런데 1980년대 말 상업문화와 '건달문학痞子文學'이 우리 근거지를 앗아갔다. 그들은 지식인을 거들떠보지도 않았고 지식인들도 그들에게 조금도 귀 기울이

---

1)　고대의 '청탁'은 통치자에 대한 태도에 따라 구분된다. 때로는 일종의 유행일 수도 있지만(동림당東林黨 성원이나 기원의 기녀들도 모두 서로 존중한다) 집단은 상대적으로 작다. 이는 종종 상층에 접근하거나 정치에 열중하는 소수에 한정되며 전체 지식인 집단은 아니다.

지 않았다. 서로 궁지에서 대반전을 통해 동산東山에서 재기할 꿈을 꾸고 있었다. '세속에 대한 혐오'에는 '아량'이라고는 전혀 없고, 아량이 넓은 자가 양쪽 모두를 평정해도 때가 되면 '계급의 원수니 민족의 원한이니'(대학을 다니지 않았어도 외국물을 안 먹었어도) 하면서 책망을 했고 예전처럼 여전히 그런 '출신'을 멸시했다. 이는 '고상한 마음'을 펼치지 못하기 때문이다. 다른 예를 들면, 머지않아 치고 올라올 젊은이들에 대응하기 위해 직함 역시 일종의 울타리(집단) 역할을 한다. 교수 위에 박사지도교수가 있고 박사지도교수 위에 학술위원이 있고 학술위원 위에 원사院士 및 각종 회장이니 이사가 있다.[2] 산 밖에 산이 있고 하늘 밖에 하늘이 있듯이 최고의 경지란 없다. 명함 한 장만 건네줘도(양면 모두 인쇄해도 부족하다) 신분이 분명하게 드러난다.[3] 특히 근래에는 윗선에서 직접 정했거나 자칭 무슨 무슨 '대사' '선도적인 학문 리더'(또는 '글로벌 인재') 또는 '연장자 자리'(연배 서열로 자신이나 자신의 친구를 선발)와 '신세대 자리'(파격적으로 자신의 학생이나 친구의 학생을 선발)가 있고 직함 뒤에는 사제, 동학, 모교 출신 등의 네트워크가 빽빽이 적혀 있다. 이치상 학자들 또한 학문적 관점에 따라 '유파'가 있지만, 규모가 아주 작지

---

2)   원사는 중국 국가가 설립한 과학기술 방면에서 수여하는 최고의 학술 칭호다. 일반적으로 중국과학원 원사 혹은 중국공정원工程院 원사를 가리킨다.—옮긴이

3)   현재는 '글로벌화'란 말이 유행이지만 박사지도교수란 말은 세계 어느 곳에도 없다.

않으면 붕당 종파에 귀속되는 형태이며, 어떤 때는 구분하기가 참으로 어렵다.

　서로를 무시하는 '문인상경文人相輕'과 상대방을 무너뜨리는 '문인상경文人相傾'의 틀 안에서 지식인의 배타성은 큰 집단에서 작은 집단으로 층층이 퍼져나가 개인에까지 이른다. 이는 '무시輕'와 '편당傾'의 본질을 이해하는 데 매우 중요한 점이다. 공자는 "삼군의 장수는 바꿀 수 있지만 필부의 뜻은 빼앗을 수 없다" "인을 행함에 있어 스승일지라도 양보하지 않는다"라고 했다.[4] 서양 철학에도 "나는 스승을 사랑하지만 진리를 더 사랑한다"라는 말이 있다. 지식인은 오직 진리만을 좇을 뿐 구차하게 세상에 영합하지 않으며, 많은 사람이 손가락질을 해도 매서운 눈빛과 냉정한 시선을 유지해야 하니, 이 점이 그들에게 가장 소중한 것이다. 하지만 이러한 '우뚝한 독자적인 행동' 역시 염려되는 점은 있다. 만약 '진리의 소유자'가 고집불통에 '유아독존'으로 '내가 아니면 누가 하랴'는 식이어서 다른 어떤 사람과도 인식의 자유를 공유하지 못한다면(오류는 수백 수천이고 진리는 단 하나뿐이라면 어찌 서로 용납할 수 있겠는가), 그 전제성과 침략성은 어느 폭군이나 전쟁광보다 더 심할 것이다. 정치가들도 권력의 균형을 알고 있고 상인들도 이익의 균등을 알고 있는데, 지식인들은 진리의 문제에서 이권을 양보하고

---

4)　　"三軍可奪帥, 匹夫不可奪志." 『논어論語』 「자한子罕」, "當仁, 不讓於師." 『논어』 「위영공衛靈公」 참조. ─옮긴이

권력을 나누어 민주를 실행하거나 많은 것에서 덜어내어 부족한 것을 보충하려 들지 않는다. 그러므로 종종 그들이 '독립'에서 '고립'으로 가는 것이며 '한 글자의 차이'가 '천리의 차이'를 가져오는 심각한 원인이 되는 것이다.

지식인은 당연히 고립적인 존재가 아니며 다른 사람과 함께 더불어 살아야 한다. 일반적으로 그들의 '자유' 혹은 '비자유'는 늘 세 종류 사람들의 제약을 받는다. 첫째는 그들 위에 있는 통치자이고 둘째는 집단 내 동료이고 셋째는 그들 아래에 있는 독자나 청중이다. 전국 시대를 예로 들면, 사람들은 이 시대를 중국 사상 문화가 전례 없이 활발한 때였다고 말한다. 당시는 다양한 여러 학자와 학파가 자유롭게 논쟁한 시대였다. 춘추 말에서 전국 초에 이르러 예악이 붕괴하자 사람들은 '제 맘대로 함부로 말'할 수 있었으므로, 주로 첫 번째 제약이 완화되었다. 하지만 그 시기에 유가, 묵가, 도가 학파들은 서로를 비방해도 말싸움에 그쳤으며, 그들이 말하는 '자유'의 함의는 단지 말하고 싶은 것을 말하는 정도였다. 이는 서로를 경시하는 '문인상경文人相輕'의 단계를 의미한다. 그러나 전국 시대 중·말기에 이르러 한 단계 더 나아가 지식인들은 멋대로 말할 뿐만 아니라 멋대로 움직이기까지 했다. 당연히 경쟁의 '자유' 역시 쇠미해지기 시작했다. 이때 사람들은 '자유'의 제한이 주로 동업자 특히 자신의 오랜 동학에게서 나온다는 것을 알게 되었다. 손빈孫臏과 방연龐涓은 모두 귀곡자鬼谷子의 제자였다. 방연은 평소부터 손빈이 자기보다 훌륭하다는 점을 두려워하여 손빈의 무릎을 도려내지 않으면 안 되었다.[5] 한비韓非와 이사李斯 역시 모두 순경荀卿(순자)을 섬겼는데 이사는 진秦나라에 중용되지 못한 것을 시기하여 한비를 모함하고 감옥에 가두어 죽게 했다.[6] '자리'와 자신의 주장을 실행하는 중요한 '시비' 문제에 있어서 오랜 기간 함께 해온 동학 간에도 양보가 없었으며, 심지어 종종 군주에게 국가의 안전을 위해(적국의 이용을 막기 위해) 상대방을 죽일 것을 권유하기까지 했다. 이는 상대방을 무너뜨리는 '문인상경文人相傾'의 단계를 말한다.

문인에 대한 독자와 청중의 제약은 고대에는 큰 문제가 되지 않

---

5) 방연은 전국 시대 위魏나라 사람으로 손빈과 함께 귀곡자 밑에서 병법을 배웠다. 방연은 항상 손빈에게 뒤지는 것을 몹시 자존심 상해 했다. 그러던 어느 날 손빈을 위나라로 초청하면서 간신배들을 시켜 손빈에게 빈형臏刑(무릎 아래를 자르는 것)을 내려 앉은뱅이로 만들었다. 그래서 손빈이라 부른다. 훗날 손빈은 방연의 만행을 알게 되었고, 간신히 위나라를 탈출하여 제나라로 돌아온 후 병법을 연구하여 마침내 위나라와의 전쟁에서 방연을 척살한다. — 옮긴이

6) 한비자는 한나라 왕족 출신으로 법가사상을 집대성한 전국 시대 말기 사상가다. 이사는 초나라 출신으로 한비와 함께 순자에게서 수학을 한 후 진나라로 가서 벼슬을 했다. 한비는 말더듬이지만 학문도 깊고 두뇌도 명석했다. 진시황은 그의 글을 보고 "이 사람과 한번 만날 수 있다면 죽어도 여한이 없겠다"라고까지 했다. 그 후 진나라가 한나라를 공격해왔을 때, 한나라는 한비를 진나라에 사신으로 보냈고, 진시황은 그와 많은 이야기를 나눈 후 그를 중용하고자 했다. 그러나 이사가 한비의 재능과 학문의 깊이를 시기하여 모함을 하자 진왕은 결국 한비를 감옥에 가두었고, 이사가 끊임없이 위협하여 한비는 결국 스스로 목숨을 끊고 말았다. 진왕은 고민 끝에 한비가 인재라는 것을 깨닫고 풀어주려 했지만 이미 죽은 후였다. — 옮긴이

았다. 예컨대 위에서 말한 춘추전국 시대의 지식인들이 변죽을 울리며 말을 늘어놓는 것은 단지 '군주'의 마음을 움직이기 위한 것이며, 주장을 전파하는 것 또한 같은 스승의 문하에 국한되었으며 필사본으로도 충분히 대응할 수 있었다. 대중들은 그들의 고상하고 오묘한 의론을 잘 모르고 관심도 없었다. 그러나 이러한 일들이 오늘날에는 큰 문제가 되는 이유는 각종 대중문화와 대중매체가 있기 때문이다. 문인들은 학계에서 학문적 수련과 학위증으로 자신들의 진영과 보루를 만들 수 있다. 하지만 통속음악과 영상엔터테인먼트 분야에서는 아직 별다른 좋은 방법이 없는 것 같다. 또한 비록 베이징 대학 중문과의 작가반에서 작가에게 증서를 발행할 수는 있지만, 어쨌거나 공상국工商局이 발행하는 증서만 못하다.

'증서'로 말할 것 같으면 중국에는 일대 발명품이 있다. 과거제도와 팔고문八股文이다. 이러한 제도는 오늘날 서양에서 볼 때 상당히 '현대'적인 의미가 있는 창의적인 것이다(시험내용이 서로 다를지라도). 고대 지식인들은 이를 성공의 계단으로 여겼다. 공명과 이익과 관록이 있는 곳이라면 유생들은 떼를 지어 몰려들었다. 멍청이가 아니고서는 이를 의심하는 사람은 거의 없었다. 게다가 그것이 담고 있는 이성적 설계는 오늘날에도 유용하며 부술 수도 뒤집어엎을 수도 없다. 절대로 '장톄성의 시험 거부' 같은 것이 대체할 수 있는 것이 아니다.[7] 하지만 바로 이러한 이유 때문에 나는 『유림외사儒林外史』가 특히 소중하다고 생각한다. 오경재吳敬梓는 여러 차례 과거에 응시했지만 계속해서 낙방하자 과거제도를 비난했다. '날카로운 예봉은 특히 사림을 향했고', 결국 그 분야에서 '반역자'로 몰렸을 뿐만 아니라 '여우와 신포도'의 비웃음을 사게 되었다(사실 포도를 먹은 사람은 포도가 시다고 말하지 않는다). 그러나 오경재는 이를 아랑곳하지 않고 오히려 자신의 경험을 토대로 작품을 써서 세상에 내놓았다. 즉 많은 사람은 이 성대하고 화려한 '유림' 속에서 부득이하게 희생되었으며, 그들은 분명 집단의 변두리로 밀려나거나 심지어 집단 밖으로 쫓겨났는데도, 도리어 그 안으로 들어가려고 발버둥치는 가소롭고도 슬픈 모습을 보여주었다. '불가하다는 것을 알면서도 행한' 그의 이러한 정신은 내가 볼 때, '반봉건'적인 의미뿐만 아니라 '포스트모더니즘'(요즘 유행어를 사용하자면)의 의미도 있다고 생각한다.

　오경재의 글 속에 보이는 '불쌍한 인간'을 현대에 적용해보면 그

---

7)　장톄성은 랴오닝 성 싱청興城 사람이다. 1968년 하향下鄕하여 랴오닝 성 싱청 바이타공사白塔公社 짜오산대대棗山大隊의 생산대 대장 등을 지냈다. 1973년 바이타공사의 추천으로 대학시험을 치르게 되었는데, 물리화학시험 답안지를 백지로 제출하면서 시험지 뒷면에 '존경하는 영도자께'라는 편지를 썼다. 집단 이익을 저버릴 수 없어 작은 방에서 공부하느라고 성적이 안 좋았다는 내용으로, 집단 이익과 개인 이익 사이의 심리적 갈등에 대해 썼다. 그 후 그를 '백지 시험지 영웅'이라 불렀다. 그런데 1973년『랴오닝일보』는 '깊은 반성을 요하는 답안一彬發人深省的答卷'이라는 제목으로 장톄성의 편지를 실었고, 이 소식이 마오쩌둥의 남동생 마오위안신毛遠新에게 알려지면서 장톄성의 운명은 바뀌기 시작했다. 1983년에 반혁명선전선동죄, 내란음모죄 등으로 15년의 유기징역을 받았다. 1991년 석방되어 현재 기업가로 활동 중이다. ─옮긴이

건 아무것도 아니다. 그중에서 가장 못한 사람을 오늘날과 비교해 보면 오히려 더 충후忠厚해 보인다. 그래서 사람들이 '지식인'들은 수가 많아서 대담하다고 말할 때, 나는 속으로 '지식인儒'의 숲林이 크니 어떤 '새'인들 없을까라는 생각이 든다.

1995년 8월 2일
미국 시애틀에서

4장

고대와 전통

11.
명사와 인문에 대한 환상

일전에 『싼롄생활주간三聯生活週刊』에서 고서에 등장하는 명사에 관한 글을 써달라는 요청을 해왔다.

어린 시절 선생님께서 종종 글짓기 제목을 내주셨다. 일반적으로 『내 기억 속 선생님記我的老師』 같은 오랫동안 간직할 수 있는 주제들이었다. 나는 글을 잘 써서 주변 사람들의 부러움을 사고 싶은 마음이 간절했다. 하지만 내가 별로라고 생각한 글은 늘 사랑을 받았고, 잘 썼다고 생각한 글은 반대로 낮은 점수를 받았다. 선생님은 심지어 학생들 앞에 나와 읽으라고 하면서, 내 글은 썩은 부르주아의 인생관으로 가득 차 있다고 했다. 중학교를 졸업하기 전, 글짓기 제목이 『내 이상我的理想』이었다. 아이들은 모두 다 한결같이 과학자가 되지 못하면 농공병農工兵이 되겠다고 했다. 나는 은

자隱者가 되고 싶다고 썼다. 선생님은 글을 읽고 나서 크게 화를 내셨고 듣고 있던 학생들도 웅성거렸다. 당시는 '격정으로 불타던 시대'였다. 어떻게 이런 말을 할 수 있느냐는 것이다. 하지만 그것이 정말 나의 이상이고 꿈이었다.

지금 내게 원고를 부탁한 사람은 수커원舒可文 선생이다. 고서 속의 '명사'에 대해 써달라는 것이다. 일단 전화상으로는 생각이 좀 복잡하다고 말했다. 지금 나는 『논어』를 읽고 있다. 머릿속엔 온통 공자뿐이다. 빠져나올 수 있을까? 시도해보자.

고서에 나오는 '명사名士'란 요즘 말로 유명 인사를 말한다. 『예기禮記』「월령月令」에는 음력 3월에 "명사를 초빙하고 현자를 예우한다"라는 규정이 있다. '명사'의 뜻은 바로 이것이다. 하지만 후에 어떻게 된 일인지 이름을 숨긴 채 외부와의 접촉을 단절하고 사는 사람을 '명사'라 부르기 시작했다. 이러한 '명사'는 사실 '은사隱士'다.

중국에서는 '명사'를 '고사高士'라고도 한다. '고사'란 사람들이 존경하는 청렴고결한 사람을 말한다. 위진 시대 황보밀皇甫謐이 쓴 『고사전高士傳』이 아직 보존되어 있으므로 참조할 만하다. 서진西晉의 혜강嵇康도 상고 시대의 '고사'에 대해 찬송하는 글을 쓴 적이 있다. 동진東晉 때 원굉袁宏의 『정시명사전正始名士傳』에도 두 번이나 언급하고 있다. 『진사晉史』 이래 정사正史에 『은일전隱逸傳』이 들어 있다. 은일隱逸이란 도망치는 것이다. 도망칠 수 있으면 도망치고 숨을 수 있으면 숨어 지내면서 낮은 곳에 임하는 것을 의미한다. 이는 중국 문인들의 이상이자 또는 일종의 환상(중국 문인들이 자주 꿈꾸는 환상) 같은 것이다. 물론 서양에서 말하는 과학적 공상(공상과학)과는 다르다. 나는 이를 '인문적 환상'이라 말한다.

중국의 명사는 주로 여덟 부류가 있다.

1   상고 시대의 양보형(완전히 환상에 속함)

사람들은 상고 시기 전국 시대에는 사람들의 도덕성이 높고 제왕들은 선양禪讓을 했다고 말한다. 제왕들은 나이가 많아지면 반드시 현인을 방문하여 천하를 그에게 양위한다. 방문을 받은 현자들은 모두 권위와 명예를 사양하면서 항상 다른 사람에게 양보한다. 그래서 "천하를 세 번이나 선양했는데도 받지 않다가 결국 부득이하여 받는다"[1]라는 말이 있다. 한 단계 위에 있는 사람은 선양을 해도 받지 않을 뿐만 아니라 바로 도망가면서 들으려고도 하지 않는다. "행약유이行若由夷(행동이 허유許由, 백이伯夷 같다)"가 그런 예이다. 허유는 요堯임금이 자신에게 천하를 양위한다는 말을 듣고 바로 거절을 했다. 귀를 더럽힐까 염려스럽다며 귀까지 씻었다. 『고사전』의 앞부분은 바로 이러한 유형의 사람들에 대해 기록했다. 그러나 이것은 물론 난세의 사람들이 요순의 성세를 상상한 것이다. 뭔가 부족하면 뭔가를 상상하는 것이 바로 이치다.

---

1)   "三讓天下而不受, 不得已乃受之."

2 죽음으로 자신의 뜻을 밝히거나 혹은 산림으로 도피하는 은거형
(가장 어려움)

하夏·상商·주周 3대는 가천하家天下의 시대이며 탕湯·무武의 혁명은 폭력적 혁명이었다. 요순시대의 도를 행하면서 상고 시기의 레이펑雷鋒(1940~1962)이 되기란 쉽지 않다. 하지만 도망가면서 받지 않는 정신은 배울 만하다. 백이伯夷와 숙제叔齊는 주周 무왕武王의 혁명을 보고 '말고삐를 잡고 머리를 조아리며 간언했다(고마이간叩馬而諫)'. 무왕의 처사는 폭력으로 폭력을 대체하는 것이며 법에 맞지 않는다고 간언하면서, 이러한 새 정부에 참여하기를 거절했다. 결국 먹을 식량(당시의 봉록은 식량이다)이 없어 산나물을 캐어 먹을 수밖에 없었다. 그렇다면 하늘도 남의 하늘이고 땅도 남의 땅인데 어디에 몸을 붙여 살 수 있겠는가? 또 누군가가 산나물도 새 정부의 땅에서 난 것이 아니냐고 말하자 그들은 산나물도 먹지 않고 결국 수양산首陽山 아래서 굶어 죽었다.

앞서 말한 '행약유이'에서 '이'는 백이를 가리킨다. 공자는 백이와 숙제의 행동에 대해 "인을 구하려다 인을 얻었으니, 무슨 원망이 있겠는가!"라고 했다. 참으로 고결하다.[2] 하지만 공자 본인은 그것을 배우려 하지 않았다. 공자는 천하열국을 주유하면서 수없이 냉소와 조소를 받았다. 예컨대 접여接輿와 장저長沮, 걸익桀溺, 하조장인荷蓧丈人이 모두 이러한 부류다.[3] 그들은 공자를 비웃었지만 공자는 개의치 않고 오히려 존경을 나타냈다. 그러면서 "어떻게 사람의 정을 잊고서 새, 짐승들과 함께하겠는가, 필경 정치를 나 몰라라 할 순 없다"고 했다. 접여 등은 관직을 마다하고 산림 속에 은거하며 고결한 품성을 지켜가고 있지만 백이, 숙제와는 달리 밥은 먹

2) "염유가 자공에게 물었다. '선생님께서 위나라 군주를 위해 일을 하실까요?' '글쎄, 내가 여쭤어 보겠소.' 자공이 공자의 방에 들어가 물었다. '백이, 숙제는 어떤 사람인가요?' '옛 현인들이지.' '그들은 원망을 했을까요?' '그들은 인을 얻고자 하여 인을 얻었는데, 무엇을 원망하겠느냐?' 자공은 나와서 염유에게 '선생님은 하지 않으실 것이다'라고 말했다冉有曰 '夫子爲衛君乎?' 子貢曰 '諾, 吾將問之' 入曰 '伯夷叔齊, 何人也?' 曰 '古之賢人也' 曰 '怨乎?' 曰 '求仁而得仁, 又何怨?' 出, 曰 '子不爲也.'" 이야기의 배경을 보면, 공자가 위나라에 찾아갔을 무렵, 위나라는 우둔한 영공靈公과 간사하고 음탕한 영공의 부인 남자南子로 인해 매우 혼란스러운 상황이었다. 영공의 태자 괴외蒯聵가 남자를 살해하려다 실패한 뒤 진晉나라 밖으로 망명했고, 영공이 죽자 괴외의 아들 첩輒이 왕위를 이었는데 출공出公이었다. 그러나 망명 중이던 괴외는 출공을 인정하지 않고 진晉나라의 도움으로 위나라를 공격해 들어왔다. 이렇게 시작하여 근 16년 동안이나 괴외와 출공 부자간의 싸움이 진행되었다. 이런 상황에서 두 제자는 스승 공자의 행보를 물었던 것이다. 『논어論語』「술이述而」.—옮긴이

3) "초나라의 광인狂人(일부러 미친 척하여 세상에 은거한 은자) 접여가 노래를 부르며 공자의 곁을 지나가면서 '봉황이여, 봉황이여! 어찌 덕이 그리 쇠했는가. 지나간 것은 따질 수 없지만 올 것은 따라잡을 수 있겠지. 관둬라, 관둬라! 지금의 정치는 위태로울 뿐이로다'라고 했다. 공자는 수레에서 내려 그와 이야기를 나누려 했지만, 그가 재빨리 피해버려 말을 나누지 못했다楚狂接輿歌而過孔子, 曰 '鳳兮鳳兮, 何德之衰, 往者不可諫, 來者猶可追, 已而已而, 今之從政者殆而.' 孔子下欲與之言, 趨而辟之, 不得與之言." 『논어』「미자微子」.—옮긴이

"장저와 걸익이 나란히 서서 밭을 갈고 있었다. 공자가 그곳을 지나다가 자로에게 나루터를 물어보라고 했다. 장저가 물었다. '저 수레의 고삐를 잡고 있는 사람은 누구요?' 자로가 대답하기를 '공자입니다.' '그 노나라의 공자란 말이오?' '그렇습니다.' '그 스스로가 나루터 있는 곳을 알게요.' 다시 걸익에게 물었더니 걸익이 '그대는 뉘시오?' '중유(자로)입니다.' '노나라 공자의 제자요?' '그렇습니다.' '온 천하가 한 물결에 휩쓸려 흘러가는데, 누가 그것을 바꾸겠소? 또 그대는 사람을 피하는 인물을 따라다니기보다는 세상을 피해 사는 인물을 따르는 게 어떻겠소?'라며 밭을 계속 갈면서 멈추지 않았다. 자로가 가서

었다. 후세의 은자들은 그들에게서 한 수 배워 손수 농사를 지었다. 공자는 고사高士에 합당하지 않다. 하지만 선인들은 단표누항簞瓢陋巷의 삶을 사는 안회顔回를 이에 포함시켰다.[4] 노자老子, 장자莊子, 열자列子와 같은 이들과 산으로 도망가는 방사, 도사, 승려도 포함할 수 있다. 이것이 본래 명사의 의미다.

이 일을 공자에게 고했더니, 공자가 탄식하며 말했다. '새와 짐승들하고 함께 무리지어 살 수 없으니, 내가 이 세상 사람과 함께하지 않는다면 누구와 함께 한단 말인가? 천하에 정도가 행해지면 나는 세상을 바꾸지 않을 것이다.' 長沮·桀溺耦而耕. 孔子過之, 使子路問津焉. 長沮曰 '夫執輿者爲誰?' 子路曰 '爲孔丘.' 曰 '是魯孔丘與?' 曰 '是也.' 曰 '是知津矣!' 問於桀溺. 桀溺 曰 '子爲誰?' 曰 '爲仲由.' 曰 '是魯孔丘之徒與?' 對曰 '然.' 曰 '滔滔者, 天下皆是也, 而誰以易之? 且而與其從避人之士也, 豈若從避世之士哉' 耰而不輟. 子路行以告, 夫子憮然 曰 '鳥獸不可與同群, 吾非斯人之徒與而誰與? 天下有道, 丘不與易也.'" 『논어』 「미자」.—옮긴이

"자로가 공자를 따르다 뒤처져 가다가 지팡이를 들고 삼태기를 멘 노인(하조장인)을 만났다. 자로가 묻기를 '노인은 우리 선생님을 보았습니까?' '사지를 근실하게 하지 않고 오곡을 분별치 못하는데, 누가 선생이란 말인가?'라고 하며 지팡이를 꽂고 김을 매었다. 자로가 공손하게 섰더니 노인은 자로를 머물러 묵게 하면서 닭을 잡고 기장밥을 지어 먹이고 그 두 아들을 뵙게 했다. 다음 날 자로가 떠나와서 공자께 고했다. 공자가 '은자로다'라고 하면서 자로로 하여금 다시 돌아가 보게 했다. 도착했더니 그는 떠나고 없었다. 子路從而後, 遇丈人, 以杖荷蓧. 子路問曰 '子見夫子乎?' 丈人曰 '四體不勤, 五穀不分. 孰爲夫子?' 植其杖而耘. 子路拱而立. 止子路宿, 殺鷄爲黍而食之, 見其二子焉. 明日, 子路行以告. 子曰 '隱者也.' 使子路反見之. 至則行矣."『논어』「미자」.—옮긴이

4) "훌륭하도다, 안회여! 한 대그릇의 밥과 한 표주박의 물로 누추한 골목에서 사는 것을 사람들은 그 걱정을 견디지 못하거늘, 안회는 그 낙을 바꾸지 않는구나! 훌륭하도다, 안회여!賢哉, 回也! 一簞食, 一瓢飮, 在陋巷, 人不堪其憂, 回也不改其樂. 賢哉, 回也!"'단표누항''단사표음簞食瓢飮'은 모두 공자의 제자 안회의 안빈낙도安貧樂道의 정신을 말한다.『논어』「옹야雍也」.—옮긴이

　　공자는 만년에 실의에 빠져 탄식하며 멀리 떠나 낙후한 나라를 주유하면서도 시종 자리를 뜨려 하지 않았다. 도연명陶淵明 역시 얼마 안 되는 녹봉을 위해 허리를 굽히지 않고 무릉도원을 찾아 나서려 했지만 피신할 무릉도원이 없었다. 몸을 숨길 곳도 없고 또 높은 지위에서 부유한 생활에 길들여져서 촌에 들어가 농사를 지을 수도 없고, 또 알랑거리면서 권세자의 눈앞에서 굽실거리며 살아야 한다면 일부러 미친 척하거나 멍청한 척하는 수밖에 없다. 옛사람들 중에서 미친 척한 사람으로 기자箕子를 첫 번째로 꼽을 수 있다.[5] 『장자莊子』 속의 일부 인물도 그러했다. 미친 척한 예로는 위진魏晉 시대의 방식이 가장 유명하다. 위진 시대에는 '이를 잡으면서 이야기를 나누다(문슬야담捫蝨夜談)' '취한 후에 오석산을 먹다(취주행산醉酒行散)'라는 일화가 전해진다.[6] 당시 위진 시

---

[5]　상商나라는 주왕紂王에 이르러 폭정으로 인해 급격히 쇠락했다. 주왕은 신하의 간언을 듣지 않고 달기妲己에 빠져 주지육림酒池肉林의 방탕한 생활을 했다. 주왕의 백부伯父 기자箕子는 형 비간比干과 함께 주왕에게 거듭 간언하며 정치를 바로잡고자 했다. 하지만 주왕의 폭정은 그치지 않았고 오히려 간언을 하는 숙부 비간의 충심을 확인한다며 몸을 갈라 심장을 끄집어내는 잔인함을 저질렀다. 그러자 기자 역시 머리를 풀어헤치고 미친 척을 하며 노비가 되려 했지만 결국 주왕에게 잡혀 유폐되었다. 기자, 비간, 미자微子를 상商의 세 명의 어진 사람 '삼인三仁'이라 한다. ─옮긴이

[6]　진晉나라 은사隱士 왕맹王猛이 일찍이 화음산華陰山자락에 은거하고 있을 때, 어느 날 환온桓溫이 찾아왔는데 이를 잡으면서 전혀 신경 쓰지 않고 거리낌 없이 세상사를 이야기했다는 '문슬야담捫蝨夜談'이란 일화가 전해진다. 『진서晉書』「왕맹전王猛傳」참조. ─옮긴이

대 문인들은 노닐면서 약물을 복용했다. 연鉛 성분이 함유된 일종의 마약(신경자극제) 같은 오석산五石散이다. 오석산 복용으로 가장 유명한 사람은 정시正始 연간의 명사(은사) 하안何晏이다. 오석산 복용 다음으로 술을 많이 마셨다. 죽림칠현竹林七賢 가운데 완적阮籍, 혜강嵇康, 유령劉伶 등이 가장 유명하다.[7] 물론 오석산은 오늘날의 마약과는 달리 의존성은 없지만 신경자극제의 효과는 마찬가지다. 전하는 바에 의하면 정신이 맑아지고 기분이 좋아진다고 한다. 당나라 이전에 매우 성행했는데 먹고 죽은 사람도 많았다고 한다. 술을 좋아한 이는 뒤에도 계속 나왔다. 그중 한 사람은 도연명이고 또 한 사람은 이태백이다. 그들은 히피족을 닮은 듯하다.

---

7) 죽림칠현은 중국 위진魏晉의 정권교체기에 정치권력에 등을 돌리고 죽림에 모여 술을 즐기며 세월을 보낸 완적阮籍·혜강嵇康·산도山濤·상수向秀·유령劉伶·완함阮咸·왕융王戎 7명의 문인을 일컫는다. 그들은 노장사상을 신봉하여 지배 권력이 강요하는 유가적 질서나 형식적 예교에서 벗어나 상식에 벗어난 언동을 하기도 했다. 루쉰은 그들의 도피적 처세술이나 기이한 행동은 정치적 압력에 대한 소극적 저항을 나타내는 것이라고 했다. 7명 가운데 특히 유령은 술과 관련한 일화로 유명하다. 그는 술을 마신 후 방안에서 옷을 벗고 있으면서 친구가 와도 일어나지 않자 친구가 나무라면 "나는 천지를 막幕으로 삼고 집을 옷으로 삼는데, 너는 왜 남의 옷 속에 들어와 시비를 거는 거냐"라는 일화를 남겼다(풍몽룡馮夢龍, 『고금소古今笑』 참조). 한번은 아내가 울면서 술을 지나치게 마시면 몸을 보전할 수 없으니 단주하라 하자, 유령은 내 스스로 끊을 수 없어 귀신에게 빈 후에 끊을 테니 술과 고기를 마련하라 하여 준비하니까, 유령이 꿇어앉아 빌기를 "한 번에 한 섬을 마시고 닷 말로 해정하게 하소서. 아녀자의 말은 들을 것이 아닙니다"라고 하면서 계속 술을 마셨다 한다. 이를 '유령병주劉伶病酒'·'유령취주劉伶醉酒'라 한다. 『진서晉書』「유령전劉伶傳」과 『세설신어世說新語』「임탄任誕」 참조.─옮긴이

'은거' 의 본래 의미는 관직을 맡지 않는 것이다. 관직은 모두 도성에 있으므로 도성에도 거할 수 없는 것이다. 그러나 이미 관직에 올랐고 또 농촌에 사는 게 습관이 안 되면 어떻게 해야 하는가? 기준을 낮추는 것도 괜찮다. 육유陸游는 "어부는 도성에 가까이 가는 것도 두려워하니, 하물며 세속의 깊은 곳에 발을 들여놓겠는가"라는 말을 남겼다.[8] 이러한 유형의 특징은 세상을 피할 수 있다면 일단은 피하고 보며, 그곳이 어디든 중요하지 않다. 도성 안도 피할 수 있고 관아에서도 피할 수 있다. 마음만 고결하다면 말이다. 그렇다 보니 명사들은 다시 성 안으로 돌아왔다. 몇 해 전, 나는 홍콩도시대학에 강연을 하러 갔다. 학교는 번화한 거리 안에 있었고, '유이청又一城'이라는 대형 상가빌딩이 가까이 있었다. '우거진 버들과 활짝 핀 꽃 사이로 또 한 마을이 보이누나柳暗花明又一村'의 '유이춘又一村'이 '유이청又一城'으로 바뀐 것이다.[9] 또한 총장의 호화로운 사택의 벽에는 도연명의 시 한 수가 걸려 있었다. "사람 사는 끝자락에 오두막을 지었지만, 문 앞에 수레와 말소리

---

8) "낚싯대 하나에 풍월을 즐기고 도롱이 쓰고 비 맞아가며 한가로이 세월을 낚노라. 어부는 도성에 가까이 가는 것(이익)도 두려워하니, 하물며 세속의 깊은 곳(명리)에 발을 들여놓겠는가?―竿風月, 一蓑煙雨, 家在釣臺西住. 賣魚生怕近城門, 況肯到紅塵深處?" 육유, 「작교선鵲橋仙」.―옮긴이

9) "산 첩첩 물 겹겹이라 길이 다한 듯 여겼더니, 우거진 버들과 활짝 핀 꽃 사이로 또 한 마을이 보이누나山重水複疑無路, 柳暗花明又一村." 육유, 「유산서촌游山西村」.―옮긴이

들리지 않네. 어찌하여 그럴 수 있는가 묻는다면, 마음이 멀어지면 사는 곳도 절로 외딴 곳이 된다네."[10] 참으로 재미있었다. 이런 식이라면 홍콩에는 산이 많으니 "동쪽 울 밑에서 국화를 꺾어 드니 저 멀리 남산이 들어온다"는 장면도 어렵지 않을 것이다. 이것이 바로 도시 속에서 은둔하는 '은시隱市'다. 한편, 조정에 은둔한 '조시朝市'로 동방삭東方朔이 있다. 사람들은 그를 광인狂人이라고 불렀다. '광'만 있으면 충분하며(그는 조정에서 오줌을 싸기도 했다) 장소는 중요하지 않다. 사람들이 그를 미치광이라고 부르자 동방삭은 "속세에 푹 파묻혀 궁궐문 안에서 세상을 피한다네. 궁전 안에서도 세상을 피하고 몸을 온전히 피할 수 있건만, 하필 깊은 산속 쑥으로 엮은 초막 아래서이랴"라고 했다.[11]

5 주색 재기형(근세 후기의 명사의 일종)

한나라 이래의 지식인들은 관직에 올라야만 정식으

---

10) "사람 사는 끝자락에 오두막을 지었지만 문 앞에 수레와 말소리 들리지 않는다. 어찌하여 그럴 수 있는가 묻는다면, 마음이 멀어지면 사는 곳도 절로 외딴 곳이 된다네. 동쪽 울 밑에서 국화를 꺾어 드니 멀리 남산이 들어온다. 산 기운은 저물어 아름답고, 날던 새들 짝 지어 돌아온다. 이 가운데 참뜻이 있어, 말하려다 그만 잊고 말았네 結廬在人境, 而無車馬喧. 問君何能爾, 心遠地自偏. 採菊東籬下, 悠然見南山. 山氣日夕佳, 飛鳥相與還. 此中有眞意, 欲辯已忘言." 도연명, 「음주飮酒」.—옮긴이

11) "陸沈於俗, 避世金馬門. 宮殿中可以避世全身, 何必深山之中, 蒿廬之下." 『사기』 「골계열전滑稽列傳」 참조.—옮긴이

208

로 출세로 인정받았다. 그러면 관직에 오르지 못하면 무엇을 하는가.『유림외사儒林外史』를 읽어보라. 마순상馬純上은 사람이 세상에 살면서 글과 과거 외에는 다른 어떤 출세도 없다고 했다. 점치는 일은 하등이고 교관이나 막료도 방법이 아니라고 했다. 근세의 명사는 한가로운 관원일 수도 있고 부잣집 도련님일 수도 있다. 오늘날로 말하면 한량이다. '아홍雅興'을 일으키는 '아'는 일종의 노는 방식으로 돈이 있어야 한다. 그렇지 않으면 쫄쫄 굶으면서 서호西湖를 돌아다닌들 무슨 정취(아홍)가 있겠는가. 정자에서 술 한 잔만 하려 해도 돈이 든다. 예컨대 명사들이 앵두호鶯脰湖에서 큰 연회를 가졌던 것은 바로 누중당婁中堂의 두 도련님이 베푼 것이다. 주색과 재기에서 '주'가 우선이다. 하지만 술로 이름을 날린 사람은 모두 옛사람들이니, 재財가 중요한 것만 못하다. 기氣도 색色만큼 중요하지 않다. 중국 문인들에게는 두 가지 꿈이 있다. 하나는 '협객몽俠客夢'이고 다른 하나는 '기녀몽妓女夢'이다. 하나는 폭력적인 환상이고 하나는 에로틱한 환상이다. 전자는 소설과 영화, TV를 통해 홍콩과 타이완, 차이나타운을 휩쓸었다. 중국의 쿵푸가 외국의 장사(특히 일본의 무사)들을 물리친 전설도 아직 끊이지 않고 있다. 이미 중국의 상징이 되었으나 반드시 말해둘 것은 이것은 허구다. 현실 속 '협객'은 깡패와 암흑가뿐이며, 상하이 청방青幇의 두목 황진룽黃金榮 같은 류이며,『유림외사』에는 장철비張鐵臂도 있다. 문인들은 싸우지도 못하고 용맹스럽지도 못하며 기껏 할 수 있는 것이라고는 죽이고 또는 죽이는 것을 꿈꾸는 것뿐이다. 몇 명의 동료나 동포를 죽이고 분을 푸는 것일 뿐이니 속지 않길 바란다. 하지만 두 번째 꿈은 다르다. 문인의 『창세기創世記』에는 이러한 여인을 원하면 이러한 여인이 생겨서 꿈이 진실로 이루어진다고 한다. 명사들은 재기가 출중하니 상대할 사람이 없다. 단지 명사를 제외하곤 명기뿐이다. 청첸판程千帆 선생이 내게 보내온 『서류략棲流略』(복사본)은 기녀를 기록한 작품이다. 명사와 명기는 재자와 가인으로서 천생연분이다. "기녀 노릇도 하고 패방牌坊도 세우려 한다"는 속담이 있는데 어떻게 가능할 수 있을까. 충분히 가능하다. 유하동柳河東과 이향군李香君이 전형적인 예다.[12] 그녀들은 남자보다도 절개가 있다. 그러니 폭력적 환상을 하면서 그녀들에게 의탁하려는 것이 이상할 게 없으며, 이런 여자를 '거칠고도 의리 있는 협녀'('십삼매十三妹' 같다)라고 한다.[13]

---

12) 명말 복사당複社黨의 중견인물 후방역侯方域은 진회秦淮의 가기歌妓 이향군과 사랑에 빠지게 되어, 그녀에게 정표로 시 한 수를 쓴 부채를 보냈다. 당시 복사당은 황제 뒤에서 전권을 휘둘렀던 태감太監 위충현魏忠賢의 잔당인 완대성 일당과 대립하고 있었다. 후에 홍광弘光 황제에 의해 발탁이 된 완대성은 권력을 이용하여 후방역을 모함하고, 이향군을 전앙田仰의 첩으로 주기로 결정했다. 이향군은 이에 저항을 하다가 머리를 부딪쳐 선혈이 후방역에게 정표로 받은 부채에 튀었다. 이때 후방역의 친구 양용우楊龍友라는 사람이 부채에 떨어진 피를 이용하여 꽃이 핀 복숭아나무를 그렸는데, 그것이 바로 '도화선'이다. 후에 남명정부가 멸망하자 이향군은 산으로 들어가 출가하여 여승이 되었고, 후방역도 그녀를 찾아가 만나 함께 출가한다. 공상임孔尚任, 『도화선桃花扇』 참조.—옮긴이

명사들은 시와 술, 풍아한 모임(아집雅集)과 돈을 펑펑 쓰는 것, 미식과 미녀에 정통한 것 외에도 여러 가지 고아하게 노는 방법이 많다. 일일이 열거할 수는 없지만 네 글자(금기서화琴棋書畫: 거문고·바둑·서예·그림)로 요약할 수 있다.『유림외사』의 끝부분에 있는 왕면王冕의 '일대 문인이 재앙을 만나다' 란 부분을 보자.

만력 23년의 일이다. 난징의 명사들은 이미 점점 사라졌다! 당시 우虞박사 세대에는 늙은 사람, 세상을 떠난 사람, 사방으로 흩어진 사람, 세상과 담을 쌓고 사는 사람 등이 있었다. 화류계나 기방에도 재기가 넘치는 인물들이 보이지 않았다. 예악문장을 논하는 그런 현자들도 찾아볼 수 없었다. 출신으로 보면, 성취한 자는 재능을 인정받고 실의한 자는 미련한 것으로 간주될 뿐이다. 의협심을 논하면 여유 있는 자는 사치하고 부족한 자는 궁색할 따름이다. 이백과 두보의 글을 많이 알고 안회와 증자의 품행이 있다 해도 배우기 위해 찾아오는 사람은 없다. 그래서 대부호나 부잣집에서는 성인식이나 혼례, 상례, 제사가 있을 때마다 명사들이 많이 모여 몇 상씩 차리지만, 사람들이 논하는 것은 모두 진급이나 이동, 전임, 강직 등 관료사회의 이야기들뿐이다. 가난한 유생일지라도 권세에 아부

---

13) 영화「홍흥십삼매洪興十三妹」「묘가십삼매廟街十三妹」, 경극「십삼매」, 연속극「십삼매」속의 십삼매는 여자 협객같이 강호세계의 거칠고 의리 있는 여자를 의미한다.―옮긴이

할 따름이다. 그러하니 세상에 기인이 몇 명 더 나타난들 누가 알겠는가.[14)]

어떤 기인을 말하는가. 세상에 은둔하고 있는 네 명의 시정市井의 기인奇人을 말한다. 계하년季遐年, 왕태王太, 개관蓋寬, 형원荊元이다.[15)] 이 네 사람에게 각기 장점이 있는데 합치면 '금기서화琴棋書畫'다. 형원은 '고산유수高山流水' 한 곡을 연주하여 노인을 눈물 흘리게 했다. 마치 권법을 연습할 때 원위치로 돌아온 것과 같이 왕면의 이상과 고대의 이상세계로 돌아온 듯하지만 유감스럽게도 단지 환상이었다. 풍아함은 경제적 기반이 있어야 한다. 문인은 풍아하고 싶지만 가정에선 풍아할 수 없다. 그렇다면 '금기서화'를 뉘와 함께 즐길 것인가. 역시 기녀뿐이다. 기녀는 돈이 가장 많이 든다.

---

14) "話說萬歷二十三年, 那南京的名士都已漸漸銷磨盡了! 此時虞博士那一輩人, 也有老了的, 也有死了的, 也有四散去了的, 也有閉門不問世事的. 花壇酒社, 都沒有那些才俊之人 禮樂文章, 也不見那些賢人講究. 論出處, 不過得手的就是才能, 失意的就是愚拙. 論豪俠, 不過有餘的就會奢華, 不足的就見蕭索. 憑你有李·杜的文章, 顏·曾的品行, 却是也沒有一個人來問你. 所以那些大戶人家, 冠·昏·喪·祭, 鄕堂裏, 坐着幾個席頭, 無非講的是些升·遷·調·降的官場. 就是那貧賤儒生, 又不過做的是些揣合逢迎的考校. 那知市井中間, 又出了幾個奇人."

15) 계하년은 절에서 자란 고아로서 글씨를 잘 썼으며, 왕태는 화지통火紙筒을 팔며 바둑에 능했으며, 개관은 차관을 운영하면서 그림 그리기를 좋아했으며, 형원은 재봉 일을 하며 거문고를 잘 탔다. 이들은 모두 자신의 힘으로 살아가면서 권세가들에게 아부하지 않고 공명과 재물을 탐하지도 않았다. ─옮긴이

7 가짜 풍아형(가짜 명사의 일종)

지금은 무엇이든 가짜일 수 있다. 명사와 풍아함 또한 그러하다. 돈만 있으면 무엇이든 살 수 있다. 정원과 고급저택, 명나라식 가구, 출토한 문물, 명인의 글과 그림, 선본善本, 최고급 요리사, 미모가 출중한 여자 등 모든 것을 다 살 수 있다. 하지만 가장 사기가 어려운 것은 재능이다. 이런 가짜 명사들은 고대에도 있었고 지금도 적지 않다.

8 강태공 유형(가짜 명사의 일종)

고대에는 종종 어부가 은자를 상징했다. 이러한 어부 가운데 가장 일찍 모습을 나타낸 사람이 강태공이다. "강태공의 낚싯바늘에도 원하는 자는 걸려든다"란 속담이 있다. 그가 낚은 것은 물고기가 아니라 주周 문왕文王이었다. 주 문왕이 강태공을 방문한 것은 상고 시대의 선양禪讓정신을 모방한 것이며, 유비가 제갈량을 찾아간 삼고초려三顧草廬도 이를 모방한 것이다. 위안스카이袁世凱가 집으로 돌아가 낚시를 한 것도 강태공에게 배운 것이다. 중국의 가짜 명사는 위의 부류 외에도 제값을 기다렸다 팔려는 부류도 있다. 그들에겐 깊은 산속에 은거하는 것이 높은 관직을 얻는 첩경이었다. '몸은 강호에 있지만 마음은 조정에 있으면서' 오직 현명한 주인이 자신을 발견할 때까지 기다리는 것이다. 고결과 혼탁의 두 길을 택하는 것은 마치 외줄타기와 같다. 참으로 오묘한 것이다.

이 글의 시작으로 돌아가면, 본래 은사들이 이름을 날린 오묘함이 바로 여기에 있다. 또한 월단평月旦評(인물평)도 있다(『세설신어世說新語』「품조品藻」참조). 홍보가 없이는 안 되는 일이다. 여하튼 명사의 배후에는 돈도 있어야 하고 홍보도 있어야 하며, 정부의 대대적인 지원도 필요하다.

명사의 사례

고대의 명사들은 보통 짝으로 나타난다.

백이伯夷와 숙제叔齊

상商나라 때 북방에 고죽국孤竹國이라는 나라가 있었다. 지금의 허베이 성 루룽盧龍라 한다. 고죽군에게는 세 아들이 있었다. 큰 아들은 백이이고 둘째 아들의 이름은 확인할 수 없으며 셋째는 숙제. 고죽군이 죽은 후 큰 아들과 셋째 아들이 서로 군주 자리를 양보하며 오르지 않으려 했다. 그래서 결국 둘째에게 양보하게 되었다. 그리고 그 둘은 서백창西伯昌(후의 주나라 문왕, 창昌은 문왕의 이름)이 노인을 잘 대우한다는 소문을 듣고 그를 찾아갔다. 하지만 지금의 산시陝西 경내에 이르렀을 때 문왕이 세상을 떠나고 말았다. 이 무렵 무왕武王은 혁명을 일으켜 문왕의 사망을 비밀로 하고 장례를 치르지 않았다. 무왕은 아버지 문왕의 패위를 가지고 은나라 주왕紂王을 공격했다. 백이와 숙제는 이 말을 듣고 옳지 않은 일이라며 무왕의 말고삐를 잡고, "부친이 돌아가셨는데 장례를 치르지 않는 것은 불효이며, 또한 신하로서 임금을 시해하는 것은 불인한 것"이라고 간언을 올렸다. 그러나 받아들여지지 않자 그들은 주나라의 곡식을 먹지 않기로 결심하고 수양산으로 도망가 산나물을 캐서 먹으며 배를 채웠다. 어떤 사람이 산나물도 주나라의 것이 아니냐고 하자 그들은 그냥 죽음을 기다렸다. 죽음을 앞두고 그들은 이렇게 노래를 불렀다. "저 서산에 올라 고사리를 캐자. 폭력으로 폭력을 제압하는 것이 나쁜 것을 모르도다. 신농씨와 요순시대는 이미 다 가버렸으니 우리는 어디로 돌아가 귀의할고! 오호라, 떠나자! 쇠한 운명이여."[16] 후인들은 이를 「채미가采薇歌」라고 부른다.

하안何晏과 왕필王弼

하안과 왕필은 정시正始 연간의 명사다. 하안은 『삼국연의三國演義』에서 환관에게 살해된 대장군 하진何進의 손자이

---

16)   "登彼西山兮, 采其薇矣. 以暴易暴兮, 不知其非矣. 神農·虞·夏忽焉兮, 我安適歸矣? 于嗟徂兮, 命之衰兮."

자 조조의 양자였다. 그는 궁에서 자라면서 태자와 같은 복식을 입고 엄청난 응석받이로 자랐다. 여복이 많아 후에 금향공주金鄕公主를 아내로 맞아들였다. 또한 여색을 좋아하고 자기 자신을 사랑했다. 여장을 좋아하여 '얼굴에 분을 바르고 다니며, 자신의 그림자가 으쓱대는 것을 즐겼다'고 한다. 그는 노장 사상을 잘 알고 현묘한 말을 했으며, 예법을 지키지 않고 아무 하는 일 없이 봉록과 총애를 받았다. 후대 사람들이 그를 알게 된 것은 노자를 끌어들여 유가를 해석하여 편찬한 『논어집해論語集解』를 통해서다. 사실 그는 오석산을 처음 복용한 사람이었다. 오석산을 복용한 후 스스로 "정신이 맑게 트인다"라고 말했지만, 다른 사람이 볼 때에는 안절부절못하고 얼굴에는 혈색이 없으며 흡사 오늘날의 마약 복용자처럼 초췌해 보였다. 정시 연간의 명사들은 오석산 복용으로 유명하다. 하안 외에 왕필, 하후현夏侯玄도 유명하다. 앞에서 언급한 『고사전』을 쓴 황보밀 역시 복용했었다. 왕필은 『역경』과 『노자』에 대한 주석서가 유명하다. 그는 어려서부터 두각을 나타내어 하안에게 "뒤에 태어난 사람은 두려워할 만하다"라는 높은 평가를 받기도 했다.[17] 하지만 다른 명사들과의 관계가 좋지 않았다. 하안과 하후현은 사마의司馬懿에 의해 살해되었고 왕필도 스물넷에 자식 없이 세상을 떠났다. 왕필은 오석산 때문에 죽었다고 하지만 확실하지는 않다. 루쉰魯迅은 하안이 먼저 약을 먹기 시작하자 후인들이 그를 모방하여 그저 약을 먹거나 혹은 먹는 척을 했으며, 글은 쓸 줄 몰랐으니 그들과 비교할 수 없다고 했다.

완적阮籍과 혜강嵇康

이 두 사람은 죽림칠현에 속한다. 죽림칠현은 건안칠자建安七子와 마찬가지로 일곱 사람이었다.[18] 완적과 혜강, 산도山濤, 상수向秀, 완함阮咸, 왕융王戎, 유령劉伶이 그들이다. 이들은 문예도 뛰어나고 술도 좋아했다. 완적이 술을 마시는 이유는 간단했다. 위진 시기에는 천하가 혼란스러워 온전한 명사들이 적었고, 그 역시 술을 빌려 어리석은 척했으며 입으로 사람을 평가하지 않았다. 그는 예교에 얽매이지 않고 기이한 말을 즐겨했다. 예컨대 어떤 사람이 어머니를 살해했는데, "아버지를 죽이지 왜 어머니를 죽였는가?"라고 말했다. 이유는 짐승들은 아비는 몰라봐도 어미는

---

17) "공자가 말하기를 '뒤에 태어난 사람은 두려워할 만하다! 어찌 다가올 사람들이 지금의 사람만 못하다고 알 수 있겠는가. (그러나) 40이 되고 50이 되어도 명성이 들리지 않는다면, 이 또한 두려워할 것이 못될 뿐이다'子曰 後生可畏, 焉知來者之不如今也, 四十五十而無聞焉, 斯亦不足畏也已." 따라서 '후생가외'란 후배(후학)가 학문을 계속 쌓고 덕을 닦으면 그 발전은 선배를 능가하는 경지에 이를 것이라는 의미에서 두렵다고 한 말이다. 『논어』「자한子罕」 참조. ─옮긴이

18) 건안칠자는 후한後漢 말, 헌제獻帝의 건안 연간(196~220)에 위魏 무제武帝 조조曹操 부자를 중심으로 중국에서 가장 일찍 형성된 문학 집단이다. 노국魯國의 공융孔融, 광릉廣陵의 진림陳琳, 산양山陽의 왕찬王粲, 북해北海의 서간徐幹, 진류陳留의 완우阮瑀, 여남汝南의 응창應瑒, 동평東平의 유정劉楨을 말한다. 이들 작가의 문체와 풍격은 각기 독특한 개성을 이루고 있지만, 당시는 오랜 기간의 전란으로 인해 기풍이 쇠하던 때여서 대체로 강개함과 기개가 넘치는 성향을 가지고 있었다. 조비曹丕, 『전론典論』「논문論文」 참조. ─옮긴이

알아본다면서, 아버지를 죽이는 놈은 짐승이고 어머니를 죽이는 놈은 짐승보다 못하다는 것이다. 그리고 '이'를 바지 틈에 감춰두고서 군자의 처세에 비유한 것도 명언이다.[19] 또한 그는 사람을 무시하는 경향이 있었다. 속된 사람을 대하면 백안시하고 아인雅人에 대해서는 똑바로 바라봤다 한다.[20]

혜강 또한 괴이한 사람이다. 훌륭한 인물이지만 세상의 예법에 매이지 않고 하고 싶은 대로 하는 사람으로 쇠를 두들기는 것을 좋아했다. 산도가 그에게 관직을 추천하자 「산도와의 절교與山巨源絕交書」를 쓰고 교제를 끊었다. 서신에서 자신은 평생 "탁주 한 잔과 거문고 한 곡"이면 족하다고 했다. 하지만 아무리 이리저리 피해 산다 해도 죽음은 면치 못했다. 어느 날 상수와 함께 집에서 쇠를 두드리고 있을 때 마침 종회鍾會가 찾아왔는데 냉담하게 아는 척을 하지 않았다. 종회는 작은 보고를 올리면서 그의 죄명을 거기에다 적었다. 그는 술과 쇠를 두들기는 일 외에도 음악을 매우 좋아했다. 유능한 사람의 지도를 받아 「광릉산廣陵散」을 연주할 줄 알았

---

19) 완적은 세상에 군자라고 하는 이들은 바지 속에 파고들어 터를 잡고 살면서, 그곳을 벗어나 세상 밖의 바른 길로 나오려 하지 않는다고 비유했다. 「대인선생전大人先生傳」 참조.─옮긴이

20) 완적은 속물적인 지식인을 보면 '백안시'했다고 한다. 어느 날 혜강의 형 혜희嵇喜가 완적을 찾아왔다. 완적은 그를 냉대하며 백안시하자 혜희는 불쾌하여 돌아갔다. 후에 혜강이 이 이야기를 듣고 완적이 좋아하는 술과 거문고를 가지고 찾아가자 매우 기뻐하여 청안靑眼으로 맞이했다. 이런 일로 인해 당시 지식인들은 완적을 몹시 싫어했다. 그래서 '백안시'라는 성어를 남겼다.─옮긴이

다. 동시東市에서 형이 집행되자 마지막으로 연주를 한 후 그의 연주는 더 이상 들을 수 없었다.[21] 그의 『음무애락론音無哀樂論』은 불후의 미학 저작이다.

후세 명사들은 그들보다 더 잘 놀았지만 정신 상태는 훨씬 그들에 미치지 못한다.

2006년 5월 21일
베이징 란치잉藍旗營에서
(『싼롄생활주간』 2006년 제20기, 126~127쪽)

---

21) 종회는 본래부터 혜강에게 인정을 받고 싶어 했다. 어느 날 종회는 「사본론四本論」(재才와 정情의 관계를 논한 글)이란 글을 써서 혜강을 찾아가 직접 보여주고 싶었지만 막상 비판을 받을까 두려워 문 앞에 두고 와서 만나지 못했다. 후에 다시 찾아갔지만 혜강은 그를 무시하며 모르는 척했다. 종회가 떠나려 하자 혜강이 "무엇을 보고 무엇을 듣고 가시오?"라고 묻자, 종회는 "볼 만한 것을 보고 들을 만한 것을 듣고 가오"라고 말하고 떠났다. 이것이 이 두 사람의 만남의 끝이 되었다. 후에 종회는 혜강에 대한 증오심으로 가득하여 그를 제거하고자 사마소司馬昭를 부추겼고 사마소는 결국 혜강을 죽이고 말았다. —옮긴이

12.
만세 萬歲에 대하여

　　나는 오래전에 수면공睡眠功을 연마한 적이 있다. 차
나 배, 비행기 등 어디에나 누우면 잠이 들 수 있다. 앉아서도 잠이
들 수 있고 서서도 뭔가 잡거나 의지할 것만 있으면 잠이 들 수 있
다. 시끄럽거나 빛이 있어도 상관없다. 그래서 잠이 부족하면 언제
든지 보충할 수 있다. 아침부터 저녁 늦은 시간까지 차를 마셔도
수면에는 아무런 지장이 없다.

　　침실에 벽걸이 TV 하나가 있다. 최근 매일 밤 두 차례씩 월드컵
경기를 중계했다. 잠이 들었다 깼다를 반복하고 거의 선잠을 잔 상
태였다. '골인!'이란 함성과 함께 시끄러운 소리가 나는 장면이 나
올 때만 간신히 눈을 뜨고 보았다. 큰 소리를 지른 사람은 다름 아
닌 황젠샹黃健翔이었다.

축구를 보면 항상 약자 입장에 서게 된다. 강팀의 승률이 높은 줄 알면서도 기적이 일어나길 바란다. 내가 가장 싫어하는 인간은 권력에 빌붙는 소인배다. 특히 심판의 부정이다. 이번 월드컵은 브라질과 프랑스전 외에는 재미가 없다. 이렇게 재미없는 경기에 황젠샹이 그렇게 흥분하고 또 그를 욕하는 사람들이 더욱 흥분하여 심지어 분쟁까지 갈 줄 몰랐다(함성을 외치면 되지 욕은 왜 하느냐고).[1] 황젠샹이 미친 듯이 '이탈리아 만세!'를 외쳐대자 『싼롄생활주간』의 수커원舒可文 편집인은 바로 나에게 '만세'의 출처에 대해 글 한 편을 써달라고 부탁해왔다.

1   '만세'란 무슨 뜻인가? 일반적으로 두 가지로 사용된다. 하나는 글자 그대로 나이 드신 분에게 오래 살기를 축원한다는 뜻이다. 사람은 누구나 가능한 한 오래 살고 싶어 한다(하지만 예외도 있다. 고금을 막론하고 세상을 혐오하여 빨리 죽고 싶어 하는 사람들도 있다). 옛날이나 지금이나 중국이나 외국이나 사람들의 생각은 다르

---

1)   2006년 월드컵 경기에서 이탈리아와 호주의 8강 경기는 후반전까지 0:0으로 있다가 종료 1분 전 이탈리아가 페널티킥을 얻어내어 1:0으로 호주를 이기고 8강에 진출했다. 이때 진행자 황젠샹은 미친 듯이 발광하면서 "호주팀은 집으로 돌아가라!" "위대한 이탈리아! 이탈리아 만세!"라고 외쳤다. 문제는 방송이 끝날 무렵 "너희 꺼져!"라는 작은 소리가 들렸다. 작았어도 정황상 누구나 황젠샹의 목소리라는 것을 알 수 있었다. 이로 인해 주 베이징 호주대사관으로 호주 사람들이 몰려가 불경한 진행자의 문책을 요구했고, 중국인들도 그를 엄청 비난했다. —옮긴이

지 않다. 우리는 장수한 노인을 살아 있는 신선이라 부른다. 신선은 하늘에 있는 신이 아니라 땅에서 오래 사는 사람이다. 그래서 한나라 때는 어린아이에게 이름을 지어줄 때 팽조彭祖라고 부르는 것을 좋아했다고 한다. 팽조는 팔백 세까지 산 신선이었다. '만세'란 오래 살 수 있는 장수를 상상하는 것이다. 이는 세계 어느 곳에서나 통하는 만국공용어다. 이것이 '만세'의 첫 번째 의미다.

두 번째 뜻도 공통된 의미가 있다. 마음 가득한 격정, 천군만마, 산과 바다가 요동치는 기세, 미친 듯이 내지르는 함성, 위대한 인물에 대한 숭배 등의 의미가 있다. 예를 들어, 초한전楚漢戰을 보면, 후공候公이 항왕項王을 설득하여 유방劉邦의 아버지를 놓아주자 한군漢軍이 모두 만세를 외쳤다. 육가陸賈가 매 장章의 상주를 올릴 때마다 고조高祖가 칭찬을 하면 옆에 있던 군신들은 일제히 만세를 불렀다.[2] 이러한 '만세'는 러시아의 '우라'와 비슷하다. 사실은 어조사다. 이는 진한秦漢 이래의 황제들과 관련이 있다. 군신들이 축수를 할 때는 반드시 만세삼창을 했다. 황제가 바로 만세의 주요 대상이었다.

2 　　　　　'만세'는 언제부터 부르기 시작했는가? 내 기억으로는 중국의 조기 문헌에는 '만세'라는 말이 없고 '만년'이란 말만 보인다. 예를 들면 다음과 같다.

"수고만년壽考萬年"(『시경』「소아小雅·신남산信南山」)

"군자만년君子萬年"(『시경』「소아小雅·첨피낙의瞻彼洛矣」)

"천자만년天子萬年"(『시경』「대아大雅·강한江漢」)

"만년에 이르려면, 오직 왕의 자자손손이 영원히 백성을 보호하는 것뿐이다惟曰: 欲至於萬年, 惟王子子孫孫永保民"(『서경書經』「재재梓材」)

"만년 동안 그 덕에 만족하도다 (…) 만년 동안 영원히 짐이 은덕을 품은 것을 보리라萬年厭於乃德 (…) 萬年其永觀朕子懷德"(『서경』「낙고洛誥」)

십삼경十三經에 '만세'란 말은 없다. 서주西周 금문金文을 읽을 때에도 없었던 것 같다. 일반적으로 자주 표현하는 것은 '모모(인명)

---

2) 유자儒者를 만나면 갓에다 오줌을 눴다고 할 정도로 유가의 '탁상공론'을 싫어했던 유방은 황제의 지위에 오른 뒤 세객 육가와 한바탕 설전을 벌인다. 한 고조는 천하를 잡는 것은 칼과 말이지 시서詩書 따위가 아니라고 하자, 육가는 "말 위에서 천하를 얻었다고 하여 말 위에서 천하를 다스릴 수 있는 것은 아니며" 또한 먼저 천하를 통일한 진나라가 만약 인의도덕이나 성왕의 길을 지켰다면 과연 한 고조가 어떻게 천하를 얻을 수 있었겠는가라고 반문을 했다. 한 고조는 조금 언짢아하면서도 부끄러워하는 기색을 보이며, 육가에게 진나라는 어떻게 하여 천하를 잃었으며 나는 어떻게 하여 천하를 얻을 수 있는지, 또 과거에 나라를 얻은 일과 잃어버렸던 일에 대해 글을 지어 올리라고 했다. 그것이 바로 육가의 『신어新語』(총12장)다. 한 고조는 『신어』 각 편이 완성될 때마다 소리 내어 읽게 했고 훌륭하다고 말을 하면 옆에 있던 신하들은 즉각 만세를 불렀다 한다. 『사기』「역생육가열전酈生陸賈列傳」 참조. ―옮긴이

만년某(人名)其萬年'이란 방식이다. '만년미수萬年眉壽' '만년무강萬年無疆' '만년무기萬年無期' '만년영보萬年永寶'(또는 '만년영보용萬年永寶用') '만년영향萬年永享'(또는 '만년영보용향萬年永寶用享'). 이들은 문헌상의 용법이 대체로 비슷하다. 한나라 때 장락궁長樂宮과 미앙궁未央宮이 있었다. 한나라 사람들은 '천추만세千秋萬歲, 장락미앙長樂未央'이라는 말을 자주 썼다. '미앙'은 충분하지 않다, 아직 다하지 않다는 뜻이다. 그래서 『육포단』의 미앙생은 침상의 환락이 아직 다하지 않았다고 생각했던 것이다. 통치자와 부자들은 삶이 더 채워져야 한다고 생각한다.

3 　　　　'만수무강萬壽無疆' 역시 오래전부터 있었다. 서주 금문에 '만년무강萬年無疆'과 '미수무강眉壽無疆'이 자주 나타나는데 이 둘을 합치면 '만수무강萬壽無疆'이 된다. 『시경』에는 여섯 곳에서 만수무강을 언급했다.[3]

4 　　　　최초로 '만세'가 언급된 것은 □□爲甫人盨라고 부르는 동기銅器에서다(그림 1). 그 명문은 다음과 같다.

---

3) 　「국풍國風·빈풍豳風·칠월七月」「소아小雅·천보天保」「소아小雅·남산유대南山有臺」「소아小雅·초자楚茨」「소아小雅·신남산信南山」「소아小雅·보전甫田」 등이다.

그림 1

그림 2

그림 3

부인이 사용하던 그릇이니, 멀리 원행에 쓰고 만세토록 오래간다.[4]

이 동기는 탁본으로 보이며, 춘추 초기의 기물인 것 같다. '만세'가 유행하게 된 것은 '만년' 이후다.

5   전국 시대 이래 '만세'(그림 2의 상단), '천추만세千秋萬歲'(그림 3), '천추만세千秋萬世'는 상용하던 단어다. 인장에도 있고 와당瓦當에도 있고 동으로 만든 거울에도 있다. 간자체 '万'은 흥미로운 내력이 있으며('개丐'자를 가차하여 만든 것이다) 전국 시대부터 사용했다(그림 2의 하단).

당시에 나는 칭하이 호青海湖를 여행하면서 해신묘海神廟를 보고 싶었으나 마침 보수 중이었다. 전하는 말에 의하면, 사당 안에는 '황제만세만만세皇帝萬歲萬萬歲'라고 적힌 비문이 하나 있었다고 한다. 하지만 만세까지 산 황제가 어디 있는가? 보통 젊은 나이에 죽었으며 일반 백성들에도 못 미쳤다. 민국 성립 초기에 오족공화五族共和를 표방했지만 여전히 청나라의 예절을 인습하여 새로운 비문으로 바꾸어 '민국만세만만세民國萬歲萬萬歲'라고 적었다. 이 것은 청나라 황제에게서 배운 것이다. 하지만 리아오李敖는 책을

---

4)   "□□爲甫(夫)人行鋁, 用征用行, 邁(萬)歲用尙."

써서 장제스가 말한 바 있다고 밝혔다.[5] 1949년 이후 민국은 이미 멸망했다. 군신들이 황제 앞에서 만세를 부르는 것은 최소한 2천여 년의 역사가 있다. 어조사의 용법도 오래되었지만 모든 '만세'는 그리 오래가지 않았다.

문혁 시기에도 '만세'가 끊이질 않았다. 특히 마오 주석에게는 '만수무강'이란 말을 붙였다. 당시 홍위병의 대표적인 인물이자 『삼론조반정신만세三論造反精神萬歲』의 저자 뤄샤오하이駱小海는 1966년 톈안먼天安門에 가서 마오 주석을 만났을 때의 인상을 떠올렸다. 당시 마오 주석은 머리가 특히 컸고 얼굴에 듬성듬성 수염이 나 있었는데, 사진과는 조금 달라 의아해했다고 한다. 그때의 감동은 이루 다 말로 표현할 수 없다고 한다. 황젠샹黃健翔처럼 팔을 휘저으며 '마오주석만수무강毛主席萬壽無疆'을 외쳤다 한다. 그러나 마오 주석은 '만수'도 끝은 있는 것이라고 했다고 한다. 마음속으로 이미 잘 알고 계셨던 것이다.

오늘날의 '만세'는 더 이상 유행이 아니다. '바링허우八齡後'(80년대에 태어난 세대) 이후 세대들은 가요나 스포츠, 영화, 텔레비전 스타에 빠져 있다. 흥분하면 환호하고 뛰어오르면서 소리를 지른다.

---

5) 리아오(1935~)의 자字는 오지敖之이며 사상가이자 국학대사, 근대사학자, 시사비평가다. 타이완 무당파 인사로서 타이완입법위원을 역임했다. 비판적인 색채와 필법으로 글을 써서 서양 매체에서 '중국 근대의 걸출한 비평가'로 인정받기도 했다. 『리아오대전집李敖大全集』(80권)이 있다. —옮긴이

그들이 외치는 것은 'Wahoo! Yeah!'다. 이 또한 하나의 새로운 조류다.

2006년 7월 2일
베이징 란치잉에서
(『싼롄생활주간』, 2006년 제25기, 36쪽)

13.
전통은 왜 이렇게 인기가 있는가?
'20년 동안 지켜본 이상한 현상'

전통은 왜 이렇게 인기가 있는가?

이는 우리가 토론할 주제로서 여러분 주변에서도 매우 떠들썩한 이슈일 것이다.

모두 알다시피 일전에 '붉은 오리 알紅心鴨蛋' 사건이 있었다. 오리 알이 왜 그렇게 빨간가? 사건은 비교적 간단했다. 품질검사국이 단번에 문제를 파악했다. 오리 알에 발암물질 공업용 색소가 든 '쑤단홍蘇丹紅'을 넣었던 것이다. 하지만 지금 이야기하고자 하는 것은 그리 간단한 것이 아니다. 그 뒤에는 복잡한 배경이 있기 때문이다.

타이완의 모 신문에 「공자는 왜 그렇게 인기가 있는가?」라는 제목의 기사가 실렸다. 이 제목은 오래전 영화 「빙산 위의 손님冰山上的來客」의 삽입곡인 「꽃은 왜 이리 붉은가花兒爲什麼這樣紅」에서 따온 것이다.

공자는 왜 이렇게 인기가 많은가? 이것은 민감한 사항이다. 그 경위를 모르면 이해할 수 없다. 예컨대 위단于丹은 왜 그렇게 인기가 많은가? 지식인의 눈은 왜 그렇게 붉은가? 기쁨의 붉음, 분노의 붉음, 질투의 붉음 …… TV 광고 대사인 "엄청나게 시큼한 산사자山査子" 같다.

현재 『논어』는 모든 가정 속으로 다 들어갔다. 농민공에게도 전해지고 교도소에서도 가르친다. 지도자들도 기뻐하고 군중들도 좋아한다. 지식인들은 너무 고립되어 지도자와 군중들로부터 스스로 격리되어서는 안 된다. 이러한 현상에 대한 지식인들의 평가는 크게 세 가지로 나뉜다.

공자가 죽은 지 2500년이 지나서야 위단于丹이란 사람이 나타났다. 위단은 공자에 대해 철저하게 해부했고 생동적으로 잘 전달했다. 정말 대단하다며 찬사를 보내는 긍정의 목소리가 있다. 반면 위단은 마치 이야기꾼처럼 자기의 마음으로 가득 차 있다. 깨달음心得은 자신의 깨달음이지 『논어』(『논어심득』)와 무슨 관계가 있는가. 공자의 도는 위단에 의해서 전부 다 깨져 형체를 알아볼 수 없게 되었다며, 공자를 보호하고 그의 도를 수호해야 한다는 비판의 목소리가 있다. 또 다른 한 부류는 중용의 도를 지키고 있다. 국민들이『논어』를 읽으면 전통문화가 선양되므로 좋은 일이 아니겠냐며 지지를 한다. 하지만『논어』도 전아한『논어』가 있고 용속庸俗한『논어』가 있다. 만약 당신이 대중을 이끄는 사람(위단)이라면 모르겠지만 지식인의 영역으로는 들어올 생각을 마라. 우리 지식인이 말하는『논어』는 또 다른 세계이니 당신과 말 섞을 생각이 없다는 것이다.

이 세 가지 반응은 나와 아무런 상관이 없다. 물론 나도 지식인이다. 하지만 이러한 덤터기를 쓰고 싶진 않다. 유儒란 숲林이 크기 때문에 별의별 새들이 다 있기 마련이다.

한 표를 던지자면 나는 군중이다(군중은 집합적 개념이다. 하지만 사실 지식분자와 같이 군중분자라 불러야 한다). 군중이 뭐 또 그리 대단한가. 사람의 수가 많다고 해서 진리를 소유하고 있는 것은 아니다. 한 사람은 한 사람일 뿐 나를 대표할 수도 없고 나도 그들을 대표할 수 없다. 한 사람이 한 권의 책을 읽었는데, 이렇게 큰 파장이 생길 줄 몰랐다. 예를 들어, 내가『논어』를 읽으면 내 자신이『논어』를 읽는 것이며, 내 자신이 메모를 하며 자신의 생각을 이야기하는 것일 뿐이지 누구도 그것을 대표하지 않는다. 그러므로 사람들의 말에 엮일 필요가 없다.

오늘날 중국에 미친 듯이 복고의 바람이 불고 있다. 정상이 아니다. 비록 내 목소리는 매우 작지만, 큰 소리로 여러분에게 외치고자 한다. 전통이 왜 이렇게 인기가 있냐고.

전통이란 무엇인가?

최근 '전통'이란 단어의 위상이 지나치게 높아져서 무서울 정도다. 과거의 '혁명'이란 단어 외에는 그 어떤 것도 비교할 수 없다. 그 누구도 '부정'할 수 없다.

여러분은 기억하기 바란다. 이는 지난 세기말과 21세기 초의 신화이며, 앞으로 웃음거리가 될 것이다.

전통이란 무엇인가? 그냥 과거가 아닌가. 좋은 것도 있고 나쁜 것도 있고 모두 다 섞여 있는 것이다. 지금과 다를 바 없다. 높게 치켜세울 필요도 없고 낮게 폄하할 필요도 없다. 「난정서蘭亭序」에 "뒤에서 지금을 보는 것은 지금 옛것을 보는 것과 같다"[1]라는 말이 있다. 내 아들이 나를 보는 것은 내가 내 아버지를 보는 것과 같은 이치다. 조상들이 남긴 것이 뭔들 없겠는가. 큰 물결이 모래와 자갈을 씻겨내고 남은 것이 모두 금이라고 생각하지 않길 바란다.

공자는 "3년 동안 부모의 도를 고치지 않는 것"이 진정한 '효'라고 했다.[2] 양보쥔楊伯峻은 '도道'는 긍정적인 것이고 아버지의 합리적인 부분이라고 한다. 그러나 아버지가 남긴 것이 합리적인 것

---

1)　"後之視今, 亦猶今之視昔."
2)　"아버지가 살아 계실 때 그 뜻을 관찰하고, 아버지가 돌아가시면 그 남기신 행실을 보며, 삼 년 동안 아버지가 살아온 길(방법)을 고치지 말아야 효라 말할 수 있다父在觀其志, 父沒觀其行, 三年無改於父之道, 可謂孝矣."『논어』「학이學而」참조.─옮긴이

인데, 3년 동안 고쳐서는 안 되고 3년 이후에는 고칠 수 있단 말인가? 설마 우리가 고치려는 것이 아버지의 불합리한 부분이 아니라 합리적인 부분이란 말인가?

나는 조상이 남긴 보물 중 가장 큰 보물은 중국인이라고 생각한다. 동서고금을 막론하고 모든 유산은 자신이 사용할 수 있다. 사람이 음식을 먹을 때 주체는 사람이고 사람이 본질이다. 어떠한 음식이든 결국 사람이 먹는다. 그러니 음식은 본질體과 현상用으로 나눌 수 있는 것이 아니다. '중식이 본질이고 양식이 현상이다'라고 하면 웃기지 않은가? 하지만 우리 자신에게도 문제가 있다. 그것도 아주 큰 문제다. 『효경孝經』의 시작부분 제1장에는 "몸은 부모님으로부터 받은 것이므로 소중히 여겨야 한다身體髮膚, 受之父母"는 말이 있다. 그러니 좋든 나쁘든 거역할 수 없다. 그런데 만약 아버지의 선물은 간질이고 어머니의 선물은 과민증이라면 어떠하겠는가. 유전병은 젊었을 때는 별 문제가 없지만 나이가 들면 나타난다. 이로 볼 때, 본질 안에도 좋고 나쁜 것이 각각 반반씩 들어 있다.

전통은 누구에게나 다 있다. 미국을 예로 들면, 나라가 만들어진 지 230년에 불과하며 집집마다 총을 가지고 있다. 이것이 전통이다. 그래서 학교에서 자주 총격 사건이 일어나는 것이다. 물론 남의 집을 도둑질할 때도 조심해야 한다. 일반 집을 침입해도 총을 쏠 수 있기 때문이다. 아이는 자기 집 아이가 훌륭하다. 하지만 다른 집 아이도 우리 집 아이보다 못한 것은 없다. 당신이 다른 사람을 배척하는데 그 사람이 당신을 배척하지 않으면 당신만 손해다. 서양 사람들은 입만 열었다 하면 '국제, 국제' 하며 네 것 내 것 모두 다 그의 것이다. '국제'라는 두 글자 뒤에는 '패권'이 있다. 하지만 그들은 세계를 제 집으로 생각하니 도량과 기백이 우리보다 더 큰 것 같다.

서구화가 무엇이 두려운가?

전반서화全盤西化는 당연한 사실인데도 사람들은 이에 대해 논쟁하기를 좋아한다.[3] 내가 전반서화를 논하는 것은 가치 판단이 아니라 사실적 판단이다. 좋든 싫든 사랑하든 미워하든 이미 정해진 대세다. 눈을 뜨고 주변을 살펴보면 온 세상이 서구 문화다. 설령 국산일지라도 마찬가지다.

---

3) 중국의 전통적 유교도덕을 중심으로 하여 서양의 과학기술과 그 성과를 도입 강화해가는 것으로서 중국의 학문을 체體로 하고 서양의 학문을 용用으로 한다는 것이 중체서용中體西用이다. 이와 달리 전반서화는 선진적인 문화가 중국에 대한 경제·지식·정치체제·이데올로기·도덕윤리 등 전 방위적으로 영향을 주는 것이다. 이를 정치체제와 연결해볼 때, 전반서화를 주장하는 팡리즈方勵之는 사회주의로 가는 길은 하나가 아니라 여러 갈래가 있으며, 정치체제가 일당독재에서 다당제로 바뀌는 것이 민주주의의 관건이 아니라 인민들의 민주적 원리를 먼저 보장해주는 것이 우선이라고 보았다. ─옮긴이

중국인이 특히 자부할 만한 한 가지는 역사적으로 수용력이 강하다는 점이다.

고서에 기록된 '먼 곳에 있는 이를 회유하고 가까이 있는 이를 친히 하다柔遠能邇'(『상서尙書』「순전舜典」), '멀리 있는 사람이 내복하다遠人來服' '귀의하다歸義' '귀화하다歸化' 등이 바로 그러한 예들이다. 열악한 송나라 이후 한족은 두 차례나 다른 민족의 통치를 받았지만 결국 그들을 동화시켰다. 그리고 항일 전쟁 때 중국인은 4대 문명을 이야기하면서 이를 문화적 선물이라며 커다란 자부심을 느꼈다. 하지만 결과는 어떠한가? 다른 사람들이 이를 배워서 군함과 대포를 만들어 그것으로 우리에게 답례를 했고, 또 우리는 그들을 배우고 있지 않은가. 선생과 학생을 번갈아가며 하고 있는 것이다.

중국인의 심성은 매우 단순하다. 내가 다른 사람을 동화시키려 하면 다른 사람 말을 잘 듣지만, 다른 사람이 나를 동화시키려 하면 절대로 듣지 않는다. 근대 중국은 이미 다른 사람에게 동화되었으면서도 몽원蒙元이나 만청滿淸 같은 큰 나라도 한족에게 동화되지 않았냐며 아직도 환상을 버리지 않고 있다. 세월이 지나면 다시 판이 뒤집힐 것이다. 펑황위성TV의 「문화대관원文化大觀園」에서 원화이사文懷沙는 "왕루샹王魯湘 당신이 입은 중국 전통복은 만주복장이고 내가 입은 일본 전통복이 중국 전통복장이다. 일본이 중국을 멸해도 상관없다. 결과적으로 중국에 일본족이라는 56번째 소수민족이 생긴 것이다"라고 했다(이 말은 중국인도 화가 나고 일본인도 화가 난다).

오늘날의 일본과 미국이 중국에 동화된다고 꿈도 꾸지 마라. 이렇게 분명한 일에 대해 아직도 어리석게 생각하는 사람들이 있다. 누가 누구를 동화시키느냐는 표면적으로는 문화의 우월성을 비교하는 것 같지만 실제로는 지배 권력을 다투는 문제다. 내가 지배 권력을 가지고 있으면 어떻게 동화되든 괜찮다. 너의 것 나의 것 모두 내 것이기 때문이다. 정해지지 않았기 때문에 서로 높고 낮음을 다투는 것이다. 이해가 안 되는 일은 입장을 바꾸어 생각하면 그 이치는 간단하다.

중국의 근대사는 얻어맞는 역사였다. 중국인이 얻어맞고 중국 문화도 얻어맞아 혼비백산하였다. 하나는 얻어맞은 결과 국학이라는 것이 생겼다. 나는 이를 '없어질 국학'이라고 부른다. 둘째는 한 뭉치의 국수國粹가 남았다. 사실 전반서화하기도 바쁜데 이들은 동화하려고 해도 동화가 되지 않는 남겨진 물건들이다. 약을 달이는 것과 마찬가지다. 약을 달인 후 달인 약을 다 마시고 나면 찌꺼기만 남는다. 원래는 약이었는데 약이 없어졌으니 찌꺼기를 가지고 이야기할 수밖에 없다. 이른바 국수는 대부분이 찌꺼기다. 일전에 각지에서 문화재 신청을 했는데 별의별 것을 다 신청했다. 그중 상당수의 것들이 다 이런 물건들이다. 사실 최근 2년 사이 만들어낸 것도 적지 않다.

중국이 자랑스러워하는 또 한 가지는 국보다. 이것은 진정한 보배다. 만들어낸 것은 국보가 아니다. 중국인이 유구한 역사와 찬란한 문명에 대해 자랑스러워하는 것은 당연하다. 고대 유적과 유물 및 고문서는 비록 짓밟히기는 했으나 남아 있는 것도 적지 않다. 물질적인 문화유산은 확실하지만 비물질적인 문화유산은 허구와 가짜가 많다.

골동품은 본래 일반적인 물건으로 집집마다 다 가지고 있는 일상용품들이다. 파괴되고 버려지고 마지막에 남은 것이 보배다. 유물 보전과 서구화는 그림자처럼 함께 따라다닌다. 서구화의 파괴는 도리어 골동품의 몸값을 높인 셈이다. 박물관에 전시되는 문물은 모두 희귀한 것들이지 이른바 알맹이도 쭉정이도 없다. '알맹이'와 '쭉정이'는 현대 일상으로 들어가 사용될 때에만 존재한다. 우리는 골동품을 전시할 수 있지만 우리 자신을 전시할 필요는 없다.

국학은 '없어질 학문'이다

지난 얼마 동안 국학망國學網 사이트에서 국학대사를 선발한다고 했다. 인샤오린尹小林은 어떤 사람을 국학대사라 할 수 있는지에 대해 물었다. 온 나라가 국학에 미쳐 있는데 대사든 뭐든 일단 차치하고, 먼저 국학이 무엇인지 묻고 싶다고 대답했다.

국학은 혼란스러운 개념이다.

국학이란 무엇인가? 중국의 학문을 연구하는 것이 국학인가? 아니다. 첫째, 서양학문이 없으면 이른바 국학도 없다. 국학은 서양학문을 상대하여 이른 말이다. 정현鄭玄은 국학자가 아니며 대진戴震도 아니다. 둘째, 외국에도 한학이 있다. 중국을 연구하는 학문이다. 예를 들어, 20세기 전반의 프랑스 한학은 매우 대단했다. 한학은 국학이라 할 수 없다. 그들은 주변 국가들을 통해 중국의 국경을 이야기하고 중국의 국경을 통해 내륙을 이야기하면서 세계적 안목이 누가 더 넓은가를 비교하고 정통한 언어는 누가 더 많은지를 비교했다. 그런데 중국의 대사(천인커陳寅恪)는 이렇다 할 우월함이 없었다. 당시 5대 대사(천인커, 푸쓰녠傅斯年, 량치차오梁啓超, 왕궈웨이王國維, 후스胡適)는 모두 외국인에게 영향을 받았다. 이는 중국인들의 기를 죽였다. 천인커, 푸쓰녠은 외국에 무엇 하러 갔는가? 기술을 훔치러 간 것이다. 그들은 속으로 분을 참으며 남들이 무시를 해도 지금은 말하지 말고 30년이 지난 후에 다시 겨루어보자는 심산이었다.

사람들이 열심히 국학을 서양학문과 구별하려 하지만 사실 이는 '없어질 학문'이다. 국학이 서양학문과 겨루면 겨룰수록 기가 더 죽는다. 신학문은 국학자도 배우고 가장 보수적인 사람들도 배운다(겉으로는 안 배우는 척하지만 몰래 배운다). 원래의 맛을 찾기란 거의 불가능하다. 사실은 다 국학도 아니고 서양학도 아니며 새로운 것도 아니고 낡은 것도 아닌 그러한 학문이다. 이른바 대사의 개념도 생각하면 간단하다. 다 무너뜨린 다음 맨손으로 다시 시작하여 각종 새로운 학문을 세우는 사람이다.

지금 일반 사람들은 고서를 공부하는 것을 국학이라 생각한다. 예를 들어, 장타이옌章太炎이나 황칸黃侃, 양수다楊樹達, 위자시余嘉錫 그리고 첸무錢穆 같은 사람들이 바로 국학대사다. 이들만을 국학대사로 친다면 많은 사람이 이에 포함될 수 없어 국학의 진용은 매우 초라해질 것이다.

나는 근대 학술은 상대적으로 새로운 점이 많으므로 국학이라 할수 없고 서양학문으로 포함시키는 것이 좋다고 생각한다. 어떤 학문은 아주 오래되어 청나라 때의 학문으로 분류하는 것이 더 합리적이다. 예컨대 고고학은 전형적인 외국 학문이지 송나라 사람들이 말하는 그런 고고학이 절대 아니다. 그리고 역사비교언어학Philology 역시 전형적인 외국 학문이지 청나라 때의 소학小學이나 고증학이 절대 아니다. 이지李濟, 샤나이夏鼐는 국학자가 아니며 리팡구이李方桂, 자오위안런趙元任 역시 국학자라 할 수 없다.

우리가 말하는 국학 중에 상당히 많은 것은 새롭지도 낡지도 않은 학문이다. 어떤 것이 국학이고 어떤 것이 아닌지 그 기준을 정하기란 상당히 어렵다. 뤄전위羅振玉와 왕궈웨이의 학문을 지탱한 자료는 5대 발명이었고 모두 새로운 자료들이었다. 그들은 프랑스, 일본 학자들과 많은 교류를 했고 새로운 안목을 가지고 있었다. 이런 학문을 사람들은 국학이라 부른다. 하지만 중국 변강의 소수민족을 연구하는 중국변강사지中國邊疆史志 연구는 이에 포함될까? 아닌 것 같다(지리학과는 현재 이과理科에 귀속되었다). 중국철학사 연구는 포함될까? 철학과는 당연히 포함된다. 특히 공자를 존경한 근대 명인들은 더 말할 것도 없다. 이들은 모두 국학대사이며 심지어 석도이장釋道二藏도 국학이라 할 수 있다.

주지하듯이, 사어소史語所의 '사史'는 고고학을 통해 전통의 경사經史를 개조한 학문이다. '어語'는 역사비교언어학을 통해 전통 소설과 고거학考據學을 개조한 학문이다. 이러한 학문들은 새롭지도 않고 낡지도 않은 것들이다. 그리고 칭화 국학연구원清華國學研究院의 이른바 국학 역시 새롭지도 않고 낡지도 않은 것이며 어떤 것은 엄격한 의미에서 신학문에 속한다.

오늘날 가장 이상한 점은 지셴린季羨林도 국학대사가 되었다는 것이다. 자신이 아니라고 하는데 호사가들은 군이 그에게 '국학의 모자'를 씌우고 있다. 이 역시 국학 개념에 대한 혼란을 보여주고 있다.

국수는 대부분이 '찌꺼기'다

국수國粹는 좀 우스꽝스런 개념이다. 중국의 고대 문명은 황허 강과 양쯔 강 두 유역에서 발달했다. 과거 중국은 북방이 머리고 남방이 엉덩이였다. 근대에 들어 상황은 반전되었다. 침략자가 바다로부터 들어오고 현대화는 동남 지역에서 서북 지역으로 진행되었다. 엉덩이가 머리가 된 셈이다. 가장 앞선 것과 가장 낙후한 것이 한데 섞여 원수들이 서로 기뻐하고 있다. 서구화가 뜨거울수록 국수에 대한 관심도 많다.

옛날 사람들은 "초나라 땅에는 무당의 분위기가 많고 강남에는 별의별 제사가 많다"[4]고 했다. 명·청 시대에도 민월閩越 지역은 여전히 그러했으며, 제례 풍습이 가장 성행했다. 그리고 중국 동포들은 이러한 문화를 홍콩으로 타이완으로 차이나타운으로 가져갔다. 외국인의 눈에는 이런 것들이 가장 중국적이고 중국을 아는 창이 되었다. 차이나타운에서 사자춤을 춘다. 사자춤은 한나라 이후 전해져 온 외래 예술이다. 홍콩과 타이완에서는 무협을 좋아한다. 무협은 인문적 환상에 의화단義和團을 추가하여 오직 외국인을 치는 것이다. 사람들은 "예치가 무너져 없어지면 민간에 가서 찾아온다"고 말한다. 하지만 구해온 예가 대부분 이러한 것들이다.

중국의 국수는 무엇인가? 매우 초라하다. 서구화하고 남은 것들이다. 어떤 것은 도시에서 동화되었지만 농촌에서는 그렇지 못했고, 어떤 것은 연해 지역에서 동화되었지만 내륙에서는 그렇지 못했다. 중의와 중약中藥, 국극國劇(경극)과 국술國術(무술) 그리고 중

---

4) "楚地多巫風, 江南多淫祀."

국요리, 이것저것 합쳐도 몇 가지 안 된다.

우리가 입는 것, 집안에서 쓰는 물건, 의식주와 교통에 필요한 것들을 잘 들여다보면 거의 다 서양의 것들이다. 우리가 사용하는 단어에도 양洋자가 붙어 있다. 불을 밝히는 데 사용하는 석유(洋油), 불을 붙일 때 사용하는 성냥(洋火 혹은 洋曲燈), 옷을 만드는 데 필요한 천(洋布), 그리고 머리를 빗고 세수하는 세면대(洋臉盆), 세수 비누(洋胰子) 등이 그러하다.

의衣. 중국의 전통에서는 특히 머리 스타일과 옷차림을 중시했다. 머리를 푸는지 아니면 묶는지, 옷깃을 왼쪽으로 여미는지 아니면 오른쪽으로 여미는지에 따라 오랑캐와 구별했다. 만주족이 들어올 때 이것 때문에 많은 사람이 죽었다. 의복의 진화는 전 세계 어느 곳이나 비슷하다. 초기에는 재단 기술이 없어 그냥 천으로 몸을 감싸듯이 했다. 두 번째 단계에 이르러서야 큰 두루마기와 넓은 소매를 사용했다. 운동복처럼 몸에 붙는 옷은 보통 군사나 스포츠와 관련이 있다. 특히 기마복을 호복胡服이라 부른다. 이른바 심의 深衣(상하가 하나로 된 품이 넉넉한 중국 전통 예식용 복장으로, 땅에 끌리지 않을 정도만큼 길고 소맷부리가 넓다), 한의관漢衣冠(한족 전통 복식에 대한 총칭)은 사라진 지 오래다. 진정한 국수는 농민들이 입는 토포 삼土布衫(농촌에서 많이 입는 무명옷)과 면당고免襠褲(바짓가랑이가 아랫부분까지 넓게 붙어 있는 바지)인데, 지금은 잘 입지 않는다.

식食. 우리는 음식을 특히 국수國粹로 생각한다. 사실 음식은 신석기시대부터 국수라고 할 수 없다. 조리 방법뿐만 아니라 재료도 각양각색이기 때문이다. 오곡 중에 좁쌀과 메기장만 북방이 원산지고 벼는 남방이 원산지다. 역사적으로 볼 때, 많은 동식물들은 수입된 것이다. 예를 들어, 각종 박과 식물은 참외를 빼놓고 대부분 외래종이다. 현재 동반구의 음식 중 4분의 1은 서반구에서 온 것이라고 한다. 고추는 어디에서 왔는가? 담배는 어디에서 왔는가? 토마토는 어디에서 왔는가? 고구마는 어디에서 왔는가? 이들은 모두 아메리카에서 온 것들이다. 쓰촨 요리에서 고추가 안 들어간 것이 있는가?

주住. 시안의 고성古城에는 진시황의 공을 기린 명문銘文이 있다. 6국의 성곽을 함락시켰다고 자랑하고 있다. 하지만 지금 우리는 그것보다 더 강하게 철거한다. 베이징 도시의 골목(후퉁胡同) 쓰허위안四合院을 철거한다. 농촌의 낡은 집들도 다 철거했다. 고향으로 돌아가 보니 북방의 전통 온돌(신석기시대부터 사용해 온 것)도 사라졌다. 역시 철거되었다. 젊은이들은 시먼스 침대를 원한다.

교통行. 지금은 자동차, 선박, 비행기 세상이 되었다. 자전거마저 외래품이다. 우리 고향에서는 자전거를 양거자洋車子라 부른다.

생활에 필요한 것들 가운데 조상들이 물려준 것이 또 뭐가 있을까? 이리저리 생각해보니 언어가 생각난다. 왕쩡치는 중국 문학은 어쨌거나 중국어로 중국인에 대해 써야 한다고 했다. 하지만 이것도 예외는 아니다. 외래어를 연구하는 사람들은 알겠지만, 중국어는 정말로 국수가 아니다. 철학 용어, 과학 용어, 군사계급 명칭, 제도 명칭 등 거의 모든 것이 외래어다(일본에서 건너온 가짜 중국어도 많다). 심지어 문법까지 많은 영향을 받았다.

아! 그런데 가장 국수적인 한자까지 약자로 개혁되었다. 홍콩과 타이완의 동포들은 이를 이해할 수 없을 것이다.

국보는 보호하는 것이지
만드는 게 아니다

중국은 유구한 역사를 가지고 있다 보니 지상이나 지하에 보물이 많다. 옛날 사람은 "땅은 보물을 사랑하지 않는다"라고 했다. 흙만 조금 파면 보물을 발견할 수 있기 때문이다.

유적과 유물은 만리강산과 떼려야 뗄 수 없다. 자연 생태와 문화 생태를 보호하는 것은 우리가 짊어져야 할 중책이다. 지상의 유적들, 만리장성, 대운하는 대단히 웅장하다. 만리장성과 대운하는 끊어졌다 이어졌다 하기 때문에 보전이 가장 어렵다. 대운하의 현재 상황은 매우 비참하다. 눈에 보이는 것은 오염배수로와 쓰레기 구덩이다. 양쯔 강 유역의 물을 화북 지역으로 끌어들이는 남수북조南水北調[5] 계획을 통해 옛것이 새로워진다? 말도 안 된다. 남수북조를 이용하지 않으면 또 돈이 생기지 않는다? 그것도 말이 안 된다.

중국의 고고학 발굴은 매년 풍년이다. 하지만 도굴 또한 창궐하고 있다.

대대로 전해오는 물건과 출토품 가운데 서화와 도기, 청동기가 박물관에 엄청나게 수장되어 있다. 최근 2년간 전국 각지에서는 새로운 박물관을 건설하고 있다. 하지만 많은 문물들이 개인의 수중으로 들어갔거나 해외 시장으로 흘러나갔다.

지상의 유적은 『봉선서封禪書』 『교사지郊祀志』 『수경주水經注』 등에 기록된 바와 같이 감천궁甘泉宮, 후토사後土祠, 팔주사八主祠 등이 있다. 모두 굉장한 고대 유적들이다. 명산대천에 제를 지내는 사당도 보존되어 있다. 고대 건축물은 산시山西에 가장 많다. 주로 원元 대덕大德 계묘년癸卯年 지진 후 남은 것들이다. 이것들은 진짜 유물이고 진짜 유적들이다. 반드시 잘 보전해야 한다.

가짜 유적도 적지 않다. 『홍루몽』의 말을 빌리자면, 많은 유적이 "경애의 마음에서 만들어낸 것"들이다. 산시陝西의 황제릉黃帝陵, 후난湖南의 염제릉炎帝陵과 순임금의 묘당舜廟, 허난河南의 이릉묘二帝陵(전욱顓頊과 제곡帝嚳)와 태호릉太昊陵(복희씨伏羲氏), 산둥山東의 소호릉少昊陵, 사오싱紹興의 우임금 릉(대우릉大禹陵), 장쑤江蘇

---

5) 남수북조의 공정은 남쪽의 양쯔 강 유역의 풍부한 수자원의 일부를 북쪽 지역에 끌어들여 화베이 및 화북 지역의 물 부족 상황을 완화시켜주자는 국가적 전략 공정이다. 동선東線, 중선中線 및 서선西線의 3개 수로망을 구축하여 남북의 경제, 자원, 환경의 발전을 촉진하려는 대형 사업이다. ―옮긴이

의 태백사泰伯祠(상나라 말기 현인 오태백吳太伯), 그리고 각지에 있는 관우의 묘당(관묘關廟) 등이 그러하다. 이러한 유적들은 대대로 내려오면서 보수되었으며 역시 고적들이다. 하지만 각지의 공식 제사에서 사람들이 분향하고 절하는 모습을 보면 웃음이 나온다. 뿐만 아니라 자신들의 뿌리와 조상을 찾고 중국의 전통문화를 선양하기 위해 각지에서는 적잖게 진짜 유적들을 철거하고 가짜 유적들을 지었다. 매우 황당한 가짜들이다. 진짜 유적을 보호하는 데는 돈이 없고 가짜를 만드는 데는 돈이 있다.

오늘날 중국의 문물과 유적은 상당히 많이 파괴되었다. 역사상 어느 시대보다 그 정도가 심하다. 5·4를 평계 댈 것 없고 문혁을 비판할 것도 없다. 중국의 지방 관리들과 관광기관, 시공사, 고고학 및 문화재 박물관 등 모두에게 책임이 있다.

중국의 관료체계에서 최하층은 농민이다. 문물과 고적이 파괴된 원인은 주로 농민들과 지방 관리들을 통제하지 못해서 일어난 일이다. 박물관을 농민들에게 맡긴다면 과연 어떻게 되겠는가. 여성의 주검 아니면 다섯 발이 달린 나귀일 것이다.

중국의 전통이 아무리 위대하다 하더라도 진짜를 훼손하고 가짜를 만들어 선양할 수는 없다. 이는 고대 사상도 마찬가지다. 진짜 공자를 사랑하는 사람은 없다. 사람들은 가짜 공자를 더 사랑한다.

찬란한 5·4운동

5·4운동에서 공자점孔子店을 타도한 것은 공자의 문물이었지 공자가 아니었다. 공자는 여전히 건재하기 때문이다. 당시 '성인의 도를 훼멸하고 옛것을 의심한다'는 기치는 표면적으로는 전통의 중단으로 보이지만 사실은 전통의 재건이다. 이는 중국의 신학문에 엄청난 기여를 했다. 서양 과학뿐만 아니라 자연과학, 사회과학, 군사학이 전면적으로 점령했다. 인문학술도 따라서 면모를 일신했다. 옛 경사經史학에서 새로운 사학으로, 옛 자학子學에서 중국철학사 혹은 사상사로, 옛 집부集部 학문에서 신문학으로, 그야말로 전면적인 혁신이었다.

중국의 신학문은 벽돌 한 장, 기와 한 장 조금씩 쌓아 올렸다. 더 중요한 것은 문화적 입장의 새로운 진전이었다. 우리는 조상에게 감사하고 루쉰에게 감사하고 후스胡適에게 감사해야 한다. 5·4의 유산은 다방면에서 진행된 만큼 많은 문제를 총결산해야 한다.

5·4의 두 가지 유산은 후스와 연관이 있다.

첫째, 구제강顧頡剛을 위시한 의고疑古운동이다. 많은 사람은 이 운동을 중국 사학의 현대화의 표징이라 생각한다. 이는 후스의 영향과 직접적인 관련이 있다. 후스와 구제강은 모두 최동벽崔東壁을 중시했다. 미국의 험멜Arthur W. Hummel 역시 그를 중시했다. 구제강은 최동벽에 대해 탄복은 했지만 자신과는 다르다고 분명히 말했다.

최동벽은 공자를 존경하고 도를 지키지만 구제강은 그렇지 않다. 그렇기 때문에 구제강이 감히 성인(요, 순, 우)을 의심하는 것이다. 이것은 대단한 파격이라 할 수 있다. 구제강은 방법 면에서 최동벽을 인습했지만, 이러한 방법의 부족한 점에 대한 반성이 없었고 고서 체계의 연구 면에서도 새로운 진전이 없었다. 사실 송나라 이래 변위학辨偽學의 변위고증은 바로 금서禁書방책에 해당하는 것이다. 고거학은 공자의 도를 보호하기 위한 순수한 방법은 결코 아니다. 그 안에는 이데올로기도 포함하고 있기 때문이다. 『고사변古史辨』이 남긴 점은 오늘날에도 여전히 문제다. 푸쓰녠, 멍원통蒙文通, 쉬쉬성徐旭生 등은 단체를 조직하여 구제강의 의견을 무너뜨렸다. 논쟁은 끊이지 않았고 지금까지도 이어지고 있다(단대공정斷代工程에 관한 논쟁).[6] 그 영향력은 참으로 대단함을 알 수 있다.

둘째, 중국철학사의 확립이다. 후스의 『중국철학사대강中國哲學史大綱』은 고대 성인에 대해 논하지 않고 직접 제자諸子를 이야기하고 노자, 공자를 언급했다. 당시 사람들은 그가 학문이 부족해서 그런 것이라 생각했는데, 사실 그의 노선이 옳았다. 『중국철학사대

---

6)　'하상주단대공정夏商周斷代工程'은 1996년 정식으로 발족했다. 역사학, 고고학, 문헌학, 고문자학, 역사지리학 등의 영역에서 대략 170명의 전문가들이 9개 과제의 44개 주제로 나누어 중국의 5000년 역사의 기원을 연구한 것이다. 중국 정부는 2000년에 전설상의 하왕조의 시작은 기원전 2070년(『사기』의 기원전 841년과 비교하면 약 1200년이 앞당겨졌다), 상나라의 시작은 기원전 1600년이며 주나라의 시작은 기원전 1046년이라고 공포했다. 중화민족 5000년 역사를 확정하고 중국 역사의 시공간을 넓혀나가고자 한 것이다.─옮긴이

강』은 획기적인 책이다. 후스 이후로 펑유란馮友蘭이 대가이며 저서는 후스보다 훨씬 더 두꺼웠다. 후스는 육가六家(춘추전국 시대 백가쟁명 시기의 유가·도가·묵가·명가·법가·음양가)를 논하지 않았지만 펑유란은 논했다. 후스는 왕관설王官說을 부인했지만 펑유란은 제한적으로 인정했다.[7] 후스는 노자가 공자 이전 인물이라 하고 펑유란은 공자의 뒤라고 한다. 이러한 문제들은 지금까지도 쟁점이 되고 있다. 일반적으로 펑유란을 이 학문분야의 권위자라고 생각한다. 그러나 나의 관점은 다르다. 나는 후스의 고증은 논란의 여지가 있다고 생각하지만, 문화적 입장은 펑유란보다 더 높다고 생각한다. 첫째, 후스는 중국의 철학사는 서양철학사의 개념과 틀로 엮을 수 없다고 강조한다. 하지만 펑유란은 그 반대다. 둘째, 후스는 공자를 성인의 자리에서 내려 제자와 동등하게 평가했지만 펑유란은 공자존숭파다. 후스의 견해는 오늘날에도 해독제 역할을 하고 있다.

---

7) 제자의 기원이 왕관(왕 밑에 있는 관리)에서 나왔다는 설('구류출어왕관설九類出於王官說')의 내용은 "유가는 대개 사도의 관에서 나왔고, 도가는 대개 사관에서 나왔고, 음양가는 대개 희화의 관(역법제정)에서 나왔고, 법가는 대개 리관에서 나왔고, 명가는 대개 예관에서 나왔고, 묵가는 대개 청묘의 관(묘당제사)에서 나왔고, 종횡가는 대개 행인의 관(외교빈객)에서 나왔다儒家者流, 蓋出於司徒之官. 道家者流, 蓋出於史官. 陰陽家者流, 蓋出於羲和之官. 法家者流, 蓋出於理官. 名家者流, 蓋出於禮官. 墨家者流, 蓋出於淸廟之守. 縱橫家者流, 蓋出於行人之官"는 입장이다(『한서漢書』「예문지藝文志·제자략諸子略」). 그러나 후스는 『중국철학사대강』에서 '제자불출어왕관론諸子不出於王官論'을 내세워 이는 한나라 유가들의 견강부회하고 증거 없는 억측이라고 보았다. ─옮긴이

5·4운동이 대표하는 신문화는 후에 두 갈래로 갈라졌다. 1949년부터는 바다 양안으로 단절되어 완전히 다른 두 개의 세계가 되었다.

1998년 두정성杜正勝은 『신사학의 길新史學之路』을 편찬하여 그들을 뛰어넘었다. 신사학이란 무엇인가? 량치차오梁啓超, 푸쓰녠뿐만 아니라 많은 파가 있다. 그들이 말하는 신사학은 단지 신사학의 한 줄기를 말하는 것이다. 사어소의 가장 큰 성과는 고고학의 발굴이다. 이 팀은 양안 해협에 절반씩 나뉘어 있다. 내가 있었던 사회과학원 고고소考古所와 역사소歷史所의 많은 노선생은 안양安陽 발굴과 시베이西北 고고학 탐사에 참여했던 분들이다. 내 스승인 장정랑張政烺도 역사소 사람이다. 뤄전위와 왕궈웨이 학문의 후예들은 대부분 대륙에 남아 있다. 역사소의 연구는 발로 뛰어다니면서 각종 실증자료를 수집하는 것을 강조한다. 이러한 자료 중 새로운 것은 전부 대륙에 있고 연구도 대륙 학자들이 계속하고 있다. 과거의 연구는 근본적으로 비교가 안 된다. 과거의 연구를 초월하고 해체하여 연구 성과를 향상시키기 위해서는 여러 가지가 있다. 예컨대 사회사 연구는 공산당과 관련성이 더 크다. 여러 굴곡을 거쳤지만 여하튼 많은 기여를 했다.

신사학의 각 파의 승패와 시시비비는 나중에 논하기로 하겠지만 그 출처는 분명하다. 정치적 입장과 이데올로기를 근본적으로 나눌 수 없다. 그들의 공통된 출처는 5·4다.

5·4를 무고하는 것은 근원을 망각하는 것이다.

근래에 위잉스 선생은 궈모뤄郭沫若가 첸무의 것을 베꼈다고 언급하여 커다란 파문이 일었다. 첸무와 궈모뤄는 서로 다른 진영이며 양안 해협으로 나뉘어 있다. 그들의 정치적 입장과 사람됨에 대해서는 별도로 평가할 수 있겠지만, 정치적 관점이 다르면 사람됨도 다를 수 있다. 하지만 그들의 학술 부분의 성과는 어떠한가? 옳고 그름은 저절로 가려질 것이다. 첸무는 학식이 낡고 범위가 협소해서 궈모뤄와 비교할 수 없다. 중앙연구원은 제1기 원사를 선발할 때 궈모뤄의 정치적 입장에 대해 상당히 불만이었다. 하지만 학문에 있어 의심할 바 없어 결국 궈모뤄를 인정하고 선발했다. 푸쓰녠은 매국노만 아니면 된다고 말하기도 했다. 사실 학술은 그냥 학술이다. 우리는 뤄전위의 책도 읽어야 한다. 학문적 성과는 성과인 것이다. 이것이 진정 공정한 견해다.

문화 단절과 복고풍

오늘날 중국에 복고풍이 일고 있다. 걸핏하면 단절을 언급한다. 단절과 복고는 옛날부터 있었다. 예술 분야에서 특히 그렇다. 졸고 「옛것을 녹여 현재를 주조한다鑠古鑄今」가 바로 이런 문제를 논의한 것이다.

장광즈張光直 선생은 서양 문명은 단절의 문명이고 중국 문명은 연속의 문명이라고 한다. 그런데 일전에 프랑스 존 셰이드^{John Scheid}는 베이징 대학에 와서 로마황제의 숭배에 대한 강의를 하면서 이러한 견해에 동의하지 않는다고 했다. 유럽의 역사도 연속성이 있다는 것이다.

서양의 역사에는 단절이 많다. 그렇지 않다면 단계설이나 형태설이 있을 수 없을 것이다. 하지만 알렉산더는 여러 방면에서 그리스의 것을 이어받았다. 오랑캐 민족(게르만 민족)이 침입하여 로마를 멸망시켰지만 멸망한 것은 단지 서로마이며 동로마는 건재했다. 동로마는 그리스풍을 계속 유지해왔다. 알렉산더가 페르시아를 멸망시킬 때에도 여자와 땅을 차지한 것뿐만 아니라 페르시아의 문화도 받아들였다.

역사는 단절과 연속이 있기 마련이다. 『삼국연의三國演義』에서 "천하의 대세는 분열이 오래되면 반드시 합쳐지고 합친 지 오래되면 반드시 분열된다"⁸⁾라고 했듯이, 연속성이 강하다 할지라도 거기에는 또한 많은 단층이 존재한다. 그러니 서양의 역사에 단층이 있는 것은 말할 것도 없다. 그렇지 않다면 무슨 문예부흥이 있겠는가.

요즘에는 문화 단절을 이야기하는 것이 유행인 것 같다. 마치 중국 대륙에서만 단절이 있고 홍콩이나 일본에는 단절이 없고 유럽에는 더더욱 없는 것처럼 이야기한다. 단절의 장본인은 5·4운동이

---

8)　"天下大勢, 分久必合, 合久必分."

라고 말하는 사람이 있는데, 이것은 고의적으로 과장하여 주의를 끌려는 말이다.

사실 단절의 이유는 간단하다. 근본적인 원인은 현대화에 있다. 이는 어떤 한 나라, 한 지역, 한 시기에 우연히 나타난 문제가 아니고 근 오백 년간 전 세계적으로 드러난 보편적인 문제다. 예컨대 유럽의 문예부흥은 중세 전통의 단절과 그리스 로마 전통의 계승이다. 일본이 아시아를 탈피하여 서구화한 것도 중국 전통의 단절과 유럽 전통의 계승이다. 아버지보다 할아버지와 더 친하고 타향을 고향으로 생각하는 격이다. 이는 역사적 패턴의 보편적인 규칙이다.

그리고 고전교육의 쇠퇴 또한 보편적이다. 유럽의 경우는 20세기에 쇠퇴하여 제2차 세계대전 후에는 완전히 쇠퇴했다. 라틴어의 시와 프랑스의 천주교 성당도 1960년대 이후 철저하게 쇠퇴했다.

전통은 현대화를 위해 자리를 내주어야 한다. 어디나 마찬가지다. 옛것의 보전도 현대화가 그 비용을 치르고 구제했다. 그리고 그들을 파괴한 것도 현대화다.

나는 고전문화의 보전은 현대화의 압력을 완화하는 것이 전제조건이라고 말한 바 있다. 이러한 압력을 완화시키지 않고는 다 빈말이다. 서구와 일본이 우리보다 더 잘한 것은 그들이 먼저 손을 써서 집안 경제를 장악했기 때문에 그러한 커다란 압력이 없었다. 그들이 가진 파국과 치부致富에 대한 광적인 충동은 중국인보다 강하지 않다.

중국의 파국은 현대화와 연관이 있다. 그리고 현대화로 인해 초래된 각종 정치적 충돌은 사회적 재난과 연관이 있으며, 이에 참여한 모든 정치 파벌과도 연관이 있다. 만청 왕조도 마찬가지다(푸이溥儀가 궁에서 얼마나 많은 문물을 가지고 나왔나). 예를 들어, 5대 발명이 왜 세기의 교차 시기에 발생했나? 이는 중국의 파국의 결과다. 서역한간西域漢簡, 둔황문서敦煌文書를 '실크로드에 있는 양놈들이' 외국으로 가져간 것은 청나라 때의 일이다. 청나라 내각대고內閣大庫의 공문서가 재생지가 된 것은 민국 시기의 일이다. 이들은 모두 오늘날의 일이 아니다.

너나없이 5·4와 루쉰에 대해 분풀이를 하다 보니 5·4와 루쉰은 뭇 화살의 표적이 되었다. 많은 사람의 원망이 쏟아지기 때문에 지금의 각종 열기와 광적인 모습이 있는 것이다. 그 배후의 의미가 무엇인지는 말하지 않아도 알 것이다.

경전 읽기에 대하여

고서 읽기를 이야기하면 먼저 루쉰이 떠오를 것이다.

오늘날 사람들이 루쉰을 죄인으로 몰고 가는 것은 그가 좌익이고 연안 시기에 문혁의 기치를 내세웠기 때문이다. 1949년 이후 루쉰은 사상문화계에서 줄곧 독보적인 위치에 있었다. 하지만 중국의 지식인들은 정말 이상하다. 미국의 교양 없는 거친 견해와 뜻을 같이하면서 '우右'자만 붙으면 좋은 줄 안다. 마오쩌둥이 말하지 않았는가. 만약 루쉰이 살아 있다면 우파가 아니면 감옥에 갇혀 있을 거라고(펑황위성TV의 어떤 프로그램에서 이 문제에 대해 고증한 적이 있었다).[9] 루쉰이 살아 있다면 어떤 파일까? 어떤 사람은 칼부림과 가죽 벨트가 난무한 것은 루쉰이 화근을 부른 것이라고 하면서 그의 무덤을 파서 혁대로 치고 싶다고 한다. 이 말이 과연 공정한가?

루쉰은 비록 고서를 읽는 것에 대해 듣기 싫은 소리를 했지만 그것은 충고에서 비롯한 것이다. 어떤 사람은 루쉰 자신은 그렇게 고서를 많이 읽어놓고 남들이 고서를 읽는 것을 반대하며, 다른 사람은 못 읽게 하고서 자신은 숨어서 읽는다며 비판을 한다. 나는 루쉰의 책을 읽어 보았다. 그의 생각은 그리 간단하지 않다.

---

9) 2010년 7월 16일 『남방주말南方週末』은 황쭝잉黃宗英의 「내가 직접 마오쩌둥과 뤄즈난의 대화를 들었다我親聆毛澤東與羅稷南對話」를 발표하여 사회적으로 반향을 일으켰다. 내용은 대략 다음과 같다. 1957년 7월 7일, 마오쩌둥은 상하이에서 문예계 인사들과 한 차례 만남을 가졌다. 거기에는 황쭝잉, 자오단趙丹, 뤄즈난, 잉윈웨이應雲衛가 참석했다. 루쉰의 아들 저우하이잉周海嬰은 『루쉰과 나의 70년魯迅與我七十年』에서 당시 일을 이렇게 기록하고 있다. 1957년 뤄즈난이 어떤 한 좌담회에서 마오쩌둥에게 "만약 루쉰 선생이 지금 살아계셨으면 그는 어떻게 했을까요?"라고 물었다. 마오쩌둥은 매우 진지하게 "아마도 감방에 갇혀서 계속 쓰고 있든지 아니면 한마디도 하지 않고 입을 꾹 다물고 있겠지요"라고 말했다 한다. 이 말은 반우파 투쟁 시절 마오쩌둥의 루쉰에 대한 유명한 평가다. ─옮긴이

첫째, 그는 중국 책을 적게 읽거나 혹은 읽지 말고 외국 책을 많이 읽으라고 했다. 주로 신학문의 위상을 세우기 위한 것이다. 루쉰은 절대로 고서를 읽어서는 안 된다고 말하지 않았다. 다만 새로운 책과 고서 중 먼저 새로운 책을 위주로 하고, 고서는 한쪽에 쌓아두고 지금 급한 새로운 책을 먼저 읽으라는 뜻이다. 오늘날의 중국도 같은 상황에 처해 있다. 예컨대 한의학을 보전하는 데는 동의하지만, 한의학으로 서양의학을 대체하거나 지도하려고 한다면 이에 동의하는 사람은 아마 없을 것이다.

둘째, 경서를 읽어서는 나라를 구할 수 없다고 했다. 이 말도 맞다. 오늘날도 마찬가지다.

셋째, 경서를 읽는 것보다 차라리 역사를 읽는 것이 낫고, 정사를 읽는 것보다 차라리 야사를 읽는 것이 낫다고 했다. 중국의 역사가 얼마나 썩어 있는가. 이 말에는 중요한 의미가 담겨 있다. 세계 역사학의 추세는 갈수록 생활사와 구술사를 중시하는 경향이 있다. 야사가 바로 생활사이고 구술사다. 사실 자학子學[10]의 지위

---

10) 자학을 제자학諸子學이라고도 한다. 일반적으로 경학, 사학을 합친 말이다. 춘추전국 시기에는 여러 사상유파의 대표적인 인물에 '자子'자를 써서 존칭했다. 『한서漢書』「예문지藝文志」에서는 제자백가 중 대표적인 10개의 학파를 구류십가九流十家라고 불렀다. 구류십가는 유가儒家·도가道家·음양가陰陽家·법가法家·명가名家·묵가墨家·종횡가縱橫家·잡가雜家·농가農家 구류에 소설가小說家를 더한 것이다. 소설가를 제외한 9개 학파는 '가家'와 '류流'에 모두 들어가지만 소설가는 '가家'에는 들어가지만 '류流'에는 들어가지 못한다는 것이다. —옮긴이

가 이전보다 높아진 것은 이치에 맞는 흐름이다.

넷째, 국학을 하려면 과거처럼 해선 안 되며 왕궈웨이처럼 해야 한다고 했다. 고서에 대한 연구가 전문가의 학문이 된 것은 당연하다. 그리고 그것이 더 이상 각각의 집으로 들어가지 않는 것이 나쁘지 않다고 생각한다(서구에서는 오래전부터 그랬다).

고서는 일종의 문화구조다. 5·4 이후 이 구조가 무너진 것은 매우 합리적이고 정상적인 일이다.

육경六經은 공자 시대의 경전이다.[11] 한나라 이후 유생들은 공자의 경전을 '경전'으로 생각했다. 다섯 가지 다른 것들이 한데 섞이는 것은 아무런 의미가 없다. 경전의 개념은 이미 오래전에 변했다. 문사철文史哲 각 분야에서 각각 따로 읽는 것이 나쁠 것은 없다.

한나라 때는 오경五經이 있고 당나라 때는 구경九經이 있고 송나라 때는 사서오경이 있다.[12] 『논어』는 본래 경전이 아니다. 한나라 때 『논어』는 4대 전기傳記 중의 하나였다. 이른바 전기는 대부분 유가의 자서子書[13]다.

사서오경에서도 『논어』는 사서 중의 하나지 오경에 속하지 않는

---

11) 육경은 『시詩』『서書』『예禮』『역易』『악樂』『춘추春秋』다. ─옮긴이

12) 오경은 『역』『서』『시』『예기禮記』『춘추』. 구경은 시대마다 약간 다르지만 당나라 때의 구경은 『삼례三禮』(『주례周禮』『의례儀禮』『예기』) 『춘추삼전春秋三傳』(『춘추좌전春秋左傳』『춘추공양전春秋公羊傳』『춘추곡량전春秋穀梁傳』) 『역』『서』『시』. 사서오경은 『논어論語』『맹자孟子』『대학大學』『중용中庸』『시』『서』『예』『역』『춘추』다. ─옮긴이

다. 십삼경만이 『논어』를 경에 포함시켰으며,[14] 이는 이후에 나타난 개념이다. 우리는 『논어』『맹자』를 자서로 분류하고, 『노자老子』『묵자墨子』를 따로 묶음으로써 제자諸子의 본래 모습을 복원했다.

송나라 때는 도통道統을 세웠다. 공자는 증자曾子에게 전하고 증자는 자사子思에게 전하고 자사는 맹자에게 전하면서 일맥으로 전해졌다. 이 도통은 허구였다. 5·4 이후 『논어』는 자서로 내려갔고 도통은 흩어졌다. 공자와 맹자가 다시 제자諸子로 돌아가 순자荀子와 함께 놓였으니, 유가의 본 모습인 것이다. 이러한 조정이 없었다면 단지 경학사만 있고 중국철학사는 없고 중국사상사는 더더욱 없을 것이다.

중국 문화는 크고 깊고 넓고 세밀하여 '유儒'자 한 글자로 대표할 수 없다. 중국의 전적과 경사자집經史子集도 '경'자 한 글자로 대표할 수 없다.

요즘 자신도 경서를 잘 이해하지 못하는 양반들이 경서를 읽어야 한다고 미친 듯이 허풍을 떨고 있다. 심지어 어린아이들까지 경서를 읽어야 한다고 한다. 나는 그렇게 생각하지 않는다. 어린이들

---

13) 자서는 고대 도서분류법의 하나로서 『노자』『묵자』『순자』『한비자』 등의 제자서를 말한다. 『한서』「예문지·제자략諸子略」에서 제자는 189가家라고 했다. 한나라 때의 49가家 외에도 선진 시기의 제자는 140여 가家가 있다. 역대 자서에는 유가·법가·도가·묵가·병가·술수가·소설가·잡가 등 100종이 포함된다.─옮긴이

14) 13경은 『역』『서』『시』『주례』『의례』『예기』『춘추좌전』『춘추공양전』『춘추곡량전』『논어』『효경孝經』『이아爾雅』『맹자』다.─옮긴이

이 읽을 경전은 『시경』『서경』 같은 경전이 아니다. 『시경』『서경』은 교수들도 잘 모른다. 그들이 말하는 경은 『삼자경三字經』 같은 것이며, 그럴지라도 이를 아이들의 몽학蒙學교과서로 한다는 것은 웃기는 일이다.

나는 베이징 대학에서 경전강독 과목을 개설했는데, 전통 의미의 경전을 읽는 것이 아니라 '일본인'을 모델로 하여 그들이 이해하는 4대 경전을 읽었다. 『논어』『노자』『손자병법』『주역』을 읽는 것이다. 나는 이렇게 배치하는 것이 합리적이라 생각한다. 첫째, 이 네 권은 대표적인 사상을 갖춘 경전이다. 『논어』는 유가를 대표하고 『노자』는 도가를 대표한다. 인문 분야에서는 이 두 권이 가장 대표적이다. 『손자병법』은 행위 철학이고 『주역』은 자연 철학이다. 기술 분야에서는 이 두 권이 가장 대표적이다. 둘째, 책의 편폭이 적절하다. 『논어』는 1만5000자이고 나머지 3권은 5000~6000자 정도 된다. 다른 자서들은 지나치게 방대하다. 어쨌거나 고서는 읽을 수 있지만 과거와 같은 식으로 읽을 필요는 없다.

우리 믿음을 어디에 세울 것인가?

우리 믿음을 어디에 세워야 하는가? 진짜 전통인가 아니면 가짜 전통인가? 이 문제는 대국굴기와 관련이 있다. 나는 줄곧 주장해왔다. 중국인의 마음속 깊은 곳에는 대국을 재건하려는 꿈이 감추어져 있다고, 대국이 되지 않으면 속이 답답하다고.

역사적으로 볼 때, 대국굴기는 대개 그 배경이 소국이었다. 예를 들어, 작은 봉역邦 주周가 큰 도성邑 상商을 이기고 알렉산더가 페르시아를 이긴 것은 모두 소국이 대국을 이긴 사례다. 세계 제1제국으로 불린 아시리아는 원래 공격을 쉽게 받을 수 있는 작은 나라였다. 공격을 받는 것이 두려워 모든 병력을 동원하여 전쟁을 일으켜 잔인한 살육과 야만스런 정복을 한 것이다. 아시리아 궁전의 화상석畫像石은 두려운 인상을 준다. 역사상의 대국들은 대부분 이러한 배경을 가지고 있다.

중국은 과거 대국이었다. 역사적으로 대단한 대제국이었다. 하지만 세상의 풍파 속에서 최근 백 년은 쇠퇴했다. 역사상 많은 대국과 마찬가지다. 근대에 들어 과거 문명국들은 모두 심각한 재난을 당했다. 이라크는 아시리아, 바벨론이고 이란은 페르시아였다. 이들은 공격을 받거나 공격을 준비하는 국가들이다(미국의 혁명모범극 「알렉산더」와 「300용사」의 암시를 보라). 처음에 탐험가들이 이런 곳에 갔을 때 참으로 자신의 눈을 믿을 수 없었다. 『성경』과 고전 작가들의 글에서 볼 수 있는 천당과 같은 기적이었다. 그런데 어쩌다가 이렇게 황량한 처지에 놓이게 되었는지 믿을 수가 없다.

유럽에서 흥기한 대국들은 원래 모두 소국이었다. 그리스와 로마도 소국이었다. 대국이 되어서도 내부는 느슨하고 도시자치제가 유지되었다. 로마제국이 붕괴한 후의 유럽도 줄곧 수많은 소국이 었고 문자나 차량, 정치면에서 통일이 없고 종교만 통일된 상태였다. 이들은 초원의 제국들이며, 부족들이 모여 형성된 나라로서 종교를 응집력으로 삼아 모이는 것도 빠르고 흩어지는 것도 빨랐지만 진정한 접착제로서의 응집력은 없었다. 화친과 여왕도 소국의 특산물이다.

서양의 전통은 소국의 전통이다. 민주제도도 소국과 관련이 있으며, 그들이 유지하고 있는 원시적 특성과 관련이 있다. 그리스와 로마의 민주제도는 대외 정복과 노예제도를 기초로 한다(플라톤의 『유토피아』의 원형은 스파르타의 공산주의다). 내부적으로는 상당히 인자하고 대외적으로는 특히 잔혹했으며, 고위층은 매우 우아하고 하층민은 몹시 야만스러웠다. 오늘날의 대국들도 고대의 특성이 여전하다. 지금 우리가 직면한 것은 고래적의 현실이다.

기독교 통치 하의 유럽의 통일은 종교적 대통일이지 정치적 통일이 아니다. 종교적 대통일은 정치적 통일과 같은 효력이 있다. 이것은 사상적 전제주의다.

그들과 비교해볼 때, 우리는 어떠했는가?

1980년대에 하늘을 원망하고 남을 탓하며 조상을 비난한 기억이 있는가? 그때는 무어라고 비난했는가? 전제주의와 정체되어 있는 폐쇄성에 대해 비난했고, 곡식만 먹고 고기를 먹지 못한다고 소농경제를 비난했다. 열등감에서 시작하여 분노가 이는 지경까지 이르렀다. 사람들은 전통을 증오했고 그야말로 뿌리까지 증오했다.「하상河殤」이 방영되자 이러한 슬픔이 고조에 달했다. 당시 나는 3편의 글을 썼다(『중국문화보中國文化報』『동방기사東方紀事』『지식분자知識分子』에 각각 발표했다). 그 글들을 통해 결코 전통이 그런 것은 아니라고 강하게 부정했다. 물론 전통에는 폐단이 있지만 그렇게까지 심하지는 않다. 사람들이 악평하고 원망이 쏟아지자, 분명 중국 현대화의 폐단임에도 불구하고 그것을 모두 전통에다 뒤집어씌우고 있다. 하지만 이런 목소리는 사람들의 관심을 끌지 못했다. 사람들은 한쪽으로만 쏠렸다.

지금의 중국은 그와 반대다. 조상을 비난하는 것에서 조상을 파는 것으로 급변했다. 중국의 자신감은 하룻밤 사이에 높아져 놀라운 수준까지 올라와 있다. 온 나라가 복고풍에 열광하고 있다. 하지만 자세히 경청해보면,「늑대토템狼圖騰」과 최근에 방영한「대국굴기大國崛起」에서도 여전히「하상」의 소리가 들린다. 때로는 억울하고 원망스러운 소리가 때로는 흥분한 목소리가 들린다.

한마디로 대국적 꿈에 소국적 심리다. 표면적으로는 잘난 체하지만 뼛속은 열등감으로 차 있다.

지금 사람들은 옛것에 의탁해 제도를 개혁하려는 탁고개제托古改制에 빠져 종종 유럽을 예를 들어 말한다. 그들의 문예부흥과 종교개혁은 종교 전통의 거대한 압력에 부딪혀서 고대 전통에 의존하지 않고는 새롭게 할 수 없다는 것이다. 사람들이 좋아하는 천석학

闡釋學이 바로 이런 것이다. 말로는 중국 문화의 부흥이라지만 사실은 유럽의 뒤를 밟는 것이다. 지금 서양 역사학자 가운데 반성하는 사람들이 있다. 즉 사람들이 급히 뒤돌아보니 많은 전통이 가짜 전통이었다. 가짜 그리스, 가짜 로마, 이는 전통과 현대 모두에 대한 파괴라는 것이다.

중국의 복고는 신앙의 결여 때문이다. 러시아와 마찬가지로 전통의 혼에 의탁하기 때문이다. 하지만 중국의 전통문화와 엘리트 문화는 괴력난신을 말하지 않는다. 하층민들은 신을 만나기만 하면 숭배한다. 종교적 대통일도 없다.

중국의 전통은 실재적이다. 종교가 없고 만들 필요도 없다. 오늘날 좌절한 많은 영웅이 가짜 전통을 믿을지언정 진짜 전통은 믿으려 하지 않는다. 옛날의 호사가와 같이 옛것을 찾으려다가 진짜 유적이 없으면 만들어내는 것과 같다. 중국에 이러한 신을 만들어내는 운동이 필요한가? 중국에 아직도 그렇게 운동이 적은가?

오늘날의 복고는 진짜 복고인가 가짜 복고인가? 공자가 우리에게 자신의 목표는 서주西周로 가는 것이라고 한다면 우리는 그의 말대로 할 수 있을까? 왕망王莽은 그런 깃발을 들었다. 하지만 당신은 그를 배울 수 있는가? 말이 복고이지 어디로 어떻게 복고할 것인가? 어느 왕조, 어느 시대, 어느 황제로 복고할 것인가? 당신의 복고 방안은 무엇인가? 이 황제 저 황제에게 미혹되고 '증·호·좌·리'(증국번曾國藩·호임익胡林翼·좌종당左宗棠·이홍장李鴻章)를 따르려면, '공화국으로 가는 길'을 논하지 말아야 한다.

지난 세기 중국인들은 나라와 민족이 망할 것이라고 놀라며 소리쳤다. 하지만 지금 어떠한가? 나라도 망하지 않았고 민족도 사라지지 않았다. 중국인은 아직도 있고 중국의 만리강산도 여전히 건재하다. 과거의 역사는 숨을 가다듬고 조용히 되돌아볼 수 있다.

내 생각은 이렇다. 전통을 연구하려면 먼저 충분한 자신감이 있어야 한다. 중국의 역사적 유물들이 비록 파괴되기는 했으나 아직도 상당히 풍부하다. 고서도 좋고, 유물도 좋고, 유적도 좋다. 이들은 아직도 중국 대륙에 집중되어 있다. 특히 아직 개발되지 않은 지하자원은 거의 중국 대륙에 집중해 있다시피 하다. 그리고 특히 중요한 것은 우리에게는 사람이 있다. 중국인은 아직도 많고 사악한 것을 믿지 않는 정신 또한 있다. 우리의 모든 것은 이미 현대화의 시야에 들어와 있고 동서고금을 막론하고 모두 같은 테이블에 놓여 있다.

타이완에 물건들이 조금 있는데 다 중국 대륙에서 가져간 것들이다. 주로 사어소와 타이베이 고궁박물관에 집중되어 있고, 또 작은 역사박물관에 소장되어 있다. 좋은 것은 모두 타이베이 고궁박물관에 있다고 말하지만, 사실 그곳에 수장되어 있는 가치 있는 4개 항목을 제외하고는 베이징의 고궁박물관에 수장된 것만 못하다. 그들의 보고와 도록圖錄은 우수하지만 자원이 없다. '대만독립'의 정치가들은 자신이 누구인지도 모르는데 무슨 전통문화를 논하겠는가.

홍콩은 매우 작다. 조국과 같은 만리강산도 없고 중국 문화의 주류에서도 완전히 벗어났다. 그들의 눈에는 진정한 중국인이나 중국의 모습은 보이지 않으며 관광과 중국 영화를 통해서만 접할 수 있다. 식민지 통치 기간이 길었던 탓에 뿌리가 사라졌다. 그곳에 사는 주민들도 아주 토속적이거나(각종 괴력난신의 숭배) 아주 서양적인 스타일이다(관공서나 학교에서 영어를 하고 이름조차 영국식이다). 역시 전통문화에 무관심하고 자주적인 창의력이 부족하다.

유럽과 일본의 한학자는 또 다른 세계의 사람들로 타산지석他山之石의 인물들이다. 일부 미국 국적의 화교가 있는 것을 가지고 국제 한학계라고 생각하지 않길 바란다.

우리는 중국의 전통에 대해 분명한 인식이 있어야 한다. 우리의 하늘은 중국의 하늘이고 땅은 중국의 땅이고 사람은 중국인이다. 열등감 가질 것 없다. 우리의 문화자원은 중국 자체의 자원을 연구하는 것이다. 이는 세계 어느 곳과도 비교할 수 없다. 중국 사람이 자기의 땅에서 혈과 육이 있는 중국인의 생활을 대하면서 중국 언어와 중국인의 체험을 가지고 중국의 역사를 쓰는 것, 이것이 가장 큰 장점이다.

중국인이 왜 열등감을 가져야 하는가? 우리에게 이렇게 많은 진짜 물건이 있는데 왜 가짜를 가지고 자신을 높이고, 진짜를 허물고 가짜를 만들면서 서로 휩쓸려 떠들고 있는가? 옛것을 통해 제도를 개혁한다는 '탁고개제', 자신을 속이는 '천석학' 등은 모두 의미 없는 속임수다. 중국의 이미지에 백해무익하다. 중국을 사랑하는 것이 아니라 중국을 해치는 일이다.

전통이 이렇게 인기가 많을 필요는 없다.

2007년 4월 18일 베이징 란치잉에서
4월 19일 중국인민대학 청사소淸史所에서 강연,
5월 1일 수정(『香港傳眞』No, 2007-50)

5장

계몽의 후광 아래서

14.

아직 남아 있는 슬픔
중국의 문화심리

재작년 말, 나는 문화대혁명(이하 '문혁') 이후의 여러 가지 문화 관련 쟁점을 정리하고 싶었다. 하지만 정작 손을 대자니 녹록지 않았다. 하나는 바쁘다는 핑계로 빠뜨린 것이 무척 많았고, 다른 하나는 유행하는 작품은 '유행을 타야 하는데' 수중엔 그런 글이 없었다. 잡스러운 인상을 마음속에만 마구 쌓아놓고 있었다.

작년은 '대길의 용띠 해'였다. 하지만 중국인의 마음은 최악이었다. 열차사고, 항공사고, A형간염, 홍수, 게다가 번번이 올림픽 개최 무산 등으로 기도 죽고 풀도 죽은 한 해였다.[1] 특히 역사 문화에 관한 토론은 사람들로 하여금 '영웅이 뜨거운 눈물을 흘리듯' 한없이 비장하게 만들었다. 이는 작금의 '문화에 대한 반성과 회고'가

'돌이켜 생각하는 것일 뿐', 그 안에는 '유행의 정서'가 가득하다는 사실을 실감케 한다.

'영웅에 대한 이상의 파괴'

역사 변혁의 전환점에서는 구질서에 대한 불만이 언제나 여러 가지 새로운 현상에 대한 추구와 함께 드러난다고 한다. 이는 다음 세대에서 특히 두드러지게 나타난다.

우리 세대는 '농촌으로 내려가 생산에 종사하던 세대'다. 연령대로 볼 때, 이후 세대보다 별다른 게 더 있는 건 아니지만 우리와 그들 간의 '세대 차이'는 확연하게 드러난다. 중국의 관습에 따르면 우리 세대는 그래도 아직 '청년'의 꼬트머리 대열에 놓여 있지만, 실제로는 '중년'과 1970년대 성장한 젊은이를 놓고 봤을 때, 전자

---

1) 1988년 3월 24일 난징에서 항저우로 가는 311여객열차가 후항滬杭외환선 광샹匡巷기차역으로 행하던 중 열차가 신호를 잘못 보내는 바람에 마침 역으로 들어오던 창사長沙 발 상하이 행 208기차와 정면충돌하여 엄청난 부상자를 냈다. 또 1988년 1월 18일, 베이징-충칭重慶을 운행하는 중국 시난西南항공사 이얼伊爾 18-222호 여객기가 충칭에 다다를 무렵 비행기 조종 사고로 산비탈로 추락하여 약 100여 명의 사상자가 발생했다. 1988년 1~4월에는 상하이에서 패류를 먹은 30여만 명이 A형간염에 걸린 일이 있었고, 1988년 여름, 이상 기류로 인해 후난湖南 성 70여 개 현, 광시廣西 성 40여 개 현 및 장시江西, 푸젠福建 일대가 침수 피해를 입었다. —옮긴이

와의 공통점이 더 많은 세대다. 후자와의 차이를 보면, 우리는 '문혁'으로부터 '계몽'을 얻었지만 그들의 '계몽'은 '문혁' 이후 개방 속에서 이룬 것이다. 두 세대 사이에 가로 놓인 짧은 10년은 중국에서 변화가 가장 극심했던 시기였다.

한번은 프랑스 친구와 이런저런 이야기를 나누던 중, 우리가 나이와 경력 면에서 비슷한 점이 있다는 걸 알았다. 그는 자신이 프랑스 '68혁명'[2]을 겪어 그의 남동생, 여동생과는 사뭇 다르다고 했다. 그리고 한 독일 친구는 자신은 결혼을 '보수'적인 것이라고 생각했는데, 지금 젊은이들은 '혼자 사는 것'을 오히려 보수적이라고 생각한다고 했다. 또한 미국에서도 '히피족'이 '여피족yuppies'으로 변화한 경우를 다들 알 것이다.[3] 상당히 보편적인 현상이라 할 수 있다.

2년 전에 어떤 작가가 자신이 쓴 소설평론을 보내왔는데 '영웅에 대한 이상은 파괴되었다'는 문제를 제기했다. 우리의 다음 세대는 '영웅에 대한 이상을 상실'했기 때문에 '잉여인간'이 등장했고, 사람들은 영웅을 찾지 못했기 때문에 잠시나마 진융金庸의 소설 속 '협객'을 통해 대리만족을 하고 있다는 것이다. 이 작가에게는 다

---

2) 1968년 5월 혁명은 프랑스에서 학생과 근로자들이 연합하여 벌인 대규모의 사회변혁운동이다. 프랑스 전역의 학생과 파리 노동자 파업으로 이어져 후에 점차 평등, 성 해방, 인권 등의 진보적인 성격을 띠면서 전개되었다. ―옮긴이

3) 여피란 젊은young, 도시화urban, 전문직professional의 세 머리글자를 딴 'YUP'에서 나온 말로서, 도시의 전문직으로 고수입을 올리는 젊은이들을 가리킨다. ―옮긴이

음 세대가 마음에 안 드는 나름의 이유가 있다(예컨대 그들은 '실리를 좇고' 자신만을 돌아보며 사회적인 책임감이 결여되어 있다는 등등). 하지만 모든 것을 '영웅 이상의 상실' 탓으로 돌리고, '잉여인간'이란 말로 그들을 질책함으로써 독자의 불만을 샀다.

그의 견해는 두 가지 면에서 토론해볼 만한 가치가 있다.

첫째, '영웅'은 아무 때나 존재하는 것도 아니며(제2차 세계대전 당시의 '풍운아'들은 이미 거의 다 세상을 떠났다), 아무 때나 필요한 것도 아니다(난세에 영웅이 출현한다). 역사상의 '영웅'은 '개인의 매력'으로 일정한 '시대정신'을 응집시켜 사람들이 탄복하기에 충분했다. 예를 들어, 나폴레옹이 독일을 쳐들어간 것을 두고 헤겔은 그가 '말 위에서 세계정신'을 보았다고 했다. 하지만 우리는 20세기 이후 이상주의가 퇴조함에 따라 '영웅' 숭배 역시 쇠퇴했음을 잘 알고 있으며, 여기에는 깊은 역사적 원인이 존재한다. 첫째는 분업의 발달과 과학의 발전으로 인해 전지전능의 인물과 거대한 시스템이 날로 자취를 감추게 되었고, 이에 따라 사람들은 현대적 분업에만 경도되었다. 둘째는 사회의 진보와 법률의 보완으로 개인의 활동 범위가 크게 제한되었다. 이제는 예전의 민간 영웅이 발을 딛기 어려울 뿐만 아니라, 대통령이나 장군도 암담하게 본래의 색을 잃어버렸다. 그렇다 보니 스타를 숭배하거나 각종 '기네스'식의 기록을 만드는 것으로 개인을 표현할 수밖에 없다. 만약 영웅이 없다면 우린 하나를 만들어낼 수밖에 없다. 바로 '돈키호테'다.

둘째, '잉여인간'이란 무슨 뜻인가? 러시아 문학을 읽어본 사람은 잘 알 것이다. 그것은 시대를 상징하는 문학적 전형으로 결코 부정적인 어휘가 아니다. 예를 들어, 미하일 레르몬토프^{Mikhail Yurievich Lermontov}(1814~1841)의 글 속에서 페초린은 '잉여인간'이지만, 작가는 유독 그를 '시대의 영웅'으로 간주했다. 이러한 문학의 전형은 깊은 의미를 담고 있다. 삶과 죽음이 통시적으로 함께 존재하는 시대라는 점에서 볼 때, 진정 두려운 것은 '영웅 이상'의 상실이 아니라 그와 반대로 '우환 의식'의 결여일 것이다. 초연히 사회의 밖으로 유리되어 갈피를 못 잡고 방황하며 심지어 방종과 조롱을 일삼는 정도까지 이른다면, 비록 '정상적인 심리'라고 볼 순 없겠지만 어찌 보면 사회의 '생리 기제'에 부합되는 정상적인 반응일 수도 있다. 소극적인 면에서 보면 그것은 적어도 우리에게 '무엇도 원하지 않지만', 적극적인 면에서 보면 독립적인 자아의식과 깊은 사고를 형성하는 전제이기도 하다.

하지만 이렇다 할지라도 '영웅 이상의 파괴'는 여전히 주의할 만한 현상이다. 왜냐하면 새로운 토론의 전제 및 동기와 맞닿아 있기 때문이다.

중국의 전통문화와 '국민성'

시대적 특징과 이중적 배경

1980년대 '문화열'의 주요 노선은 이른바 두 차례의 '문화단절'(5·4운동과 문혁)과 상반하여 발전한 것이다. '문화열'이 강조하는 점은 유학을 발양하고 전통문화를 재건함으로써 일종의 새로운 '엘리트 문화'를 통해 중국 현대화의 정신적 지주를 세우자는 것이었다. 다른 하나는 '영웅 이상'의 상실이 초래한 공백을 메우고, 문화적 공동체 의식을 통해 이데올로기의 대립(대륙과 타이완)을 극복하자는 것이었다. 이에 대한 이론적 근거(막스 베버)와 사례(일본과 '네 마리의 작은 용')는 모두 외부로부터 온 것이지만 착안점은 중국 자신의 것에서 출발했다.

오늘날 사람들이 중국 문화를 논할 때 칭찬이든 폄하든 간에 기본적인 이미지는 대체로 그들 자신이 만들어 가는데, 주로 지식인의 자유로운 학문과 사상 연구에 치중한다. 반면 특정한 역사적 조건 속에서 만들어져온 각종 민간사상이나 실용문화 및 사회배경은 매우 소홀히 대하는데, 특히 역사학계와의 진지한 대화가 부족하다(필요한 역사적 사실에 대한 검증은 주요 취지와 관계없다고 여기면서). 이 때문에 그럴듯해 보이지만 실제로는 그렇지 않다. 심지어 일부 사람은 그 속에서 중국 문화의 '몇 가지 커다란 특징'을 종합하여 그것으로 중국의 '국민성'을 묘사한다. 물론 신빙성이 결여되어 있다.

중국의 '국민성'은 도대체 무엇인가? 답하기란 쉽지 않다. 이른바 '국민성'이란 마치 개인의 성격과 같아서 그 역사적 배경을 고려한 후에야 이해할 수 있다. 중국 문화는 치바이스齊白石(1863~1957, 중국의 화가), 메이란팡梅蘭芳(1894~1961, 중국의 경극京劇 배우)을 의미할 뿐만 아니라 일관도一貫道와 삼일교三一敎 같은 것도 포함하기 때문이다.[4] '국민성'은 일종의 민족정신이며 더욱 중요한 것은 민간사상을 반영하고 '아Q'정신도 반영해야 한다.[5] 또한 두 가지 모습을 띤다. 하나는 손오공이 옥황상제가 사는 천궁에서 소동을 피우는 모습이며, 다른 하나는 삼장법사가 인도에 가서 불경을 가져온 일이다. 여기에 관찰자의 마음과 호불호가 더해지면 일은 더

---

[4] 일관도는 중국의 종교적 비밀결사로서 중화도덕자선회中華道德慈善會, 동진당東震堂이라고도 한다. 산둥 성의 루중이路中一이 창설하고 제자 장톈란張天然이 발전시켰다. 유불선儒佛仙을 융합하여 일관한다는 뜻에서 일관도라 한다. 중국 산둥 성을 중심으로 활동하다가 중화인민공화국이 성립되자 본거지를 타이완으로 옮겼다. 우리나라에도 1947년 이덕복李德福·장서전張瑞銓·김은선金恩善이 일관도를 전파했다. 1952년 중국인 진푸탕金幅堂을 중심으로 도덕기초회道德基礎會라는 이름으로 통합되었고, 1988년 다시 일관도로 변경됐다. 삼일교는 명대 중·말기 임조은林兆恩이 창립한 민간종교다. 임조은은 육왕심학陸王心學에 도교와 불교를 가미한 삼일교를 제창하여 유교를 종교적인 방식으로 민간에 선교했다. 후에 개성을 존중하는 명말의 사조와 서로 맞물려 문학해방운동으로 발전해 나갔다.─옮긴이

[5] 『아Q정전』의 아Q는 자신이 받은 차별과 억압을 자신보다 더 열등한 인물에게 전가하거나 자신의 패배와 굴욕을 일종의 정신승리법이라는 독특한 방식으로 둔갑시킨다. 루쉰은 아Q를 중국의 낙후된 국민성을 대표하는 인물로 묘사했다. 이러한 아Q정신은 근대 초기 중국의 상황을 고려해볼 때 계몽 문제와 연결되며, 나아가 보다 더 근원적인 인간(국민성)의 변혁 요구와 관련된 것이다.─옮긴이

복잡해진다. 예컨대 중국이 일본이나 '네 마리의 작은 용'처럼 경제적으로 안정됐다면, 그들처럼 좀 거만한 태도를 보이면서 전통문화의 '합리적 핵심'을 늘어놓거나 '유학을 발양한다'며 떠들썩할 것이다. 하지만 운이 나쁘면 또다시 역사적 숙명의 '이상기류'에 빠져 벗어나지 못하고 '악령 때문에 한곳을 빙빙 돌면서 나아가지 못한다. 결국 전통문화의 '저열한 근성'만을 비난할 것이다.

오늘날 국내에서 전통문화와 '국민성'을 논할 때, 특히 적어도 젊은 층은 대부분 '비난'의 태도를 보인다. 몇 년 전에 중국문화서원에서 토론회를 개최한다고 하여 가보았다. 젊은이들은 기본적으로 일방적인 모습이었다. 두웨이밍杜維明 선생의 '발양'설에 대해 모두 반대의 입장이었다. 중국의 '문화 분위기'를 반영한 것이다. '사인방'이 물러난 후 중국이 낙후됐음을 통감했고 지금까지도 이러한 감정은 여전히 모든 것을 압도하고 있다.

'중국인'을 가장 먼저 맹렬하게 비난한 기수는 루쉰魯迅일 것이다. 과거 루쉰 연구에서 '국민성' 문제는 줄곧 금지되어왔다. '루학魯學' 연구가 활기를 띠면서 연구자들은 그의 일생, 저술, 고증에 대해 상세하게 연구했다. 하지만 '국민성'은 루쉰의 초기 사상이며, 나중에는 마르크스 레닌주의를 배워 혁명조직에 가까워지면서 그런 사상을 버렸다고 한다(쓸 만한 것은 그가 마지막에 찾은 것이며, 이전에는 단지 이리저리 자신의 길을 모색한 것이다). 심지어 어떤 사람은 아Q는 나중에 혁명에 가담했고 해방 이후에는 량성바오梁生寶[6]로 변했다고 했다. 이러한 상황은 '사인방'이 타도된 후에야 사라졌다. 지금 우리가 편견만 가지지 않는다면 누구라도 루쉰은 평생 이런 사상을 버린 적이 없었다는 것을 알 수 있을 것이다. 1936년 세상을 떠나기 얼마 전, 그는 이른바 「상하이 익스프레스」 사건에 대해 논하면서 중국인은 '자신도 기만하고 남도 기만한다'고 비난했다.[7] 생명의 마지막 순간까지 우치야마 간조內山完造와 이야기를 나누면서 중국의 여러 가지 일들이 잘 처리되지 않는 이유는 일본인과 같은 '진지함'이 부족하기 때문이라고 했다. 10여 년 전에 중국에서 '안토니오니 사건'이 발생하지 않았던가? 그를 쫓아냈을 뿐만 아니라 만천하에 '무지막지하게 매도'했다.[8] 이것이 루쉰이 말한 '중국 영화 모독 사건'과 그 얼마나 유사한가. 그러므로 중국이 이러한 사상을 가지려 한다면 루쉰과 같은 방식의 계몽 비판은 여전히 유용할 것이다.

---

6) 량성바오는 류칭柳靑의 『창업사創業史』에 나오는 주인공의 이름이다. 『창업사』는 농촌합작화 과정 속의 격렬한 계급투쟁과 농촌의 여러 계급 인물들의 다양한 면모를 그린 책이며, 량성바오는 '공동부유'의 노선을 주장하는 인물로 묘사된다. ─옮긴이

7) 1930년대 중미 영화 외교의 한 측면을 보여준 사건이다. 미국의 파라마운트 영화사가 만든 「상하이 익스프레스」는 베이징에서 상하이로 가는 열차 안에서 중국인 군벌이 이 열차를 억류하고 백인 기녀 '상하이 릴리'를 완력으로 차지하지만, 최후에 중국인 기녀 후이페이惠菲는 그 군벌을 죽이고 백인을 위기에서 구출한다는 이야기다. 이 영화가 외국에서 상영되면서 중국의 중국영화검열위원회, 중국외교부, 할리우드 제작소, 할리우드 중국분사, 미국주둔 중국외교기구, 심지어 양국의 정부 고위간부들까지 참여한 외교사건이 되었다. 중국 정부는 중국을 모독하는 부분을 삭제할 것을 요구했고, 미국은 삭제한 판본을 중국에 검열 받았던 사건이다. ─옮긴이

오늘날 루쉰 식의 '국민성' 연구는 한 바퀴를 돌아 다시 주목을 받고 있다. 루쉰이 이러한 사상을 제기했을 당시의 '분위기'와 지금 (1980년대 후반)의 '분위기'가 매우 흡사하기 때문이다. 마치 원점으로 돌아간 듯하다. 그러나 오늘날 사람들이 전통문화에 대해 비판하는 것을 잘 관찰해보면, 그들은 중국의 '국민성'을 논할 때 역사와 관련되기만 하면 언제나 그 특유의 정서를 띠면서 여러 가지 '과거에 대한 회상의 차이'를 드러내고 있음을 발견하게 된다. 그리고 루쉰이 말한 '국민성'이 정말 시대적 특징이 없는 개념인가 반성하게 한다.

루쉰의 경력으로 보면, 그가 말한 '국민성'이란 여전히 선명한 시대적 특징이 있으며 동시에 두 시대에 걸쳐 있는 인물이라는 것을 알게 된다. 그는 중국 역사상 가장 암울하고 고통스런 시기를 지나온 인물이다. 당시는 중국의 전통사회가 한창 내리막길을 향해 가고 있었고 서양인들의 유입도 거세던 때였다. 기존의 민족 갈등과

---

8) 1971년 이탈리아 국가텔레비전 방송국은 중국 외교부 신문사에 중국에서 다큐 멘터리를 촬영하고 싶으며 안토니오니 감독이 그것을 맡게 해달라는 공문을 보냈다. 1972년 안토니오니는 중국 정부의 승인으로 중국에 와서 다큐멘터리 「중국」(3시간 40분)을 촬영했다. 그러나 1974년 『인민일보』에 「중국 인민을 모욕해선 안 된다中國人民不可侮」라는 평론이 실리면서 안토니오니에 대한 비판이 일기 시작했다. 안토니오니가 카메라에 담은 중국인의 일상생활이란 주로 낙후된 '편벽한 농촌' '황량한 사막' '아이의 출생과 사망' 등이라는 것이었다. 당시 중국에서 개인의 체험을 표현하는 것은 정치적 입장에서 민감한 일이었다. —옮긴이

사회적 위기, 그리고 외부 세력의 충격까지 더해진 시기였다. 이로써 전통문화가 단절되고 사람들의 마음은 비뚤어지고 정신적으로도 깊은 상처를 남기게 되었다. 이러한 시대에 직접 목도한 '피'의 상처들은 루쉰의 머릿속에 공포로 남았고 문학 창작의 '내용'이 되었다. 그렇지만 루쉰은 언제나 계몽이라는 측면에서 중국의 국민성을 비판했고, 그 국민성은 '진부한 것을 그대로 답습한 것'이며 지금까지 줄곧 그래왔다고 강조했다. '고사신편故事新編'의 방식을 취하여 국민성을 조롱함으로써 다시 한 번 역사를 되돌아보고, 지금의 실태가 과거와 다름없다는 것을 알려주었다. 사실 그가 말한 '국민성'은 단순히 '역사적으로 누적된 것'만도 아니며 외래문화의 영향만도 아닌 일종의 이중적 작용에 의해 '농창이 문드러진' 결과라는 것을 어렵지 않게 알 수 있다.[9] 루쉰의 '국민성'에 대한 연구는 안으로는 주로 명대와 명말 이후의 야사를 참조해야 하며 밖으로는 일본도 참조해야 한다. 두 가지는 루쉰이 말한 '국민성'과 떼려야 뗄 수 없는 관계다. 오늘날 '국민성'을 연구할 때 반드시 이 점을 잊지 말아야 한다.

　　나는 대략 1974년 전후부터 계속 루쉰을 연구해왔다. 그러던 중

---

9)　　나는 걸핏하면 무슨 문제든 간에 자꾸 역사로 밀고 나가려는 것을 싫어한다. 나는 역사를 연구하지만 역사에 대해 커다란 편애는 없다. 근대 이후 '농창이 문드러진' 것 같은 중국의 '국민성'을 무슨 주진한당周秦漢唐의 유풍이라고 떠들어대는 것을 믿지 않는다.

루쉰 연구를 구체적인 역사 연구로까지 확대해 나가고자 했다. 하지만 연구를 깊게 하면 할수록 오늘날 기형적 발전을 가져온 중국 전통문화에 대한 인상이 얼마나 잘못되었는지를 발견할 수 있었다. 예컨대 아직도 많은 사람은 여전히 '아시아적 생산양식'설[10]이나 이미 세계 역사학계에서 한물간 '수리사회 水利社會'설(카를 비트포겔이 제기)[11] 등을 가지고 중국 역사를 해석하곤 한다.[12] 그러면서 서양의 현대화는 그들에게 '대일통' 국가가 없었기 때문에 가능했다고 하며, 중국의 현대화는 오로지 행정 간섭을 줄이고 권력을 하부에 이양하는 것에 달려 있다고 한다. 사실 중국의 전통국가는 강한 관리 기능이 있었다. 이는 일찍이 18세기 서양의 문관정치가 처음 들어설 때의 표준이며 서양의 현대화 추세는 그야말로 국가의 관리 기능의 강화를 의미한다. 그리고 낙후된 국가는 자신을 보호

---

10) 마르크스가 정의한 아시아적 생산양식은 생산체계 안에서 국가의 지배적이고 독점적인 역할에 근거한다. '아시아'란 단순히 지역적 개념이 아니라 사회경제 형태의 관념인데, 이를테면 국가가 농촌공사를 기본 사회조직으로 삼아 사회생활 속에서 이를 관리 감독하여 대형 공정건설을 진행하기도 한다. ─옮긴이

11) 카를 비트포겔Karl August Wittfogel은 독일 태생의 미국 사회학자·경제학자이며, 1921년부터 라이프치히 대학에서 중국학을 공부했다. 국가의 치수관개 사업을 중국 사회의 기초적 요인으로 간주하여 '물의 이론'을 제시하면서 중국 제국의 흥망은 농업과 치수 두 요소에 달려 있다고 보았다. 또한 치수관개는 '동양적 전제주의' 하에서 시작되었고 이러한 체제 하에서는 관료계급이 주 지배계층이며, 권력관계가 계급관계를 결정한다고 보았다. ─옮긴이

12) 미국학자 장광즈張光直 교수의 '두 문명의 기원' 가설은 '상규적인 것' '예외적인 것'에 대해서 19세기 역사학자들의 이해와 정반대이지만, 여전히 '아시아적 생산양식'설의 영향을 철저하게 벗어나진 못했다.

하기 위해 전면적인 조정調整과 조직체가 망가지는 상황을 막아야 하며, 국가의 관리 기능을 강화해야 한다. 이는 성질이 다르면서도 교차하는 문제이므로 절대로 애초 생각처럼 그렇게 간단하지 않다. 또한 서양의 현대화 공업 문명과 중국의 전통 문명을 '황색문명'과 '청색문명'이니, '농경문명'과 '해양문명'이니 하며 대립적으로 곡해하는 것은 이제 역사상에서도 통하지 않는다.

격분하는 말의 배경

근대 이후 중국의 전통문화는 위기를 맞이하여 역사의 심판대에 오르게 되었다. 그러나 심판 과정은 무한대로 지연되었다. 사람들은 여러 차례 변론도 하고 판결도 해보았지만 시종 석방되지도 처결되지도 못한 채, 끝내 견딜 수 없는 고통으로 남았다.

근래 많은 작품에서는 중국 전통문화에 대해 격렬한 공격을 퍼붓고 있다. 공격의 근원을 비교적 가까운 곳에서 찾아보면, '문혁' 이후에 직접 느낀 일련의 것으로 거슬러 올라갈 수 있다. 당시 사람들은 다들 "무슨 반자본주의냐. 사실 중국이 엎어버려야 할 것은 봉건주의다"라고 했다. 왕샤오창王小强의 「농업사회주의비판農業社會主義批判」이 대표적인 글이다. 나중에 이러한 작품들이 많아지면서 점차 커다란 조류를 형성하게 되었다. 설사 학술적인 글일지라도 배후에는 역시 동일한 심정이 깔려 있다. 예를 들어, 어떤 사람이 멜로티^{Umberto Melotti}의 『마르크스주의와 제3세계』를 번역하여 젊은이들에게 선사함으로써 그들로 하여금 이른바 '아시아적 생산양식'으로부터 '정체'된 문제를 쉽게 끌어낼 수 있게 했다. 또한 구준顧準은 『그리스 도시제도希臘城邦制度』를 썼다. 겉으로는 그리스를 말하고 있지만 실제로는 중국에는 근본적으로 민주적 전통이 없다는 것을 꼬집고 있다. 일부 학자들은 중국은 '논리적 사유'가 부족하여 사실상 유럽 과학사상의 주류와 아무런 관계가 없다고 말한다. 천핑陳平은 '단일한 소농 구조론'을 제기하면서 중국인은 생태 농업을 몰라 곡물은 먹고 고기는 먹지 않는다고 불평했다. 특히 그들은 '정체'론에 치중하여 온갖 방법을 통해 중국은 '진화의 막다른 골목'으로 진입했으며, '술병 속의 죽은 태아'임을 증명하려 하고 있다.

이러한 비판들을 국민의 각성이라는 측면에서 볼 때, 중국과 선진국의 차이는 분명 긍정적인 의미가 있다. 이를테면, 과거의 중국인은 다른 사람들에게 별로 관심을 갖지 않았고 자신을 돌아보지도 않았으며, 둘의 관계를 비교해보려는 생각은 더더욱 하지 않았다. 이는 비극적인 무지다.

『회남자淮南子』「천문天文」에 유명한 이야기가 있다. 공공共工이 화가 나서 부주산不周山을 들이받아 "하늘을 받치고 있던 기둥이 무너지고 땅을 이어주던 밧줄이 끊어져 하늘은 서북쪽으로 기울어서 일월성신은 이동하게 되었고, 땅은 동남쪽으로 내려앉아 흙과 물이 그곳으로 모이게 되었다."[13] 정말 중국의 지도를 펼쳐보면 동남쪽으로 약간 기울어져 있음을 볼 수 있다. 하지만 뒤를 에워싸고 있는 황량한 사막과 고원, 높은 산과 험준한 고개를 우리는 보러가지 않으며, 앞에 망망대해가 놓여 있어도 우리에겐 보이지 않는다. 그러므로 우리 선조들은 비록 '대구주大九州'에 대한 추측은 있었지만 끝내 '눈으로는 아무것도 보지 못했다'(물론 당시 '일본인'들도 우리와 마찬가지로 막혀 있었다).

한번은 일본에서 생활하다 돌아온 친구가 당시 체류하고 있을 때의 감회를 들려주었다. 일본 지도를 보면, 중간에 일본 열도가 있고 옆에는 커다란 중국이 놓여 있어서 마치 항공모함 옆의 조각 배와 같다는 것이다. 이러한 인상은 늘 일본인들의 마음을 무겁게 한다고 했다.

오늘날 중국인에게도 이러한 압박감이 있는가? 위에서 언급한 작품들을 보면 당연히 있다.

하지만 그 작품들은 겉으로는 급진적이지만 여전히 전통문화의 거대한 음영에 뒤덮여 있다(그것과 뒤엉켜 있다). 그들은 지나치게 숙명론적이고 자괴적이다. 마치 상을 못다 치른 효자처럼 시종 선인들의 유령에서 벗어나지 못하고 있다. 그들은 심리적으로 모순을

---

13)   "天柱折, 地維絶. 天傾西北, 故日月星辰移焉; 地不滿東南, 故水潦塵埃歸焉."

안고 있다. 한편으론 조급하여 중국이 얼른 현대화되기를 바라지만 한편으론 의기소침하여 둘 사이의 거리는 메워질 수 없이 크다고 생각한다(산이 보인다고 채찍질만 하면 말을 죽일 수 있는 것처럼 보기에는 가까워도 실제로는 먼 것이다). 예전에 우리는 다른 사람들을 무시하면서 '놈'이라고 불렀으며, '나의 종족이 아니면 그 마음은 반드시 다르다'고 여겼으니 타인은 '원숭이'에 불과한 것이었다. 하지만 오늘날 이러한 망상은 깨졌다. 우리는 힘을 다해 자신이 바로 '원숭이'라고 말한다. 아니 '원숭이'도 그런대로 괜찮다. 문제는 통곡을 하고 눈물을 흘리면서 달갑지 않게 '원숭이' 노릇을 하고 있다는 것이다. 이로 인해 발생한 직접적인 문제는 바로 중국의 전통문화와 서양 문화에 대한 우리의 오해에서 비롯되었으며,[14] 그 오해는 이중적이다.

나는 위에서 비판한 역사학적인 실책에 대해 1987년『지식인知識分子』의 여름호에 실은「중국사학의 현황에 대한 반성中國史學現況的反省」이란 글에서 이미 논의했으므로 여기서는 중복을 피한다. 현대 중국 문명의 이미지는 서양의 한학자와 중국이 함께 만든 것이다. 서양 한학의 기초는 초기 선교사와 여행가들이 토대를 마련했으며, 중국의 현대 사학은 19세기 서양 역사학의 영향(마르크스주

---

14) 요즘 대부분의 번역과 그 소개 내용들은 균형을 잃은 심리 상태에 걸러지면서 종종 왜곡되고 있다. 특히 책에 대한 선택 자체가 이미 여과된 것이다. 사람들이 서양에 대해 말한 것은 서양 사람들조차 이해하지 못한다.

의를 포함)으로 발전해온 것이다. 이러한 이미지는 오늘날의 연구 수준에서 볼 때 상당히 많은 문제가 있다. 무엇보다도 관찰의 시각에 문제가 많다. 서양의 지식인들은 일찌감치 이러한 점을 인식하고 있었다. 특히 전통문화의 '변화'를 언급할 때 이는 중요한 세계성의 문제이기도 하다(미국 역사학자 황런위黃仁宇는 이를 "날짐승이 들짐승으로 바뀜"이라고 했다). 이 문제는 '소가 말더러 왜 뿔이 안 나느냐, 말이 소더러 왜 뿔이 나느냐'란 식으로는 해결될 수 없으며, 각종 전통문화(서양의 전통문화도 포함)의 자연 성장 과정에 대한 올바른 이해와 상호 대조가 있을 때 해결될 수 있다.

결국, 중국의 전통문화에 정면 대응할 수 있느냐 하는 점은 근본적으로 서양 현대문화에 정면 대응할 수 있느냐 하는 문제이기도 하다. '정면 대응'만이 전통문화의 그늘로부터 벗어나는 방법이며, '정면 대응'만이 중국이 서양의 현대문화와 정상적으로 대화할 수 있는 길이기 때문이다.

중국인이 '중국인'을 매도하다

바이양柏楊의 책을 읽다 보면 처음엔 그의 표현이 좀 지나치다는 생각이 든다. 그런데 이상한 것은 만약 물건을 사러 나섰다가 어떤 사람과 부딪치게 되면 자신도 모르게 '재수 없는 중국인'이라고 한마디 욕을 하거나, 심지어 화가 머리끝까지 치밀어 중국인 직원을 죄다 '해고'해도 지나치지 않다고 생각한다는 것이다. 나만이 느끼는 점은 아닐 것이다.

일본인은 일본인을 매도하지 않으며 미국인은 미국인을 매도하지 않는다. 단지 우리 동포들만이 서로를 매도하는 것을 매우 즐긴다. 루쉰 선생이 다시 나타났기 때문인가? 아니면 깊은 반성을 통해 우리에게 엄청난 용기라도 생겼기 때문인가? 모두 아니다. 예전부터 서로 매도해왔기 때문에 그냥 매도하는 것이다. 누구나 '길을 나서면 고생'이라는 것을 안다. 문을 나서면 엄청난 인파에 이리저리 밀리고 이 사람 저 사람에게 치인다. 그래서 다른 사람들을 다 장애물이라 생각하고 그들을 못살게 굴면서 온통 분노와 미움으로 들끓는다. 모두 불만으로 가득 차 그런 상황에 가까이만 가도 그 분위기에 감염될 것이다('문화 엘리트' 역시 예외는 아니다).

중국인이 '중국인'을 매도하는 데는 물론 공통된 점이 있다. '가난' 혹은 '답답함'이 그 한 예다. 문제는 이렇게 한바탕 매도를 당하고 난 뒤에도 여전히 별 다른 방법이 없다는 것이다. 속수무책이다. 그래서 어떤 사람은 고개를 절레절레 흔들고 탄식하면서 '제대로 다스려지지 못한 탓'이라고 말하고, 또 어떤 사람은 '중국이라는 배는 침몰할 것'이며 '승리는 멀찌감치 사라질 것이다'라고 말한다(사실 중국이라는 배는 일찌감치 침몰하기 시작했고, 20세기 초에 사실 '중국이 가라앉는다'고 외치지 않았던가). 더 심한 경우, 일부 사람들은 파괴할

빌미를 찾았다는 듯이 그나마 조금 남아 있는 것마저 철저하게 다 부숴버리려고 한다(첫 번째는 공공기관의 것을, 두 번째는 다른 사람의 것을). 중국 고대에는 재난과 불행을 없애는 방법이 하나 있었다. '남에게 전가하는 것'이다. 초楚 소왕昭王은 붉은 새 같은 구름이 해를 끼고 떠다니는 것을 보고 불길한 징조라고 했다. 이에 주周 태사太史가 방법을 일러주면서 그 화禍를 장상將相에게 돌리라고 했다는 이야기가 있다. 비록 고서를 읽지 않은 사람일지라도 마음속으로 자못 뭔가 전해지는 바가 있을 것이다. 이렇다 보니 자신이 사람을 시켜 속여서 돈을 가지고 달아나게 해놓고서 아무 관계없는 사람을 궁지에 빠뜨리는 괴상한 일이 생기는 것이다. 보통 사람은 상상할 수도 없는 일이다. 이렇게 볼 때, '중국인'을 매도하는 것은 사실 '국민성'에 대한 비판이 아니라, 반대로 여러 가지 체제상의 문제와 개인의 문제까지 뒤섞인 게 아닌가 한다.

현재 중국의 상황은 매우 특수하다. 매도하고 싶거나 매도해야 할 것들은 대충 이미 다 매도했다. 과거에는 이를 '사인방'에 덮어씌울 수 있었지만 지금은 '뭔가 길어낼 물이 없다'. 무엇을 끌어낼 수 있는가? 조상을 욕하는 것, 산천을 욕하는 것, 인구를 욕하는 것. 이들은 모두 역사가 만들어놓은 상황들이다.

하지만 다 매도해도 '여전히 마실 물이 없다'. 더군다나 오늘날 중국의 사정을 다 역사 탓으로만 돌릴 순 없는 상황이다. 거기에는 먼 원인과 가까운 원인이 있지만, 직접적인 원인은 무엇보다도 우리 자신에게 있다(직접적으로 말하면, 현실 조건하에서 두 문화가 섞이는 과정에서 균형을 잃었기 때문이며, 원인은 구체적이고 양면적이다).

여기서 우리는 중국인의 '국민성'이라는 개념을 만나게 된다. 앞서 말했지만, 여러 학자가 내린 '국민성'에 대한 결론은 대부분 그럴 듯해 보이지만 사실 그렇지만은 않다. 하지만 개인을 존중하지 않거나 '우리끼리 싸우는 것'은 확실히 오늘날 중국인의 '국민성'에서 보이는 특징이라고 모두 인정하고 있다. 중국인은 늘 오랜 시간 압박을 받은 후에야 폭발하는 습관이 있다. 그러나 그들이 갈망하는 것은 '대머리가 우산을 쓰다'(법도 하늘도 무서워하지 않다)라는 식의 '자유', 즉 황제 한 명을 타도하고 나면 사람들은 모두 다 황제가 된다(그들이 원하는 것은 '간섭할 사람이 없는 것'이었지만, 고생을 한 점도 바로 '간섭하는 사람이 없었기' 때문이다)는 것이다.[15] 사람들의 인상 속에서 중국은 마치 '귀뚜라미 통' 같아서 뚜껑을 닫으면 '천하가 태평'하지만 뚜껑을 열면 '천하가 난리'라는 것이다. 모두가 서로 물어뜯고 할퀸다. 중국인은 능력은 있지만 경쟁 규칙을 논하지 않고 '페어플레이' 정신이 없다. 이전의 영웅들 계보를 봐도 모두 '목숨

---

15) 어떤 해외학자가 일찍이 나에게 차이나타운의 '쓰레기 전쟁'에 대해 이렇게 말한 적이 있다. 누군가 돈을 아끼기 위해 자신의 쓰레기를 다른 사람의 쓰레기 통에 갖다 버리고 다른 사람 역시 그렇게 한다. 결국 온통 엉망진창이 되어도 치우는 사람 하나 없이 그냥 썩게 내버려둔다. 그래서 결국 암흑가의 사람들이 나서서 집집마다 돈을 징수해도 원망하지 않고 도리어 좋아한다는 것이다.

을 아끼지 않거나' 아니면 '뻔뻔스러움'을 따르거나 했다(108인의 호한들은 결국 이 두 종류로 귀결되며, 그들은 자신들의 특수한 행위 메커니즘, 즉 '건달 메커니즘'을 가지고 있다). 그러므로 우리에게 가장 중요한 것은 조금이나마 자아반성의 정신이 있어야 한다는 것이다.

우리는 루쉰 선생이 말한 '국민성'이란 줄곧 민족이라는 위치에 서서 깊은 반성을 해왔던 것임을 잘 안다. 그는 중국의 역사는 '사람을 잡아먹는 역사'라고 질책했지만 자기 자신도 '다른 사람의 고기를 먹었을 것'이라고 인정했다. 그는 중국인의 폐단을 남김없이 다 드러냈지만, 이러한 비판 역시 비판을 받는 대상과 똑같이 진부하여, 둘 다 함께 멸망할 것이라는 점도 분명히 인식하고 있었다. 자신에게도 항상 장자莊子나 한비자韓非子로부터 유전되어 내려오는 나쁜 영향이 있으며 예외는 아니라고 했다.

나는 '사인방'이 무너진 후 어떤 저명한 학자의 추도식에 참가한 적이 있다. 그는 도대체 어떻게 죽었을까? 고개를 숙이고 묵념하는 사람들은 마음속으로 자기 나름의 생각을 했을 것이다. 추념사를 어떻게 말할까? '사인방'에게 박해를 받아 죽었다고 말해야겠지. 하지만 여기서 헛소리 지껄이지 말자고 생각했다. '사인방'은 그가 누구인지 알까? 동료를 시켜 철저하게 죽인 것 아닌가. 그렇게 커다란 중국의 비극을 단지 네 사람만이 연출한 것일까?[16] 예전에 어떤 이는 "힘겹게 중국의 역사를 다 읽어보니, 몇 명의 남자는 마소가 아니었다"고 했고, 지금도 어떤 사람은 "문화대혁명에서 몇 명은 정신병이 아니었다"라고 말한다. 오늘날 중국의 일도 '문혁'과 마찬가지로 우리 모두의 책임이다.

'바람과 물은 교대로 돈다'
꼭 그런 것은 아니다

　　사람들은 중국 문화의 출구라는 문제를 접할 때면 항상 '누가 누구를 바꾸어놓았는가'라는 데 초점을 둔다. 중국 문화가 서양 문화를 '바꾸어놓았는가' 아니면 서양 문화가 중국 문화를 '바꾸어놓았는가'에 대해 이야기한다. 이에 대한 의견과 논쟁은 '큰 것'에서 '작은 것'에 이르기까지 대체적으로 5·4 시기에 이미 거론되었고 앞으로도 계속 거론될 것이다. 하지만 이전의 역사에서 우리는 하나의 현상에 주의하게 된다. 즉 이러한 논쟁은 문화적 측면에서 사회문제의 측면으로 이어졌다. 종종 '안으로 움츠리는' 추세를 보여왔고, 두 문화의 적절한 융합은 매우 구체적인 내부 문제로 바뀌었다. 쑨원과 마오쩌둥에게서 이런 점을 발견할 수 있다. 하지

---

16)　해외 사람들은 '문혁'을 말하면 몹시 겁을 낸다. 그러나 중국인들이 이런 과거의 일에 대해 말하면서 어떤 때는 심지어 '웃으면서 흥미롭게 말을 나누는' 것이 그들에겐 이해가 안 된다. 왜냐하면 '문혁'은 억만 인민과 관련된 일이었음에도 사람들은 '모두' 혹은 '언제나' 수해자受害者라고 생각하지 않는다는 점을 그들은 전혀 이해할 수 없기 때문이다.

만 '안으로 움츠린' 추세는 일시적인 역사 현상으로 5·4 시기에 제기된 문제였지만 분명 현재 또다시 제기될 수 있다. 이는 중국의 현대화를 진행해온 것도 장시간의 과정이고, 중국이 자아반성을 해온 것도 장기적인 과정이며, 중국인이 철저하게 열등감을 떨쳐내려는 것도 장기간의 과정임을 의미한다.

전통문화와 현대문화의 충돌은 세계성의 문제다. 19세기는 서양문화가 대대적으로 확장된 시기이지만 20세기는 전통문화가 현대문화를 향한 '반격'의 시기라고 한다. 이 '반격'(각종 '사회주의'를 포함함)은 실제로 개발도상국의 자아 조정이자 적응을 의미하며 모두 수동적인 것은 아니다. 황런위는 역사학자의 안목으로 이 문제에 대해, 근대 이후 중국에서 줄곧 서양에 대한 도전이 격렬했던 것은 사람들이 생각하는 것처럼 결코 그렇게 거듭되는 잘못만은 아니라고 했다. 이 의견에 동의한다. 마찬가지로 지금에 이르기까지 폐쇄적인 상태를 비판한 사람들도 폐쇄적인 정신 상태에서 벗어나지 못했음을 지적해야 한다. 그들은 여전히 중국은 '세계자본주의 체제'에 놓여 있는 한편 줄곧 봉건상태에 놓여 있으므로 전통을 버리지 않으면 그 대열에 들어갈 수 없으며,[17] '지구의 족보'에서 사라지게 될 것이라고 인식하고 있다. 사실 중국의 문제는 근대 이래로

---

17) 중국의 입장에서 말하면, '진입'의 문제는 역으로 추측할 수 있는 가설('싹', '기미')이 아니라, 앞사람들이 이미 실천해 왔을 뿐만 아니라 앞으로도 '실천' 해야 할 문제다.

줄곧 쌍방의 문제로, 중국에만 달려 있는 것이 아니라 국제 환경과도 연관이 있다. 옛것을 버리고 새것을 받아들이는 것은 쓰레기를 버리고 밥을 구걸하는 것과 다르다. 중국에 '기본소양이 떨어지는' 엄청난 인구만이 남아 있다 할지라도 버릴 수 있는 곳도 없고, 또 다른 사람의 것이 아무리 좋다 해도 공짜로 얻을 리가 없다. 게다가 적응과 부적응의 문제까지 존재한다.

전통문화는 중국이 최고이고 현대문화는 서양이 최고이며, 앞으로 그것이 바뀐다 해도 중국이 최고('태양은 또 아시아에서 떠오를 것이다')일 것이라고 말하는 사람이 있다. 이는 토인비^{Arnold Joseph Toynbee}의 영향을 받은 것이다. 토인비는 서양 문명에 대한 위기감을 느끼고 있지만 그것은 그의 특수한 이해이므로 우리는 신경 쓸 것 없다. 중국의 입장에서 볼 때, 중국은 또 '형님'이 될 수 있을까?[18] 나는 매우 긍정하기가 어렵다. 그리고 결정적인 것은 아무것도 없다.

이 문제가 재미있는 것은 중요한 역사 연구 방법과 관련되어 있기 때문이다. 비유를 들자면 if(가설)이론 같은 것이다.

우리는 if로 시작하는 조건문에 대해 잘 알고 있다. 어떤 영어 교과서에는 이 문형을 이해시키기 위해 작은 이야기 하나를 꾸며서

---

18) 중국과 선진국의 차이는 가난뱅이 남자가 돈을 버는 몽상('하루 종일 잠을 잘 수 있다는 것' 혹은 '한 입에 전병 5개를 먹을 수 있다는 것')을 하는 것과 같은 것이 아니다. 게다가 전후의 역사적 추세로 볼 때, '형님'의 형상은 지금 한창 바닥을 치고 있으며 앞으로도 '냄새나는 개똥'일 뿐이다.

설명하고 있다. 어떤 부부가 있었다. 남편이 부인에게 만약 자신이 축구 복권에 당첨되면 반드시 호피 코트를 사주겠다고 했다. 아내는 아니라며 해외여행을 갈 거라고 말하자 남편은 하는 수 없이 그러자고 했다. 그리고 여행 가서 최고로 좋은 호텔에서 묵고 돌아온 뒤에는 서양식의 좋은 집을 사자고 했다. 아내가 "돈을 다 쓰고 나면 어쩌지?"라고 묻자, 남편은 "그럼 다시 복권에 당첨될 수 있는 방법을 생각해봐야지"라고 했다. 그러자 아내는 남편의 계획은 다 if 위에 세워진 것이라면서 김새는 말을 했다. 현재 특히 역사를 연구하는 사람들이 바로 이 if 위에 이론을 세우고 있다.

예를 들어, 과거에 어떤 중국 역사학자가 만약 서양 자본주의의 침입이 없었다면 중국도 자발적으로 자본주의에 진입했을 것이라고 말했는데, 이것이 바로 if이론이다. 근래에 이런 if이론을 말하는 예가 많아지고 있다. 이런 이론을 주장하는 사람들은 실제로 중국이 여러 가지 선택을 해야 하는 중요한 시점에서 매번 길을 잘못 들어섰으니 원점으로 돌아가 처음부터 다시 시작해야 한다고 생각한다('후회의 약'은 '양무운동'까지 계속 삼켰다). 나는 이런 이론은 역사를 가지고 장난치는 것이라고 생각한다.[19]

간단히 말하면 역사는 카드놀이와 같다. 운도 좋아야 하지만 기술도 있어야 한다. 사람들에게 기회를 주지만 그 기회는 사람들이 선택하는 것이며, 매 순간의 선택은 다음 선택에 영향을 준다. 지나간 역사는 우리에게 분명하게 말해준다. 역사적 순간에 이러한 선택은 종종 응집된 형태로 두 가지 가능성이 있다. 그 두 가지는 당시에는 대립적인 것으로 보이지만, 역사의 장구한 추세로 볼 때는 상대성과 동시성을 가지고 있으며 실은 유사한 선택이다. 이러한 '유사한 선택'과는 다른 '제3의 선택'이 존재하기란 매우 힘들다. 당신이 만약 패 한 장을 이미 뽑았는데 후회를 한다면 그 패를 다시 거둬들여 다른 패로 바꾸면 된다. 이런 생각도 괜찮기는 하다. 하지만 당신이 패를 가져가면 다른 사람도 패를 가져갈 것이며, 뿐만 아니라 매 판마다 패를 다 바꿀 수도 없고 다른 사람의 패 역시 건드릴 수 없다. 그렇지 않다면 자신이 자신하고 치는 것과 뭐가 다르겠는가? 따라서 중요한 것은 각각의 개별적인 조건은 체계적인 전체 시스템의 가설을 필요로 한다는 것이다.

  역사는 되돌릴 수 있는 것이 아니다. 왜냐하면 선택은 되돌릴 수 없기 때문이다. 미래는 예측하기 어렵지만 그 결과는 우리 선택을 기다리고 있다. 만약 우리가 아무것도 하지 않는다면 중국의 역사와 현실에 대해 여전히 허무함을 느낄 것이다. 그리고 중국은 영원히

---

19) 역사학은 인문적 성격을 띤다. 목표는 오늘날에 '수나 꾀를 제공'하거나 '처방약을 제조'하기 위한 것이 아니라, 『하거정河渠井』을 사용하여 우물을 파는 것과 같다. 인문학적 성격을 띠고 있다는 것은 인생의 체험을 담고 있다는 것이다. 일종의 순수기술도 아니며 생명이 없는 것을 상대해야 한다. 따라서 누군가가 역사학은 무슨 '쓰임'이 있느냐고 물을 때, 가장 좋은 대답은 조금의 '쓰임'도 없다고 말하는 것이다. 자신이 해야 한다고 생각하면 하는 것이지 '황력皇曆을 찾을 필요가 없다'.

그들이 말하는 '기이한 현상'에서 벗어날 수 없을 것이다. 영화 「우물老井」의 말을 빌려 표현하자면, 우리 세대는 전부 '잡종'이다.

이전의 해외 중국인들은 '별 가치가 없는 걸로' 종종 자부심을 느꼈다. 그것은 중국이 가난하고 낙후된 기반을 가지고 마침내 상당한 군사 외교적 지위를 갖춘 나라를 유지하고 있다고 본 것이다. 중국인은 마오쩌둥이 신 중국을 이끈 이후로 오랫동안 다른 사람들에게 얻어맞은 적이 없었다는 것을 이미 잊어버렸다. 그러나 중국인은 맞는 것을 참을 수 없는 나라다(히로시마·나가사키와 일본의 관계, 알제리와 프랑스의 관계, 베트남과 미국의 관계처럼). 미국이 리비아에 미사일을 발사했을 때, 만약 중국도 한 대 맞는다면 과연 어떻게 될까 생각해본 적이 있었다. if이론을 빌려 결론을 맺는다.

1988년 11월
베이징 지먼리薊門里에서
(『동방기사東方紀事』, 1989년 1기)

6장

큰 나무의 영락

15.

「소년선봉少年先鋒」을 읽고

내 아버지는 팔십구 세의 노인이다. 아버지의 젊은 시절 반평생에 대해 나는 아는 게 거의 없다(자식들을 모두 마흔 이후에 얻었다). 어릴 적에 이따금씩 당신의 지난 이야기를 들을 수는 있었지만, '옛일을 기억하는 것'에 좀처럼 흥미를 보이지 않으셨다. 아버지는 전쟁(이십여 년 동안 참전)을 싫어했고 특히 영화에서 질질 짜는 것을 싫어했다. 그리고 관직 생활에 염증을 느꼈다(이십여 년 동안 관직생활). 회의를 하거나 서류를 보는 것은 다 시간 낭비라고 했다. 반대로 과학 관련 글을 좋아했고(엄격하게 '과학'적으로 일 처리 할 것을 요구했다), 학자를 꿈꿔왔다. 1966~1978년의 오랜 당 경력과 굴곡의 역사는 그를 심한 고난으로 몰아넣었고, 세 가지 일, 즉 고사古史, 친저우沁州 방언 및 한어쌍병방안漢語雙拼方案(한어병음 입력방식 중의 하나)에 몰두하게 했다. 이 세 가지 일은 성공하지 못했고[1] 명예가 회복된 후 더 이상 일을 하고 싶지 않다면서[2] 바로 퇴직했다. 이때부터 학교를 운영하는 일에만 몰두했다.

얼마 전, 아버지는 이런 말씀을 들려주셨다. 할아버지는 모두 일곱 명의 자식을 두었는데, 지금 살아 있는 사람은 아버지 혼자뿐이란다(둘째 작은아버지와 셋째 고모는 몇 해 전에 세상을 떠났다). 그래서 아버지는 청명절이 되면 혼자서 할아버지 묘에 벌초하러 가신다. 우리 만류에도 아랑곳하지 않고(얼마 전에 자전거 사고가 났는데도 불구하고) 혼자서 시골로 내려가신다(고향 마을에서 마중 나오는 사람이 있다). 돌아올 때는 언제나 여러 가지를 싸가지고 오신다. 고향에서 나는 좁쌀, 과일, 계란 그리고 조화 두 다발(교육 운영에 공로가 있다고 현縣 사람들이 준 것) 등이다. 모두 다 베이징에 있는 것이므로 가져올 필요가 없다. 그런데 그의 행낭 속의 어떤 물건 하나가 주의를 끌었다. 상하권으로 되어 있는 『가오무훙시문집高沐鴻詩文集』이다. 아버지는 아직 이 책을 읽지 않았지만 내가 가져다가 이리저리 넘겨보

---

1) 아버지는 '문혁' 기간 동안 고사古史 방면의 글을 썼지만 후에 들은 바에 의하면 어떤 한 전문가가 반대를 했다 한다. 친저우 방언을 연구할 때는 나와 외할아버지도 함께 도왔지만 끝내 그 일을 마치지는 못했다. 쌍병방안에 대해서는 국내에서 적잖은 동료가 관심을 보였지만 문개회文改會가 정책상 불허했고, 이 발명은 후에 전부 컴퓨터 계통의 한화漢化 방면으로 바뀌었다.
2) 명예가 회복된 후 문개회로 전근하여 그곳의 지도층 관련 일을 기획 담당했다. 그러나 얼마 안 되어 탄핵을 받았다. 이유는 자신은 지도층이 되고 싶지 않으며 연구를 해야 한다고 말한 데다가 문개회의 기존 방침을 위반했기 때문이란다.

았다. 거기서 약 십만 자에 달하는 「소년선봉」이라는 소설 한 편을 발견했다(1929년에 쓴 것으로, 베이핑전둥인서관北平震東印書館이 1931년에 출판했다). 이야기의 주인공은 이름이 없고 그냥 '우리 전사'라고 불렸다. 소설 속 모델은 바로 아버지였다.

저자 가오무훙 선생은 아버지의 친한 친구다. 1900년에 태어났고 아버지보다 연세가 조금 더 많다. 중국현대문학사를 연구하는 사람이라면 대개 다 알 것이다. 1920년대에 정치적 색채를 띠지 않은 '광표사狂飇社'라는 문학단체가 있었다. 이 문학단체에는 가오高 성을 가진 산시山西 사람 세 명이 있었다. 한 명은 루쉰을 질투하고 루쉰을 화나게 한, 그래서 루쉰이 「분월奔月」에서 '방몽逢蒙'이라고 비유한3) 가오창훙高長虹(옌안에 도착하여 답답한 마음으로 지내다가 나중에 정신병에 걸려 둥베이에서 죽었다)이고, 다른 한 명은 가오창훙의 동생 가오거高歌이며, 마지막 한 명이 바로 가오무훙이다(앞의 두 사람은 위盂 현 사람이고 가오무훙은 우샹武鄕 사람이다). 장편소설 『사전 모의預謀』를 쓰고 나중에 역사학자가 된 샹웨尙鉞와 샹페이량向培良도 '광표사'의 회원이었다. 아버지도 '광표사'에 참여한 적이 있으며 단편 한 편을 썼다고 했다. 그런데 뭘 썼고 어디에 실

---

3) 방몽은 하夏나라 때 사냥꾼이다. 당시 후예后羿에게 화살 쏘는 법을 배웠다. "방몽은 예에게 활 쏘는 것을 배우다가 예의 방법을 다 알고 나자, 천하에는 오직 예만이 자기보다 더 낫다고 생각하여 예를 죽였다逢蒙學射於羿, 盡羿之道, 思天下惟羿爲愈己, 於是殺羿." 『맹자孟子』「이루離婁」.—옮긴이

었는지 기억이 희미하다고 했다.[4]

어릴 적에 아버지가 가오무홍 아저씨에 대해 이야기하는 것을 자주 들었다. 그는 1957년 우파로 몰려 이십여 년 동안 온갖 모욕과 고통을 받았다고 한다(내가 시골로 내려가 생산대에서 노동하고 있던 그 시기에 그의 식구들은 모두 고향으로 후송되었다). 그의 명예회복은 1978년에 이루어졌고 2년 후에 돌아가셨다. 아버지와 줄곧 왕래가 있었지만 안타깝게도 나는 그를 한 번도 뵌 적이 없다.

「소년선봉」에 관하여 차오핑안曹平安이 쓴 인터뷰 「광표사와 기타光飚社及其他」에 근거하면(문집 하권에 부록으로 실렸다), 가오무홍 선생은 이렇게 말했다.

이 책은 실제 인물과 실제 사건에 기초하여 쓴 것이다. 나의 고향 친구 리이싼이란 사람이 있는데 나보다 몇 살 아래다. 북벌 시기에 그는 타이위안 국민사범학교에 다녔고 후에 북벌군에 참가했다. 1927년 12월 광저우기의가 실패한 후 그는 고향으로 돌아가 공산당의 지도하에 청소년을 조직하여 혁명투쟁을 했다. 내가 쓴 「소년선봉」은 기본적으로 이때의 역사적 사실에 대한 충실한 기록이다. 이 책은 1931년 베이징에서 출판했다.[5]

---

4) 「소년선봉」의 어느 부분에는 "그래, 그는 그래도 문사다! 하지만 그는 종군 이후 이런 생활과 단절했다"라고 되어 있고, 또 어느 부분에는 "그는 이미 오랫동안 문학에 힘쓰지 않았던 것 같다"라고 되어 있다. 이로 볼 때 이 점을 조금 이해할 수 있다.

「소년선봉」은 기본적으로 사실을 근거로 한 소설임을 알 수 있다.[6] 주요 내용은 1927년 말에서 1928년 초까지 아버지의 생활 체험의 한 부분을 쓴 것이다. 1927년 아버지는 황푸黃埔 군관학교의 우한武漢 분교에서 공부를 했다. '4·12' 이후 군관교도관에 참여하여 샤더우인夏斗寅 반란을 진압한 후 난창南昌으로 달려갔다.[7] 난창 기의 후 또 멀리 천 리를 달려 광저우에 도착하여 광저우 기의에 참여했고 그 전투 중에 부상을 입었다. 소설 속에서는 그가 광저우에서 상하이로 도피하고 또 상하이에서 고향으로 돌아온 과정에 대해 쓰고 있다. 모두 세 부분으로 나뉜다.

첫째 부분 '광저우를 도망쳐 나오다'(제1장~제6장)에서 주인공은 전쟁에서 부상을 입었다. 총알이 구레나룻을 뚫고 콧등과 두 눈 사

---

5) "這本書是在眞人眞事的基礎上寫成的. 我有個老鄕叫李逸三, 他的年齡比我小幾歲. 北伐時期, 他就在太原國民師範上學, 後來參加了北伐軍. 1927年12月廣州起義失敗以後, 李逸三回到自己的家鄕, 在共産黨的領導下, 組織起了靑少年, 進行革命鬪爭. 我寫的『少年先鋒』基本上就是這一史實的忠實記載. 這本書, 1931年在北京出版."

6) 고찰해본 결과, 소설에서는 광저우 기의 이전과 그가 고향으로 돌아간 이후의 '혁명투쟁'에 대해서는 언급하고 있지 않다.

7) 국민혁명군은 1925년 중국 국민당이 군벌에 대항하여 중국을 통일하기 위한 군사조직으로 출범했다. 1926년 샤더우인은 국민혁명군에 가입하여 국민혁명군 악군鄂軍(후베이) 제1사단 사단장이 되었으며 북벌에 참여하여 우한을 점령한 후 제14단 사단장이 되었다. 1927년 5월 17일, 장제스의 사주를 받은 샤더우인이 이창宜昌에서 반란을 일으켜 일대의 공산주의 세력을 파괴하고 후난 지역 곳곳에서 수많은 공산당원과 혁명단체원을 체포, 살해했다. 또한 공산당이 농민에게 분배한 토지를 다시 빼앗았고 수천 명의 혁명 군중을 학살했다. ─옮긴이

이로 빠져나갔다. 다행히 전우에게 구조되어 일단 외국인이 운영하는 병원으로 몸을 피한 후 다시 농부의 집에 숨었다. 그러나 사방에서 그를 죽이려 하자 공포에 휩싸여 결국 광저우를 도망쳐 나왔다. 이 '전사'는 베이징에서 왔다. 가정의 반대를 무릅쓰고 부모와 처자식을 뿌리치고 남방으로 내려와 혁명에 투신한 열혈청년이다. 비록 마음은 차갑고 모질어 보이지만 자신의 생명을 구해준 아주머니를 대하면서(그 아주머니는 "도대체 무슨 혁명을 어떻게 하는 것이기에, 사람을 이 지경으로 만드는가"라고 말하는 보살 같은 마음을 가진 분이었다), 저도 모르게 "오랫동안 마음속 깊이 자리하고 있던 부모님에 대한 그리움이 일었다".

둘째 부분 '상하이에서의 방황'(제7장~제13장)에서 주인공은 배를 타고 상하이에 도착했다. '우두머리'와 '전우'를 찾았지만 결국 한 명도 만나지 못하고 가까스로 몇몇 '타향'의 '지인'을 만날 수 있었다. 모두 "먹고살기 위해 고개 숙이고 숨은 듯이 지내고 있었고" "적들의 밥을 먹고 적들의 의자에 앉아 있었다". 그는 외롭고 답답한 생활이 이어지자 집 떠나올 때의 장면들을 하나하나 떠올리며 뜨거운 눈물을 흘렸다. 고향에 돌아가고 싶었다. 닷새 후 그는 마침내 고향의 '시인 친구'(작가 본인)에게 편지를 띄워 이튿날 고향으로 떠난다고 알려주었다.

셋째 부분 '고향으로 돌아오다'(제14장~제20장)에서는 반년이 지난 후 주인공은 고향으로 돌아왔다. 그의 아버지는 보수적인 향신

鄕紳으로 여전히 그를 용서하려 들지 않았다. 그렇게 집이 필요 없고 잘나고 능력 있으면 세상을 계속 돌아다니지 왜 돌아왔느냐며 비난을 했다. "재산을 함께 나누고 아내도 공유한다共産共妻"는 구제할 수 없는 인간이라고 욕을 퍼부었다. 그러나 그 역시 조금도 물러서지 않고 함께 비난했다. 서로 상대방의 말이 '말도 안 된다'며 계속 싸웠다. 끝내 그의 부친(내 할아버지)은 화가 나서 병으로 쓰러지셨다. 아들이 또 떠나려 한다는 소식을 듣고 몹시 상심했다고 한다. 어머니는 이 소식을 그에게 알려주었고 그 역시 남몰래 힘들어했다고 한다. 하지만 실망감과 자존감은 여전히 그를 떠나게 했다. 마지막으로 어머니께서 주신 노잣돈(단지 어머니의 돈만 받으려 했다)을 가지고 고향 사람들의 비웃음을 뒤로한 채 의연하게 현성縣城에 있을 그의 친구들(메이헝즈梅橫枝, 치촨齊川. 메이헝즈는 작가 본인이다)을 찾아 떠났다.

작가의 말처럼 1920년대는 "현대 중국 혁명의 신사조와 역사의 구사조가 혼란스러운 소용돌이에 빠져 투쟁하던 시절"이며, 주인공이 겪은 가정 속의 충돌도 "역시 커다란 시대적 소란"의 일면을 보여준다.

이 소설에 대해 평론이나 포폄을 가하는 것은 문학적 각도에서든 역사적 각도에서든 내가 할 일은 아니라고 본다. 단지 이 소설에 관심이 가는 것은 순수하게 내 아버지의 일가, 즉 할아버지, 할머니, 어머니에 대해 썼기 때문이며, 늘 어렴풋이 느끼기는 했지만 명확히 말할 수 없는 가족사의 비밀을 접할 수 있기 때문이다. 나는 1971~1975년에 산시 고향집에서 꼬박 5년을 보내면서 이 작은 산골마을에 이렇게 많은 역사가 숨어 있고, 그것은 내가 선택할 수 있는 게 아니라 받아들일 수밖에 없는 '뿌리'라는 것을 알게 되었다.

「소년선봉」을 읽고서야 타이항 산太行山 깊은 곳과 장허漳河 강의 물가에 내 고향이 있다는 것을 떠올리게 되었다. 고향은 매우 오래된 촌락이다. 남쪽으로는 한나라 때 열씨고성涅氏古城과의 거리가 겨우 13리밖에 안 된다. 마을 안에는 높은 언덕이 있으며 거기에는 절이 하나 있다. 무척 오래되고 낡았지만 화려한 유리로 된 용마루는 매우 아름답다. 절 안에 잔존하는 원나라 때 비기碑記에 따르면,[8] 현재 이 절은 원나라 대덕大德 계묘癸卯 연간 그 유명한 지진 후에 중건한 것(용마루에도 연호가 있다)이라 한다.[9] 본래의 건축은 어떤 모습일까? 재난 뒤에 유일하게 남은 것은 두 사람 높이 정도 되는 아름다운 형태의 북제北齊 시기 불상뿐이다.[10] 1974년

---

8) 마을 어른들의 말에 의하면, 원래 송나라 때 비각碑刻을 포함하여 많은 비각이 있었는데, 집을 짓고 다리를 수리하는 과정에서 훼손되었다고 한다.

9) '홍퉁洪洞-조성趙城 지진'이라 한다. 원 대덕 7년(1303년 9월 17일) 산시의 홍퉁, 조성 일대에 규모 8의 대지진이 발생했다. 약 47만5800명이 사망했고 여진이 몇 년간 계속되었으며 3년 동안 가뭄이 들었다고 한다. 이 지진은 중국 역사 문헌에 근거하여 첫 번째로 발생한 규모 8의 대지진이었다. 산시山西, 산시陝西, 허난河南 3개 성 51개 부주현府州縣의 지서志書에는 지진의 피해 상황에 대해 잘 기록하고 있다. 『원사元史』 제50권 「오행지五行志」 참조. —옮긴이

성에서 재정을 지원하여 나와 몇몇 친구는 이 불상을 위해 보호 전
각을 지었으며, 이때 폐허 속에서 많은 물건을 발견했다. 그중에
고비古碑 하나가 있다. 비문에는 이 절이 본래 '양후사梁侯寺'라고
되어 있다. 우리 마을을 왜 '베이량허우 촌北良侯村'이라 부르는지,
옆 마을을 왜 '둥량 촌東良村' '시량 촌西良村'이라 부르는지, 그리
고 나의 어머니가 왜 그 마을을 '스런디 촌石人底村'이라고 부르는
지 알게 되었다.

　베이량허우 촌에는 맑은 샘이 하나 있다. 샘물은 석조로 만든 교
룡의 입에서 흘러나오며, 일 년 내내 쉬지 않고 솟아 나온다. 샘물
은 힘차게 호수로 흘러가고 호수 안에는 많은 물고기가 산다. 마을
안에는 과일나무도 많다. 복숭아나무, 오얏나무, 살구나무, 사과나
무, 배나무, 호두나무 등이 있다. 아버지의 집은 이런 환경 속에 자
리하고 있다. 두 개의 정원은 이미 폐허가 되었고(본채와 서쪽 건물
및 토굴집 하나만 남았다), 문 위의 편액도 건물 밖으로 버려졌지만
원래는 꽤 괜찮은 곳이었다.

---

10)　불상은 성 중점문물이다. 사람들은 이를 '돌 할아버지'라고 부르며, 비雨와 아
　　들을 바라는 우상으로 삼았다. 마을 사람들에 의하면, 원래 사찰에는 두 개의
　　불상이 더 있었는데 항전 전에 군인들에게 빼앗겼고, 남아 있는 것은 너무 커
　　서 가까스로 보존될 수 있었다고 한다. 당시 마을의 권방拳房(나의 셋째 숙부도
　　권방에 있었다)에서 찾아오려고 시도했지만 맨 손으로 대적할 수 없었고, 게다가
　　어떤 사람은 총에 맞아 부상을 입기도 하여 결국 성공하지 못했다고 한다.

날이 어두워질 무렵이면 마을 사람들은 한가로이 사찰에 모여 잡담을 나누었다(학교 겸 모임방이었다). 어두운 등불은 구름이나 안개가 내뿜는 듯이 담배를 태우고 있는 검은 얼굴들을 비추었다. 나는 늘 그들의 입을 통해서 우리 집의 여러 가지 지난 일들을 들을 수 있었다. 그들의 말은 적잖이 신화적이었다. 예를 들어, 우리 집은 원래 풍수가 좋아 아들 손자들이 증조부의 '발아래'에서 순조롭게 대를 이어갔고, 서쪽에서 동쪽으로 먼 산 위의 커다란 나무를 향하고 있다고 했다. 그리고 우리 할아버지도 '거산吃扇'(산시 서남부 지역의 방언으로 흥분하면 머리와 손을 잘 떤다는 말)이고 우리 아버지도 '거산'이라면서 이것은 우리 집의 복이라고 했다. 나는 이러한 일에 대해 잘은 모르지만 진실하고 세세한 사연이 있어 보였다. 증조부는 무수재武秀才였고 향시鄕試에 급제하기 위해 땅을 매각했다. 그 후 할아버지 대에 이르러 가정이 기울기 시작하면서 뜰 안에는 무술을 익혔던 기구들이 잔뜩 버려져 있었다고 한다. 할아버지는 증조부의 길을 따르지 않고 집에서 토지와 과수를 경영했다(마을의 가장 큰 호두나무는 할아버지 것이었다). 할아버지는 줄곧 아버지가 의사가 되길 바랐기 때문에 의학서적을 많이 사두었다. 하지만 아버지는 그 책들을 읽지 않았다. 아버지는 거칠고 제멋대로여서 신상神像을 때려 부수기도 하고, 학교에서 제적을 당하기도 했으며, 스무 살 때는 남방혁명(국민당에 참가했다가 나중에 공산당에 참가했다)에 뛰어들어 돌아오지 않았다고 한다. 그래서 남아 있던 책

부친의 모습(1930년 후베이 성 젠리監利에서)

들은 내 당숙이 다 가져갔고 그가 나중에 의사가 되었다.

그렇게 아버지는 오랫동안 집을 떠나 있었다. 북벌과 10년 내전 시기의 앞부분, 즉 20~26세 때 그는 오랫동안 남방(홍후洪湖와 상하이)에 머물렀다. 고향에 돌아온 지 1년이 좀 넘어 4년 동안 옥살이를 했다. 결국 홀로 집에 남은 어머니는 엄청나게 고생했다. 이때문에 어머니는 아버지 일가를 몹시 미워했다. 특히 내가 뵌 적이 없는 할머니를 가장 미워했다. 결국 1937년이 되어서야 아버지는 어머니를 데리고 나가 항전에 참여했다. 솔직히 말하면, 내 인상 속에서 소년 시절을 제외하곤 아버지가 집에 있었던 적은 며칠에 불과한 것 같다. 그런데 참 이상하게도 그의 생활 습관은 완전히 시골집에서의 그것과 똑같았다. 반찬에는 파와 마늘을 넣고 주식은 면 종류여야 하며, 마을 사람들을 친절하게 대하고 물과 전기는 아껴 썼다. 가장 잘 혼내는 일은 돈을 함부로 쓰거나 재물을 낭비하는 것이었다. 「소년선봉」 속의 주인공과 실제 내가 본 아버지는 참으로 판연하게 달랐다. 책 속의 주인공은 저돌적이고 거칠고 고집스러웠지만 내 눈에 비친 아버지는 외부의 고통을 잘 견뎌내며 세상과 다툼이 없는 사람이었다. 아마도 국민당의 감옥에 오랫동안 갇혀 있었고(앞뒤 두 차례 합쳐 6년이다), 공산당 운동 시절에도 늘 반혁명분자라는 비평을 받았기 때문인 것 같다.[11] 아버지는 특히 숙청당한 사람들을 동정했으며, 그들의 누명을 벗겨주기 위해 큰 목소리를 내곤 했다. 해방 후 그의 손에는 약간의 권력이 쥐어졌지만, 1957년과 1959년 두 차례의 반우파 운동의 피해자와 특무 혹은 반혁명 혐의를 받은 사람들의 명예회복을 위해 심혈을 기울였다. 매번 책임자가 난색을 표하기라도 하면, 그 길로 화를 내며 "당신이 몇 년 동안 감옥에 갇혀 있어봐. '좀 기다려 봐'는 말이 무슨 말인지 알게 될 테니"라고 고함을 지르곤 했다. 나는 어려서부터 아버지의 말을 잘 안 들었고 확실하게 '어머니 편'이었다. 또 우리 사이에는 별로 할 말이 없는 데다 말만 하면 싸웠다. 하지만 마음속으로는 아버지의 사람됨을 존경하고 있었다(비록 어떤 사람들이 그를 바보라고 말하지만 말이다. 그는 세 살 때까지 말을 못했다고 한다).

「소년선봉」 속에서 가장 놀란 부분은 희극적인 형식으로 묘사한 4막, 즉 주인공이 그의 가정과 또다시 충돌을 일으키는 부분이다. 소설 속의 '아버지'는 바로 할아버지다. 나는 어렸을 때 베이징에서 할아버지를 뵌 적이 있다. 기다란 흰 수염을 기르고 있었으며 항상 나에게만 먹을 것을 주고 누나와 여동생에게는 주지 않았다. 당시 나는 고마워할 줄 모르고 그를 '못생긴 할아버지'라고 놀려댔다.

다섯 살 되던 해에 할아버지가 돌아가시자 아버지와 어머니는 둘째 누나와 나를 데리고 산시로 상을 치르러 갔다. 철로 양쪽의

---

11)   다행히 홍후洪湖 반혁명 숙청 때 살아남았다(상하이에 있었기 때문에). 타이웨太岳 정풍 때는 하마터면 총살당할 뻔했고, '문혁' 때도 수감되거나 공개비판을 받았으며 '문혁'이 끝날 때까지 줄곧 누명을 벗지 못했다.

산이 울긋불긋했던 것으로 기억한다. 시골 고향집으로 내려가는 길은 특히나 힘들었다. 밤도 유달리 깜깜했다. 상을 치르던 그날 나는 엄청나게 많은 종이로 만든 사람과 말을 보았다. 여기저기 돌아다니던 탓에 큰 개가 달려와 짖기도 했다. 나중에 어머니가 그러는데 아버지는 그날 몹시 상심해하면서 아픈 눈물을 흘렸다고 한다.

최근에 아버지는 부쩍 늙으셨다. 어머니는 문도 사람도 못 알아보기 시작했고(올해 팔십칠 세다) 아버지는 말수가 더욱 적어졌다. 갑자기 우리 사이에 거리감이 존재하고 있음을 느꼈다. 시간이 빚어낸, 말로 소통할 수 없는 그런 거리감이었다. 매번 그들을 뵐 때마다 그저 식사했느냐는 말밖에는 거의 아무 말도 하지 않았다. 어머니는 항상 이거 먹어라 저거 먹어라 하고 이것도 싸가고 저것도 챙겨가라고 하셨다. 아버지는 석간신문을 보았냐는 말만 물어보셨다. 아버지는 항상 오려둔 신문기사를 주시면서 반드시 그렇게 실행하라고 하셨다(대부분 건강 상식에 관한 것들이다). 대개 다 알고 있는 내용이다. 나는 종일 한가하게 앉아 있거나 신문만 보시면서 즐거워하시는 아버지를 믿을 수가 없다. 꽃과 조류, 장기를 두는 것을 좋아하면서 우리를 데리고 교외로 놀러다녔던 아버지(당시 베이징의 교외는 매우 넓고 컸다)를 믿을 수가 없다.

올해 아버지의 연세는 할아버지가 돌아가셨을 때의 연세와 같다. 하지만 아버지의 건강은 여전히 좋고 정신도 더 말짱하시다.

아버지가 다시 한 번 당신의 아버지를 묻은 그 언덕을 오르신다면,
그는 과연 무엇을 생각할까 ……모를 일이다.

1995년 8월 16일
미국 시애틀에서

7장

시간 도살

16.

'헛수고'의 슬픔

최근 나는 야릇한 문제에 빠져 있다. 고대의 '현대화'
다. 나는 줄곧 '백가쟁명'과 바로 그 뒤를 이은 진한秦漢 제국이 사
상이나 사회조직의 구도 면에서 요즘 우리가 말하고 있는 '현대화'와
조금 유사하다고 생각해왔다. 그러자 류베이청劉北成은 푸코를 읽어
보라고 하면서 특히 자본주의 '현대화'를 논한 두 권을 권했다. 류
베이청과 양위안잉楊遠嬰에게 고맙다. '높은 곳(선반)에 묶어두었
던' 『감시와 처벌: 감옥의 역사』(영문판) 중역본과 자매품 『광기의
역사』(영문판) 중역본(臺北, 桂冠圖書有限公司, 1992)[1]을 통해 나와 여
러 독자에게 이 세계에 이런 사람이 있다는 것을 알게 하였다. 푸코
는 '현대화'를 먹고 '현대화'를 마시고 있으면서도 감지덕지하지 않
고 심복하지도 않으면서 우리 머리에 찬물을 끼얹고 있다.

푸코는 명성이 자자한 '기괴한 사람'이다. 오직 현대화 문명과 언쟁하고 있는 '초나라 미치광이' 같다.[2] 그의 저서는 우리에게 독특한 '발명사'(그는 '발명'이란 말을 자주 쓰는데, 아래에서 서술하는 '조직' '기술'의 탄생을 가리킨다)를 제공해주었다. 그것은 선민들이 화살을 만들고 그물을 만들어 고기를 잡고, 잡풀 속에서 오곡을 육종하고, 온갖 짐승 안에서 육축六畜(개·돼지·말·소·양·닭)을 순화시키고, 도자기 굽는 가마에서 그릇을 만들어내고, 소와 말을 타고 달리는 것을 의미하는 것이 아니다. 또한 현대인들이 자부심을 갖는 전등·전화·비행기·전투함·로켓·컴퓨터·피임도구 등을 의미

---

1) 『광기의 역사瘋癲與文明』는 저장런민출판사에서 번역본이 나왔으므로 독자들은 이 두 권의 우열을 대조해보아도 될 것이다. 『감시와 처벌: 감옥의 역사規訓與懲罰』의 '규훈規訓'은 프랑스어로 원래 surveiller로 '감시'라는 뜻이며, 영역본에서는 discipline이라고 했는데, 이는 저자 본인의 의견에 따른 것이다. 여기서 discipline이란 '규율'이란 말의 동사(책 속에는 명사 '규율'로 번역)로, 훈련을 통해 사람의 언행과 행동거지를 규율과 법도에 맞게 할 수 있다는 뜻이다. 역자가 '규훈'이란 단어를 사용한 이유는(중국어에는 이런 단어가 없다) 저자가 말하는 훈련을 통해 사람을 '규범화Normal' 할 수 있고, 감시하기에 편리하다는 복합적인 함의를 담고 있기 때문이다. 이 두 책은 저자의 교정을 거치지 않아 인쇄상의 실수가 매우 많다(내가 번역한 로버트르 판훌럭, 『중국고대방내고中國古代房內考』도 구이란도서유한회사에서 재판을 찍었는데 역시 마찬가지다). 예를 들어, 푸코를 타이완의 습관대로 '傅倒'라고 표기하는 것은 괜찮지만, 『광기의 역사』에서는 '傅柯'라고 하고 『감시와 처벌』에서는 '傅科'라고 한 것은 마치 두 사람인 것처럼 오해를 가져오게 한다. (이 두 책은 혼란의 여지를 막고자 우리나라에 출판된 번역서와 동일한 제목으로 표기했다. ―옮긴이)

2) 초나라 사람으로 성은 육陸이고 이름은 통通이다. 자는 접여接輿다. 초楚 소왕昭王 때 정령政令이 상도常道가 없자 머리를 풀어헤치고 미친 척하면서 벼슬을 하지 않았다. 당시 사람들이 '초나라 미치광이楚狂'라고 불렀다. ―옮긴이

하는 것도 아니다. 더 고급의 '기술'('권력기술학' 혹은 '권력경제학')
을 말한다. 이를테면 생생하게 살아 있는 사람을 마음대로 개조하
여 빚을 수 있는 진흙과 만들 수 있는 그릇으로 삼아, '아무 데나 뿌
리를 내리고 싹을 틔울 수 있는 씨앗'이 되고, '이리 몰면 이리 가고
저리 몰면 저리 가는, 어디로 가는지를 모르는' 소가 되게 한다. 심
지어 그들을 표준화·격식화·수량화하고 프로그램화하여 기계의
부품으로 만들어, 단지 스위치만 한 번 누르면 바로 작동이 되게 한
다. 혹은 마음과 뇌를 변화시켜 사람들을 무감각하게 만들어 잘못
된 것이 쌓여 옳은 것이 되고, 흑백이 전도되는 지록위마指鹿爲馬[3]
의 지경에 이르게 한다.

『광기의 역사』는 현대 정신병원에 관한 '발명'이며 『감시와 처
벌』은 현대 감옥에 관한 '발명'이다. 시대적 순서에 따라 문헌적 근

---

3) 환관 조고趙高는 시황제가 죽자 거짓 조서를 꾸며 태자 부소扶蘇를 죽이고 어
   린 호해胡亥를 2세 황제로 세웠다. 현명하고 강한 부소보다 더 어리석고 용렬
   한 호해가 다루기 쉬웠기 때문이다. 어느 날 조고는 조정의 실권을 장악하기
   위해 자기를 반대하는 대신들을 가려내고자 호해에게 사슴을 바치면서 이렇게
   말했다. "폐하, 좋은 말 한 필을 바치옵니다." "승상은 농담도 잘 하시오. 사슴
   을 가지고 말이라고 하다니요." (…) "폐하께서 저의 말을 믿지 못하신다면 좌우
   대신들에게 물어 보시지요." 그런데 '말'이라고 하는 신하도 있었고 '사슴'이라
   고 하는 신하도 있었다. 조고는 '사슴'이라고 말한 대신을 기억해두었다가 나중
   에 죄를 씌워 죽였다. 그 후 조정에는 조고의 말에 반대하는 사람이 없었다고
   한다. 따라서 '지록위마'는 '사슴을 가리켜 말이라고 한다'는 뜻으로, 윗사람을
   농락하여 권세를 자기 마음대로 휘두르는 것이나, 사실이 아닌 것을 강압적으
   로 사실로 인정하게 만드는 것을 비유할 때 쓰인다. 『사기』「진시황본기秦始皇
   本紀」.—옮긴이

거도 제시하고 있는 엄격한 역사서라 할 수 있다. 하지만 정신병원과 감옥을 골라 단지 '권력관계'를 가지고 현대 사회의 변화궤적과 기본 설계를 논하면서 이를 현대 사회의 축소판이자 상징으로 삼고 있다. 이 점은 장자의 우언寓言과 같은 맛이 난다(책 속의 술어도 종종 은유적 색채를 띤다).

푸코의 저작은 읽다 보면 놀라움(마치 일부러 깜짝 놀랄 만한 말을 하여 사람을 놀라게 하거나 주의를 끄는 것 같다)을 금치 못하게 되며 계속 읽다 보면 두려움마저 든다. 몸은 햇빛 아래에 있지만 마음은 악몽 속에 있으며, '과거'와 '현재'가 마음대로 바뀌고 '자신'과 '타인'도 때로 뒤섞인다. '권력관계'는 마치 커다란 그물과 같아 긴장과 억압이 숨을 쉴 수 없도록 압박을 가한다.

학문이 얕은 탓일까? 나는 이런 책을 처음 읽어보았다. 푸코의 '발명사'의 중점은 현대를 말하고 있다. 그는 "현재의 각도에서 과거에 관한 역사를 쓰는 것"에는 관심이 없고, 단지 "현재에 관한 역사"(『감시와 처벌』, 29쪽)를 쓰고 싶을 뿐이라고 한다.

『광기의 역사』는 시간의 격차가 600년이나 된다. 내용은 '광인'이 역사 무대에 출현한 것부터 시작한다. 중세 말 '나병'이 퇴조함에 따라 '광인'들이 그들을 대체하기 시작했으며, 사회가 배척하고 격리하는 새로운 대상이 되었다. 다음으로 이러한 배척과 격리 기제의 여러 가지 변형을 서술하고 있다. 문예부흥 시기(14~16세기)에는 '바보들의 배'를 사용하여 그들을 몰아내었다(순舜임금이 흉포한 무리를 사방의 변방으로 추방한 것과 같다). 고전주의 시기(17세기)에는 그들을 '사회의 쓰레기'로 간주하여 범죄자, 부랑자와 함께 수용소에 감금하면서 '대감금'이라 불렀다. 계몽주의 시기(18세기)에는 그들을 '역병'으로 간주하여 격리시키고 '대공포'라고 불렀다. 마지막 19세기는 광인과 범죄자를 분리시켜 환자로 취급하면서 '정상인'과 격리시켜 '병을 치료하고 사람을 구제한다'는 '인도주의'를 실행했다.

마찬가지로 『감시와 처벌』 역시 유사한 시기의 유사한 변화를 말하고 있다. 초점을 둔 범위가 좁긴 하지만 주로 18세기에서 19세기까지의 형벌제도의 변화를 논하고 있다. 즉 시장 입구에서 머리를 베어 죽이던 그런 '공개처벌'에서부터 높은 담이 둘러쳐진 깊숙한 곳에서 이루어진 '은폐된 집행'에 이르기까지, 또 다양한 혹형 설계에서부터 형식이 단일한 '통일적인 형벌'(즉사하는 극형—교수형, 참형, 총살, 전기의자—과 죄에 따라 경중이 증감하는 징역)을 다루고 있다. 그러나 결론은 같다. 강제로 개조하는 과정에 '만회'의 의미('감화'와 '반성' 등을 통해)가 담겨 있으며, 이것이 '규율'을 특징으로 하는 현대적 감옥으로 발전한다.

푸코가 말하고 있는 시기는 『자본론』과 대체로 유사하다(책 속에서 『자본론』과 마르크스의 다른 책을 여러 차례 인용하고 있다). 초점은 역시 19세기다. 19세기 이전의 '비참한 역사'는 현대 사회의 '선사 先史'로 간주되었다. 19세기 이후는 마르크스도 사라지고 푸코도 말하지 않았다. 이는 그가 소홀히 한 것이 아니라, 20세기는 여전히 19세기의 직접적인 연속이지(책 속에서 1972~1974년의 프랑스 감옥 폭동에 대해 언급하고 있다) 결코 자본주의의 '신기원'은 아니라고 보았기 때문이다.

푸코의 책을 읽다 보면 다음과 같은 특징을 발견하게 된다. 스타일은 '일반적으로 생각지 못하는 독특한 사고나 방법에 대해 문제를 제기하는' 형태다. 우연이나 단절 그리고 생각지도 못한 변형에 대해 말하는 걸 좋아한다. 또 하나의 특징은 유독 '과거에 묻혀버렸거나 간과한 단점을 들추어내는 것'을 좋아하고 '아무리 변해도 그 본질은 변하지 않는다'거나 '형식은 바뀌어도 내용은 바뀌지 않는다'(후자는 그의 가치 판단과 더욱 밀접하며, '고금을 소통하는 데' 매우 유용하다)는 것 등에 대해 논하기를 좋아한다. 사람들이 '엄청나게 진보하다'고 말할수록 그는 '퇴보도 적지 않다'고 말한다. 예를 들어, 중세의 나환자 병원에서부터 현대 정신병원에 이르기까지, 그리고 다미앵^{Damiens}(프랑스의 루이 15세를 암살하려다 실패한 정신병자)이 받은 거열車裂형(네 마리의 말에 사지를 묶어 찢어 죽이는 형벌)에서부터 현대 감옥에 이르기까지 그 차이는 매우 뚜렷하다. 하지만 저자가 밝히고자 하는 것은 '힘들었던 과거를 회상하며 현재의 행복을 생각한다'는 데 있는 것이 아니라, 독자들에게 '권력기제'란 일종의 떨쳐버릴 수 없는 악몽과도 같은 것이며, 그 형식이 이미 다른 형태를 띠고 있다 할지라도 유사한 '발명'은 계속해서 기능의 연속성을 띤다는 것을 일깨워주는 것이다.

결국 푸코의 눈에는 유충들이 화려한 나비로 바뀌었을 뿐이다.

인류의 사회조직은 결코 인력의 집합('단결은 힘이다')만은 아니며, 그 기능 역시 자연재해나 독충, 맹수 따위에 대응하는 것만이 아니다. 푸코가 보기에 그 모든 정교한 설계(설령 문명의 설계일지라도)는 주로 '인간'에 대응하기 위한 것이다. 인간의 총명함은 실로 만물의 영장이라고 불릴 만하지만, 잔악함 또한 실로 맹수를 뛰어넘은 '발가벗은 원숭이^{Naked Ape}' 수준이다.⁴⁾

사람이 사람을 대응하는 방법은 줄곧 잔악했다. 예를 들어, 중국 고대에서 발명한 것 가운데 아직까지 중국인에게 자부심을 느끼게 하는 것은 '축국蹴鞠'이라 부르는 축구다. 마왕두이백서馬王堆帛書 『경·십대經·十大』에 따르면, 황제黃帝는 치우蚩尤를 살해한 후 머리카락을 잘라 깃발을 만들고 피부를 벗겨 과녁을 만들고, 위에 바람을 채워 축구공을 만들고 골육을 썩혀 젓갈(해醢)을 만들어 천하

---

4)   인간은 음식을 골라 먹지 않는 '잡식성 동물'이다. 아주 독한 것을 제외하고는 거의 다 먹는다. 인간이 사람을 먹는 관습을 버리고, 인애한 마음을 미루어 동물에게 이르는 것을 깨닫기까지는 한계가 있다고 생각한다. 예를 들어, 오늘날 유럽 사람들은 동물보호를 제창하면서 일본인이 고래 고기를 먹거나 중국인이 개고기를 먹는 것을 반대한다. 하지만 그들도 소, 양, 돼지고기를 먹는 것을 포기하지 않으며(과학자의 말에 의하면, 돼지의 지능이 절대로 개에 비해 떨어지지 않는다고 한다) 혹은 소, 양, 돼지를 안 먹는다 해도 닭, 오리, 생선을 엄청 먹는다. 이는 고대 방사들이 금옥金玉과 주사朱砂, 황정黃精과 백출白術을 먹고 불교에서 오훈채五葷菜(마늘·달래·무릇·김장파·실파 등 자극성이 있는 다섯 가지 채소류. 음욕과 분노를 일으키는 채소류라고 생각하여 기피했다)를 먹지 않는 것보다 훨씬 더 철저하지 못하다.

에 맛보게 함으로써 일벌백계로 삼았다. 전설 속에서 보이는 가장 이른 시기의 축구공은 결국 사람의 위로 만든 것이다. 그때 사람들에게는 동족을 학대 살해하고 심지어 먹는 것이 얼굴 붉힐 부끄러운 일이 아니었다(『수호전』 속의 영웅도 종종 인육을 먹었다).[5]

혹형은 매우 오랫동안 지속되었다. 폐지도 상당히 늦었으며 지금까지도 완전히 폐지되지 않았다. 고대에 어떤 '육식자'가 일찍이 소와 양을 먹는 것을 통해 자신을 돌아보게 되어 마침내 '차마 벌벌 떠는 것을 볼 수 없어서' '푸줏간을 멀리한다'고 한 예가 있고,[6] '진나라의 가혹한 형벌을 없앤' 한나라 때에도 '육형肉刑을 없앤' 조처(선자변沈家本의 『역대형법고歷代刑法考』「형법분고刑法分考」5 참조)

---

5)　이규李逵가 황문병黃文炳의 살을 베어 죽이는 장면이 그러하다. 이규는 "빨리 죽이고 싶지만 서서히 죽여주겠다"며 황문병의 도려낸 살을 숯불로 구워 술안주로 삼거나 심장을 꺼내어 술국을 끓여 먹기도 했다. 일종의 능지처참陵遲處斬('능지'는 완만한 경사가 있는 구릉이나 언덕을 천천히 오르내린다는 뜻) 방식으로 서서히 고통을 극대화하면서 죽였다. ─옮긴이

6)　어느 날 제齊나라 선왕宣王이 맹자에게 역대 패자들의 정치에 대해 묻자, 맹자는 왕도王道정치로 답변을 돌리면서 왕도정치는 보민保民이 우선이라고 했다. 그러자 제 선왕은 나 같은 사람도 보민을 할 수 있느냐고 묻자, 맹자는 다음의 이야기를 들려줬다. "예전에 임금이 대청마루에 앉아 있는데, 어떤 사람이 소를 끌고 당 아래로 지나가자 '소를 어디로 끌고 가는가?'라고 물었더니, '장차 종의 틈을 바르는 데(흔종釁鍾: 새로 종을 만들 때 희생犧牲을 잡아 그 피로 종에 바르고 제사 지낸다) 쓰려고 합니다'라고 하자, '놓아주어라. 두려워 벌벌 떨며 죄 없이 죽을 곳으로 끌려가는 것을 차마 볼 수가 없다'라고 하셨다고 합니다." 따라서 맹자는 군자는 푸줏간을 멀리하며, 소가 벌벌 떨며 사지로 끌려가는 것을 차마 볼 수 없어 하는 제 선왕의 측은지심惻隱之心이 바로 '보민'의 씨앗임을 지적하면서, 부족하나마 왕도정치를 실현할 수 있는 군주로서의 자질이 있음을 알려주었다. 『맹자孟子』「양혜왕梁惠王 상」참조. ─옮긴이

가 있다. 하지만 일종의 제도로서 비난을 받아 폐지된 것은 지금과 시간적으로 멀지 않다. 예를 들어, 푸코가 다미앵을 말할 때, 사지를 찢어 죽이거나 생사를 오가는 장면들은 200년 전에 유럽에서 흔히 있었던 일이다. 얼마 전에 나는 아서 M. 새클러^{Arthur M. Sackler} 미술관에서 연구를 한 적이 있었다. 그곳의 미술관 수장품 「비숍 문서 The Bishop Papers」에서 청나라 말기에 형벌을 실행하는 장면의 사진을 보았다. 그 가운데 저자거리에서 큰 소리로 욕을 하며 '갈기갈기 찢어 죽이는' '능지처참'의 광경을 보았다(당시 문서를 관리하던 콜린 헤네시^{Colleen Hennessey} 여사는 내가 별 생각 없이 그 책을 보고 있다고 생각하고서는, 연거푸 미안하다고 말하면서 나에게 '이렇게 곤혹스런 장면'은 보여주지 말았어야 한다고 말했다). 이렇게 기술력이 뛰어나고(아주 조금씩 잘라내서 바로 죽지 않는) 가시적 효과가 뛰어난(만인이 서로 쳐다보는) 혹형이 폐지된 것은 1905년(그것도 '우방 국가가 좋아하지 않는다'는 이유로 그렇게 되었다고 한다)이며, 지금까지 80여 년이 지났을 뿐이다. 인류의 진화는 이토록 더뎠음을 보여준다.

푸코는 현대 사회의 '질서정연'하고 '인도주의를 중시하는 점'이 도덕적 개선과 지식의 진보의 결과라고 인식하지 않는다. 그가 보기에, 인류는 '나쁜 속마음을 비판하는' 신묘한 효능[7]을 잘 알아서

---

7) '무력 투쟁'은 단지 몸에 미치지만 '문자 투쟁'은 그야말로 영혼을 파고든다. '한 사람의 대뇌를 가지고 억만 사람의 대뇌를 대체하며' '억만 인의 대뇌를 가지고 한 사람 한 사람의 대뇌를 대체한다.'

'규율과 감시'를 통해 사람의 육체와 영혼을 통제하여 '문명화'시킬 수 있다고 보았으며, 이것이 바로 권력기제 자체의 변화라는 것이다. 혹형이 폭정과 반란의 상호 인과 관계에서 기인했다면, 폐지 또한 반드시 양쪽이 '불씨를 거둬내야' 할 것이다. 즉 "범죄의 악랄한 정도도 약해지고 처벌 역시 극심하지 않다"거나(『감시와 처벌』, 73쪽) 경제활동의 중요성이 갈수록 두드러짐에 따라 범죄 형식은 유혈 형태에서 사기 형태 등으로 바뀌는 것이다.

푸코는 현대 감옥을 말하면서 특별히 18세기 이성이 만든 걸작을 거론했다. 당시 유행하던 아치형 건축의 영향을 받아 제러미 벤담Jeremy Bentham이 발명한 '전체가 훤히 다 보이는 감옥'(팬옵티콘, 일명 원형감옥)이다. 이런 감옥은 유럽의 원형경기장(기원은 그리스와 로마)을 닮았지만 관찰자(감시자)와 피관찰자(죄수)의 위치는 정반대다. 죄수를 둥근 사방에 가두었다. 마치 뭇별들이 북두칠성을 둘러싸고 중심을 향하는 감시탑과 같아 감시자들은 수감자들을 한눈에 다 볼 수 있지만 수감자들은 감시자를 볼 수 없다. 얼마나 기묘한 설계인가? 그러나 푸코의 말에 따르면, 이것은 르보Le Vaux가 설계한 베르사유 동물원에서 힌트를 얻은 것으로, 사실상 '짐승을 가두던 장'의 원형(택시를 통해 인력거의 원형을 볼 수 있듯이)을 여전히 벗어나지 않았다는 것이다.

푸코가 말한 '감시 기제'(감시, 평가, 기록문서 등) 가운데 '감시'는 특히 중요하다(프랑스 원서에는 '규율'을 '감시'라고 했다). 과거에 나는

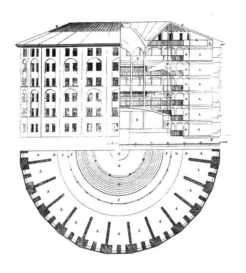

『감시와 처벌』의 삽화: 제러미 벤담의 '팬옵티콘'

산시山西 농촌에서 선생을 한 적이 있었다. 그곳에는 아직 사숙私塾(개인적으로 가르치는 글방)의 유풍이 남아 있었다. 강의는 적고 외우는 것이 많았다. 수업을 마치기 전에는 '따라 쓰기'(선생님의 '못쓴' 글자를 똑같이 쓰는 것)를 했다. 당시 어떤 동료 선생님은 교무실 겸 침실을 교실 뒤 담 옆에 만들고 벽에다 작은 창문 하나를 만들어 거기에 구멍을 냈다. 먼저 수업을 한 다음 방으로 돌아가 잠을 자면서, 학생들에게는 뒤에서 수업을 진행하는 것처럼 느끼게 하면서 읽는 소리가 끊이지 않게 했다.[8] 사실 현대 사회에서 '관리하는 사람이 없다는 것'과 '자유'는 대체로 같다. 하지만 그 뒤에는 언제나 '보이지 않는 눈'(물론 '신통한 돈'도 있다. 애덤 스미스가 말한 '보이지 않는 손'이다)이 있다. 그래서 '짐승을 가두는 우리'에 울타리를 치지 않아도 평상시처럼 통제에 순응하는 것이다. 마치 중국 고대 병법서에서 말한 '저절로 걸려드는 것太公釣魚'[9]이나 법가에서 말하는 '형세의 제약으로 꼼짝 못하게 되는 것形格勢禁'[10]과 같아 본인

---

8) 사람들은 '앞을 향해 볼 줄만 안다'. 토끼처럼 시각이 360도를 넘어서 도망갈 때 앞뒤를 살필 필요가 없는 것과 다르다. 그래서 사람은 등 뒤에서 누군가 총을 쏘는 것을 가장 두려워한다.

9) '태공조어'는 "강태공의 곧은 낚시에도 스스로 원하는 자는 걸려든다姜太公釣魚, 願者上鉤"는 말에서 나온 것이다. '스스로 남의 올가미에 걸려든다'는 뜻이다. 주周나라 문왕文王은 상商나라 주紂의 폭군 정권을 몰아내려 했다. 강태공은 이 사실을 알고 문왕을 도우려 했지만 나이도 많고 문왕과의 친분도 없었다. 그래서 문왕이 도성으로 돌아오는 길목의 강가에서 낚싯밥을 달지 않은 채 곧은 낚시를 하며 그를 기다렸다. 이를 본 문왕은 '기인'이라 생각하고 등용하여 후에 함께 주紂의 폭군 정권을 내몰고 주周나라를 세우는 기틀을 마련했다. ─옮긴이

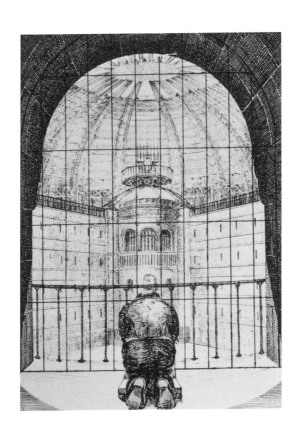

『감시와 처벌』의 삽화: 아루로맹^{N. Harou-Romain}, 형무소 설계도(1840년).
한 죄수가 자신의 감방에서 중앙의 감시탑을 향해 무릎을 꿇고 기도하고 있다.

이 걸려들지 않는다거나 성실하지 않은 것에 대해 염려할 필요가 없는 것이다.

푸코가 말하는 사회조직은 대부분 작지만 사실상 큰 것을 볼 수 있는 국부적인 조직이다. 예를 들면, 군대·감옥·공장·학교·병원·수도원 등이다. 그들은 맡은 일은 각각 다르지만 기제는 유사하며 기능은 서로 보완관계에 있다. 하나하나가 연결되고 처음과 끝이 상보적으로 연계된 진형도陣形圖로서 커다란 네트워크를 형성하고 있다. 첫째, 그들은 모두 사회가 배척한 기제를 가지고 있다. 사회의 고속 성장과 발전을 담보하기 위해 '문명' 질서와 '이성' 관찰에 장애가 되는 것(빈곤, 범죄, 발전하지 않는 것, 각종 폐기물)들은 '질서'의 밖으로 버려져 자생자멸하게 내버려두거나 혹은 '질서'(당연히 모종의 구석에 감추거나 가려지게 된다) 안으로 격리시켜 안 보이게 두면 그만인 것이다. 둘째, 그들은 강화된 훈련 기제를 가지고 있다. 개와 말을 순화시키거나 중국인들이 금붕어를 기르는 것과 같이 대대로 그 유전적 특성을 기른 후 마지막에 가서 어느 것이 진정한

---

10) 기원전 353년 위魏나라의 혜왕惠王이 장군 방연龐涓을 보내 조趙나라를 공격하여 도읍 한단邯鄲을 포위했다. 이에 조나라가 제齊나라 위왕威王에게 도움을 요청하자 위왕은 전기田忌와 손빈孫臏을 전투에 파견했다. 전장에 나갈 무렵 손빈은 "전투에서는 주먹만 휘두른다고 되는 것이 아닙니다. 상대방의 급소와 허점을 찌르고 형세가 나빠서 막혀 있을 때 공략하면 싸움은 저절로 풀리게 될 뿐입니다救鬪者不搏撠, 批亢搗虛, 形格勢禁, 則自爲解耳"라고 말했다. 역시 손빈의 계책대로 되어 위나라는 결국 제나라에게 대패하고 말았다. 『사기史記』 「손자오기열전孫子吳起列傳」 참조.—옮긴이

'천성'인지를 구분하지 못하게 만든다.[11] 이러한 훈련은 어디든지 다 있어서(어느 곳에서든 '조직 관념은 결핍'될 수 없다) 사회의 수요에 따라 미리 만들거나 합리적으로 배치할 수 있으며, 불합격의 '폐품'을 '다시 녹일 수'도 있다. 감옥이 바로 그런 상징물이다.

현대 사회에서 '현대화'는 가장 다양한 이견과 공동의 인식을 가진 명제일 것이다. 계급이나 종족 및 종교적 충돌(혹은 가난한 사람이 부자를 반대하고, 가난한 나라가 부자 나라를 반대하는 것이기도 하다)로 인해 늘 쌍방 간의 대립이 일촉즉발에 놓여 있다 할지라도, '현대화'는 누구에게든 '맛있는 보보餑餑'[12]와 같다. 특히 기술화된 특징은 더더욱 '피할 수 없는 유혹'이다.

푸코의 책을 보고 있으면 황런위의 『자본주의와 21세기』 및 그의 다른 저서들이 떠오른다. 황 선생은 두 가지 구두선口頭禪을 제시했다. 하나는 '장기간의 합리성'이고 다른 하나는 '천군만마의 수량적 관리'다. 전자는 역사를 관찰하는 방법을 설명한 것이다. 그는 도덕적 의분義憤과 이데올로기의 선전은 역사적 사실史實을

---

11) 어떠한 사회나 문화든 간에 일종의 묵계默契라는 것이 있다. 이를테면 개인마다 규율을 알고 습속을 안다고 가정할 수 있다. 그런데 누군가 이런 훈련을 받지 못했다면 그것은 문제가 크다. 이는 집안의 개에 비유할 수 있다. 만약 개가 주인을 보고서 꼬리를 흔들며 사랑을 받으려고 하지 않고 달려들어 다리와 목을 문다면(이것이 바로 개가 집을 보는 기본 업무다), 사람들은 그 개를 미친개라고 부를 것이다. 푸코가 말하는 '광기'는 사실 이러한 '광기'를 의미한다.

12) 중국 화베이 지역에서 주로 먹는 밀가루나 수수, 기장쌀 등으로 만든 과자이자 빵 종류다. ―옮긴이

왜곡할 뿐 역사의 평가에는 아무런 도움이 되지 않는다고 보았다. 역사적으로 '너 죽고 나 살기 식'의 예는 많다. 이에 대해 시야를 좀 더 넓혀본다면, 수백 년 속에 스며들어 있고 수 세대를 죽였는데도 하루아침에 당사자들의 '원한'을 뛰어넘으면 진상은 반드시 '쌍방'의 밖으로 떨어지게 된다는 것이다. 그러므로 그는 현대의 국공내전에 대해 '각자 반반씩의 공로가 있다'는 논리를 펴면서, '같은 편이 같은 편을 칠 수 있다'는 것을 알려준다.

후자, 즉 '천군만마의 수량적 관리'는 '현대화'의 특징을 묘사한 것이다. 각종 사회·경제·정치조직이 충분한 발전과 규범화를 가져오며, 또 상하가 관통하고 서로 조화를 이룸으로써 마침내 '국제를 초월한 기술 내용과 수준'을 형성하는 것이다.

푸코의 책 속에서 우리는 황 선생이 말한 '천군만마의 수량적 관리'를 발견할 수 있을 뿐만 아니라 그의 '기술설계'도 이해할 수 있다. 또한 그의 여러 가지 기술설계는 '현대'에만 국한되는 것은 아닐 것이라 생각한다. 황 선생이 이미 언급했듯이, 역사상 중국의 진한 제국에도 이미 이러한 충동은 있어왔다. 진한 제국에는 이미 방대한 문관체계(이에 상응하는 심사·선거·감찰제도 및 문서 제도)와 상세한 내용의 법률도 있었고, 또한 푸코가 말하는 '육형을 폐지'하고 '징역을 정량화'하는 제도도 있었다. 당시 전체 사회가 20등의 작위와 형벌제도에 의해 작동된 모습은 마치 고속도로에서 차를 몰 때 '앞에는 호랑이와 늑대가 있고, 뒤에는 추격병이 있는 것' 같아서, 이때 마치 '사람들'은 일종의 잔악한 '기술공정의 흐름' 속에 놓여 있는 것과 같다. 이러한 '이성설계'를 서양사와 대조해보면 참으로 놀랄 만하다.[13]

푸코의 책에서 말하고 있는 것이 비록 동일한 역사적 현상이라 할지라도 그것은 황 선생이 의미하는 것과 매우 다르다. 푸코가 관심을 갖는 것은 '기술설계'를 가지고 '이데올로기'를 초월하는 것이 아니라, 이러한 '설계' 자체에 대해 부정적인 태도를 지닌다는 점이다. 그는 현대 사회의 '이성설계'("사회 질서와 육체적·도덕적 구속, 집단의 무형적인 압력 및 순응에 대한 요구")를 일종의 '거대한 정지 구조'로 보고 있다. 그것은 "역사를 공고히 하는 동시에 비난하는 비극적 범주 속에 역사가 정지되는 것"(『광기의 역사』 머리말)이다. 또한 "우리는 감옥의 폐단을 모두 인식하고 있으며 감옥이 쓸모없지 않을 때는 언제나 위험하다는 것도 알고 있다. 하지만 인간은

---

13) 중국의 역사학자들이 일찍이 서주西周와 유럽의 봉건제가 유사하다는 점에 대해 당혹스러워했듯이 18세기 계몽사상가들도 명·청 제국으로부터 그들이 추구하는 '이성설계'를 발견했다. 이러한 '유사성'과 '전도성 顚倒性'을 근본적으로 '맹아' 혹은 '조숙'이라고 칭할 필요는 없다. 우리가 과거에 커다란 조직(이른 바 '사회형태')이라고 여긴 것은 일정치 않은 '총체叢體'로서 진일보한 분해를 할 수 있으며, 그 국부 조직 각각의 '발명'은 결코 '갑작스럽게 나온 것'이 아니다. 비교적 이른 근원과 긴 연속성 및 많은 변형이 있어왔으며, 체제의 제약과 독자적인 발전 면모도 가지고 있다. 심지어 나는 '현대화'가 만약 모호한 '전통'과 구별되는 것이 아니고, 또 비약적으로 발전하는 기술의 약진을 의미하는 것이 아니라면, 단지 사회조직만으로 볼 때 그것은 상상하는 만큼 그렇게 새롭진 않을 것이라고 생각한다.

그것을 어떻게 대체해야 할지 상상하지 못한다. 감옥은 사람들에게 혐오감을 주는 해법이지만 그것 없이는 아무것도 할 수 없을 것이다"(『감시와 처벌』, 232쪽).

'장기적인 합리성'은 '장기적인 불합리성'을 의미하기도 한다. '현대화'란 현대의 '유효함'과 '유한함'이 상호 논쟁할 필요가 없는 사실과도 같다. '현대화'는 표준화, 격식화, 수량화라는 메커니즘에 뿌리내리고 있지만, 당연히 자동 복제와 자동 확산도 가능하다. 어느 날 아침 이 세계를 정말 '하나의 모양'(미국은 이런 면에서 가장 전형적이다)으로 만들 수도 있다. 그러나 다른 면에서 볼 때, 이 세계는 '현대화'에 대해 압력을 참고 견뎌내는 것이 아니라 줄곧 격렬한 반항을 보이고 있다.[14] 결국 문명이 미치지 않는 '낙후된 곳'이나 '사각지대' '누락된 곳'을 남겼다. 그리고 각종 '비정식 제도'와 가련한 '인디언 보호지' 및 인문전통의 완고한 진영은 현대화의 설계자들로 하여금 완벽함에 이르지 못하게 했고, 폐허 위에 서 있는 회고주의자들로 하여금 '영원한 상실감'을 느끼게 했다.

인간과 운명의 싸움은 일찍이 그리스 비극의 주제였다. 현대 사상사에서 말하는 '실체'와 '자아의식', '인간'(마르크스는 '사회관계들의 총화'라고 일컬었다)과 '유일자', '본질'과 '존재' 그리고 요즘

---

14) 그 반항이 '현대화'를 강화하고 보완함으로써 '항체'를 만들어 '면역력'을 증강시켰다 할지라도 권력기제는 모두 이러한 기능을 가지며, 고대 농민 기의에는 이와 유사한 경험이 있다.

유행하는 '구조'와 '해체' 등은 곳곳에서 '강대'와 '약소'의 대립으로 존재한다. 푸코는 이런 점을 18세기 당시의 견해를 가지고 '이성'과 '비이성'으로 표현했다. 푸코의 '발명사'로부터 다음과 같은 것을 발견할 수 있다. 그가 봉착한 난제는 본래부터 있어왔던 모순으로서, 사회 기제의 유효성은 '사람을 사람 취급 하지 않는 것'과 분리되지 않는다는 것이다. 하지만 아쉬운 점은 인간은 어쨌거나 물건이 아니라는 것이다.

푸코는 '이성'과 '비이성'의 관계에서 '비이성'으로 '이성'을 대체하려 하지도(계란으로 바위를 치는 격) 않았으며, 또한 '이성' 자체로 '이성'을 극복하려 하지도(독으로 독을 공격하는 격) 않았다. 그는 어떠한 '실현가능한 방안'을 제시하지 않았으며, 단지 세속적인 이해를 반대했다. 오직 모든 '비정상의 규정'에 대해 불평을 품고서, '이성'은 바로 '또 다른 형식의 광기'일 뿐이며[15] '비이성'이야말로 이성의 '진리'(정신병자가 정신병원보다 더 먼저며, 범죄인은 감옥보다 더 먼저다. 후자는 전자에 대응하기 위해 발명된 것이다. 『광기의 역사』 머리말)라고 공개적으로 선언했다.

푸코의 '비이성'을 위한 항변은 결코 정상의 궤도에서 벗어난 사

---

15) 마르크스 역시 자산계급사회는 '상품물신숭배Commodity fetishism'에 의해 '미치게 된다'고 했다. 푸코의 해석에 따르면, 이러한 '광기'는 일종의 'alienation'으로, 의사들은 이를 '정신착란'의 뜻으로 사용하며 철학자들은 '소외'와 동일한 단어로 본다(『감시와 처벌』, 191쪽).

람들의 행동을 고무시키는 것이 아니라 단지 자본주의 '현대화'에 대한 뿌리(18세기 이성)로부터의 회의를 표현한 것이다. 그 자신은 이러한 '이성'이 섬망譫妄과 광기로 포착한 것을 기꺼이 표현했을 뿐이다.

'현대화'에 대한 푸코의 폭로는 '유전 기제'의 폭로('권력'의 '담론구조'를 DNA로 여긴다)에 속한다. 그가 '지식을 아주 깊숙하게 탐구'하여 독자들에게 남겨준 것은 아마도 '피할 수 없는' 실망감일 것이다. 사람들은 그를 무척 비관적이라고 말할지 모르지만 그의 '어쩔 수 없었음'은 결코 시시포스 신화나 '오강吳剛의 전설' 류가 아니다.[16] 그것은 돌과 나무를 물고 창해滄海를 메우려는 정위精衛와 같은 것으로, '헛수고' 속에서도 경탄할 만한 비장함을 안고 있다.[17]

1993년 11월 10일
베이징 지먼리에서
(『독서』, 1994년 제3기, 68~75쪽)

---

16) 오강吳剛이 천제의 벌로 월궁에 가서 계수나무를 찍어 넘어뜨리기 위해 도끼를 계속 내리쳤다는 전설.—옮긴이

17) 염제炎帝의 딸 여와女媧가 동해에서 익사하여 그 혼이 변하여 새가 되었는데, 그것이 바로 정위다. 정위는 동해가 자신의 생명을 빼앗은 것을 슬퍼하여 서산의 돌을 물어다 동해를 메우려 했다. 이를 '정위전해精衛塡海'라 하며, 목적을 달성하기 위해 온갖 곤란을 무릅쓰고 분투노력한다는 뜻이다.—옮긴이

『감시와 처벌』의 삽화: 루이 14세의 1688년 제1차 열병 기념 휘장

17.

오늘날의 『봉신방封神榜』
기계 인간과 인간 기계

지난해 여름은 몹시 더웠다. 베이징도 덥고 상하이도 더웠고, 동반구도 덥고 서반구도 더웠다.

사계절이 봄같이 늘 가랑비가 내리는 시애틀도 오랜 가뭄으로 비가 내리지 않고 주변의 숲에는 화재까지 있었다.

여름 내내 신경 쓸 사람도 없고 만날 사람도 없는 '자유로운 휴일'을 보내고 있다. 아들과 함께 이야기도 나누고 공놀이도 하며 영화도 본다. 아들의 건강이 얼른 회복되어 가라앉은 마음이 돌아오기를 바랄 뿐이다. 영화관에서는 「쥬라기 공원」「스피드」「라이온 킹」이 한창 상영 중이며, TV에서도 24시간 내내 '여름 1000편 영화'를 방송한다. 그것도 부족하면 빌려온 DVD도 있다. 이렇게 시간을 죽이고 있다.

원래 영어도 잘 못하는 데다 많은 영화가 물밀듯이 머릿속에서 왔다 갔다 하여 세세한 내용은커녕 줄거리나 제목조차 기억이 나지 않는다. 희미하게 인상만 조금 남아 도무지 갈피를 잡을 수가 없다. 그런데 이상하게도 이런 영화에 대해 '유형분석'이나 '비교연구'를 하고 싶다는 것이다.

미국 영화는 참 다양하다. 크게 형식으로 볼 때 극영화, 다큐멘터리, 코미디, 뮤지컬, 댄스, 애니메이션 등이 있고, 작은 장르로 볼 때 역사, 전기, 정치, 전쟁, 스파이, 종교극, 재난, 애정, 범죄, 갱, 감옥, 액션, 탐정, 미스터리, 모험, 서부극, 과학, 공포, 에로물 등이 있다. 연령대로 보면 아동물, 성인물이 있고, 포르노와 폭력의 정도에 따라 G급(보통), PG급(보호자의 지도 필요), R급(미성년자 제한), X급(성인물) 등이 있다. 인터넷을 찾아보면 더 상세한 분류에 더 많은 영화가 있다. 이런 분류는 일부에 불과하므로 심도 있는 논의는 못 될 것이다.

아무튼 문외한은 문외한의 안목으로 문제를 볼 뿐이므로 별 부담이 없다. 예술형식의 차이나 동서양의 시대적 차이와는 상관없이 내가 예전부터 잘 알고 있는 대상은 중국의 전통소설이다. 중국의 백화소설에는 예전부터 '신괴, 영웅, 아녀兒女' 3분법이 있다. 어떤 사람은 '기괴한 것을 말함語怪, 도적질을 가르침誨盜, 음란을 가르침誨淫'이라고도 한다. '신괴'류('설화4가說話四家'와 '소설8류' 가운데 '영괴靈怪' '요술' '신선'을 포함)는 대체로 '신마소설神魔小說('서유기』『봉신방』 등)이라고 부른다. '영웅'류('설화4가'와 '소설8류' 가운데 '강사講史' '공안公案' '박도朴刀' '간봉杆棒' '설철기아說鐵騎兒'를 포함)[1]는 '역사소설'(『삼국연의三國演義』) '영웅전기'(『수호전』) '협의공안소설俠義公案小說'(『삼협오의三俠五義』)에 속한다. '아녀'류('설화4가'와 '소설8류' 가운데 '연분煙粉' '전기傳奇'를 포함)는 대체로 '인정소설人情小說'에 속한다. 이 가운데 재자가인을 묘사한 것을 '재자가인소설'(『옥교리玉嬌梨』『평산냉연平山冷燕』 등)이라 하고, 기루와 기녀를 묘사한 것을 '협사소설狹邪小說'(『품화보감品花寶鑑』『청루몽靑樓夢』 등)이라 하며, 사회배경 속에서 남녀이야기를 다룬 것을 '세정소설世情小說'(『금병매』『홍루몽』 등)이라 하며, 매음이나 문란한 성에 대해 쓴 것을 '음예소설淫穢小說' 혹은 '염정소설艷情小說'(『여의군전如意君傳』『육포단肉蒲團』 등)이라 한다. 이 밖에 상술한 세 가지 종류 외에도 비교적 중요한 것은 청대 이후 '견책소설譴責小說'(『유림외사儒林外史』『관장현형기官場現形記』 등)이 있다.[2] 물론 중국의 시각에서 미국 영화를 본 것으로, 다소 끼워 맞춘 듯한 문외한의 안목이긴 하지만, 간결하고도 명쾌한 효과는 있는 것 같다.

위의 분류 개념으로 볼 때, 일반적인 극영화를 제외하고 미국 영

---

1) 송나라 때 화본話本은 전문적인 이야기꾼(설화인說話人)의 대본을 가리킨다. 이 야기꾼들이 전문으로 하던 고사의 성격에 따라 크게 네 가지 유형으로 나뉜다. 그중의 하나인 '소설'은 고금의 세상 이야기나 괴이한 이야기를 주로 다룬 은 자아銀字兒·연분煙粉, 재판이나 협객담을 주로 다룬 설공안說公案·박도·간봉, 전쟁이나 영웅고사를 주로 다룬 설철기아 등이 있다. ─옮긴이

화는 대부분 네 종류에 속한다. 중국의 '역사소설' '영웅전기'와 유사한 것은 역사물, 전쟁물, 모험물(『수호전』은 모험류)이며, 중국의 '협의공안소설'과 유사한 것은 범죄, 갱, 감옥, 스파이, 액션물과 이와 유사한 내용의 서부극 등이다. 이 두 종류는 미국 영화의 '영웅'류에 속한다. 또 중국의 '재자가인소설'과 유사한 '멜로물'이나 '음예소설'과 유사한 '호색물'은 미국 영화의 '아녀'류에 속한다. 물론 '유사하다'는 것이지 '같다'는 것은 아니다. 시대 배경과 문화 배경이 다르기 때문에 양자의 차이는 분명 존재한다. 예를 들어, 두 번째 유형은 서양 문명과 현대 사회를 배경으로 하며, 주제는 대체로 문명과 야만의 상호 대결, 질서와 무정부의 장기적인 투쟁, 개인 혹은 비공식 조직(서부의 영웅, 조폭 및 갱)이 공식 조직(정부와 법제사회)에 대한 파괴와 보완 등을 표현한다. 하지만 어떻든 간에 양자의 비교는 가능하며, 유사한 주제 역시 중국 전통소설 속에 존재한다는 점이다. 특히 '음란을 가르침'과 '도적질을 가르침'의 유형은 과거 중국 특유의 것이지만, 현재 그들이 시장을 다 점유하고 있다. 피차 '각자의 장점이나 특성'을 가지고 있기 때문에

---

2)   견책소설이란 청말 관계官界의 부패를 폭로하거나 폐악弊惡을 드러냄으로써
     당시의 정치를 규탄한 일종의 사회소설을 말한다. 당시 사회의 불합리와 암흑
     상을 반영하면서 신랄하게 '꾸짖는다'는 의미에서 루쉰이 『중국소설사략中國
     小說史略』에서 '견책譴責'이라는 용어를 사용하여 '견책소설'이라 명명했다.
     대표적인 작품으로 『관장현형기』 『이십년목도지괴현상二十年目睹之怪現狀』
     『노잔유기老殘遊記』 『얼해화孼海花』 등이 있다. —옮긴이

여러 면에서 상호 유사한 것이다.

물론 미국 영화 가운데 중국 소설 유형에 속하지 않는 유형(여러 가지 코미디물)이 있고, 중국 소설 역시 미국 영화의 유형에 속하지 않는 것(견책소설 유형)이 있기 때문에 일일이 다 들어맞을 수는 없다. 하지만 미국 영화 가운데 중국 소설 유형에 귀속시킬 수 없는 대표적인 것은 공포물과 SF물일 것이다. 솔직히 말하면, 나는 예전에 이 두 유형을 가장 싫어했다. 공포물은 유혈이 낭자하고 흉악하고 잔인하며, 고의적으로 사람들의 미감에 반하면서 속을 뒤집어놓고 등골을 오싹하게 만든다. 미국 사람들이 정기적으로 이렇게 잔인하고도 흉포한 자극을 주거나 받는 것에 대해 정말 이해가 안 가며, 그 곤혹감이란 서양인의 여러 가지 괴벽(예를 들어, 왕유친王友琴이 새로운 탐색을 시도한 것이나, 문학적 표현 면에서 서양에선 자주 볼 수 있지만 중국에서는 '그다지 보기 힘든' 아버지가 딸을 강간하는 현상)을 이해하지 못하는 것보다 훨씬 더 하다.[3] SF물은 변형된 괴력난신

---

3) 왕유친은 6년 동안 윈난으로 하방되었다가 1979년 대학시험 때 문과에서 전국 최고의 성적으로 베이징 대학 중문과에 입학했다. 1988년 중국사회과학원 박사학위를 받은 후 미국으로 건너가 스탠퍼드 대학, 시카고 대학 등에서 강의를 했다. 그녀는 약 삼십 년 동안 문학에 대한 연구를 하면서 이십여 년 동안 문혁 피해자 관련 자료 700여 개를 수집하여 2001년 '중국문학피해자기념'사이트를 만들었고 2004년에는 『문혁의 피해자文革受難者』를 출판했다. 서문에서 "역사적 사실을 탐색하고 기록하는 일은 학자의 책임이다. 일반 사람들의 피해는 문혁의 역사 속에서 매우 중요한 부분이다"라며 지식인으로서의 시대적 책임감과 도덕적 용기를 보여주었고, 역사 사료의 가치는 많은 사람에게 충분한 인정을 받았다.—옮긴이

怪力亂神(괴이·폭력·괴란·귀신)으로 어떤 때는 너무 잔인하다(공포물과 늘 겹친다). 특히 근대 서구화를 거치면서 중국은 '과학'과 '미신'을 분명하게 분리했고, 마음속의 귀신은 줄곧 고대에만 존재했다. 그러므로 현대의 갑작스런 '터무니없는' 상황(갱들의 총격전에서 분명 갱의 몸에 총알이 관통했는데도 조금 지나면 다시 일어나서 반격을 한다)이 당연히 이해하기 힘들다.

중국 현대소설사와 영화사에서 '공포' 유형의 '부재'는 이상한 일이다. 이치상으로 볼 때, 미국 영화의 '공포'가 심리 공포물psychological horror이든 괴물영화monster든 혹은 초자연적 supernatural 공포든 간에 모두 중국인들에게 생소한 것은 아니다. 2000여 년 전의 수호지진묘睡虎地秦墓에서 발견된 죽간竹簡 『일서日書』「힐詰」편은 바로 이런 것에 대해 논하고 있다. 수십 종의 귀신을 포함하여 조수鳥獸가 말을 하고, 번개가 사람을 치고, 바람이 방으로 불어 들어오고, 물체가 스스로 움직이고 심지어 악몽이 몸을 휘감고, 슬픔을 막을 수 없는 등의 내용들이다. 아마 중국의 '요괴'와 미국의 '공포'의 범위가 결코 같지 않은 이유일 것이다. 중국의 귀신이야기는 지괴志怪소설·신마소설 등과 같은 깊은 전통을 가지고 있다.[4] 게다가 중국인은 형벌 집행('능지처참'을 포함)을 지켜보는 '고상한 취미'도 있으니 심리적인 잔인함에서도 미국인이 동물 싸움을 좋아하는 것에 비해 전혀 뒤지지 않는다.[5] 그러나 여하튼 중국의 이러한 '맹아'는 결국 건강하게 성장하지 못했다는 것이다. 중국의 전통 속에는 공포에 대한 느낌이 조금 무뎌서 그들처럼 그렇게 놀라는 것 같지도 않고, 귀신의 유형도 좀 적고(대부분 진짜 사람의 크기만 있을 뿐), 그들의 괴물('커다란 괴물' '커다란 짐승' 혹은 '거인'으로 번역)처럼 엄청나게 크지도 않기 때문이다. 어릴 적에 「한밤중의 노래夜半歌聲」가 아이들에게만 안 좋았는지 아니면 어른에게도 안 좋았는지에 대해 한참 논쟁했던 기억이 난다. 최근 주스마오朱時茂가 주연한 「안개 낀 집霧宅」은 중국의 첫 번째 공포물이라고 한다. 하지만 미국의 공포물에 비하면 비교도 안 되며 '공포' 물이라고 명함도 못 내밀 정도다.

'공포' 유형과는 조금 다른 'SF' 유형이 오래전부터 있었다고 할 순 없지만 근대 이후 조금 있었다('과학'의 덕을 봤다). 『중국대백과

---

4)　지괴소설은 '이상하고 괴이한 이야기'란 뜻으로 위진魏晉 시대의 소설을 말한다. 주요 내용은 민간설화를 비롯하여 사건·인물에 관한 일화, 산천·지리에 관한 이문異聞을 모은 것(장화張華, 『박물지博物志』), 도가적 색채를 띤 선인·선술에 관한 것(갈홍葛洪, 『신선전神仙傳』), 불교의 경전이나 교리에 근거한 내용(왕염王琰, 『명상기冥祥記』) 등이 있다. 이는 후에 당나라 전기傳奇소설로 이어지고 원·명·청 시대의 소설·희곡의 주요 소재가 되었다. 신마소설은 주로 명대의 백화장편소설로서, 신神과 마魔의 다툼을 소재로 했다 하여 신마소설이라 부른다. 이러한 초현실적인 소재는 위진 시대 지괴소설에서 계승되어 송·원대의 설화를 거쳐 명대에 이르러 장편 대작으로 출현했다. 종교적인 것이나 신화, 전설 등의 소재가 주를 이루며 초현실적이고 권선징악의 주제를 표현했다.—옮긴이

5)　『사기』「유림열전儒林列傳」에 두태후竇太后가 원고생袁固生에게 우리에 들어가 가축을 죽이라고 한 사실이 있다(마땅히 야생돼지를 죽이는 것이다). 『한서漢書』「이광전李廣傳」에도 한 무제가 이우李禹(이광의 손자)로 하여금 우리로 들어가 호랑이를 죽이라고 한 일이 있다. 이러한 예는 스페인의 투우와 유사하며 동물 싸움에 속한다. 그러나 중국 서적 속에서 고대 로마와 같이 대형 투우장에 관중들이 모여 관람하는 상황은 발견하지 못했다.

전서』의 「중국문학」 편에는 '과학문예'라는 항목이 있다. 예융례葉永烈가 편찬했다. 그의 말에 의하면, 20세기 초 중국에는 이미 일부 SF소설 번역도 있었고, 일찍이 1904년에는 중국인이 직접 쓴 SF소설도 있었다고 한다. 예를 들어, 황장댜오써우荒江釣叟는 십여만 자에 달하는 『위성 식민지 소설月球植民地小說』을 발표했다. 재미있는 것은 예융례의 말에 의하면, 오늘날 중국에서 사용하는 '과학문예'라는 개념은 사실 러시아(구소련)로부터 들어왔으며, 현재 중국 문예의 독립적인 유형이 되었다고 한다. 그 안에는 SF소설과 SF영화는 물론이고 과학 소품小品과 과학 동화도 있으며, 기능은 과학을 보급하는 것이다. 중국인의 머릿속에 있는 '과학적 판타지 상상'이란 주로 '과학'을 의미한다.

과거에 루쉰은 『월계여행月界旅行』을 번역할 때 SF소설을 '과학소설'이라고 명명했다. 또 『중국 소설의 역사적 변천』에서도 아이들이 신화를 읽는 게 적절한지에 대해 논의했다. 결론으로 모든 것은 지식의 발전이라고 인식했다. 만약 과학을 배운 후에 미신에 빠지지 않는다면 문제없지만, 과학을 배우지 않고서 여전히 그것을 진실이라고 믿는다면 해로울 것이라고 했다. 과학과 신화에 대한 중국 근대 지식인의 견해를 보여준 것이다. 어릴 적에 신화와 SF를 함께 배웠지만 이 둘 사이에 어떤 관계가 있는지에 대해서는 생각해본 적이 없었다(중독과 해독의 관계일지라도). 그리고 오늘날 중국의 '과학문예'가 비록 'SF문예'를 포함하고 있다 할지라도 서양의 'SF'와는 상당히 다르다. 그들의 'SF소설 science fiction'이 비록 과학 science과 소설 fiction이라는 두 단어로 결합된 것이지만, 그들의 '문학 literature'('문학'과 '문헌'의 두 가지 의미를 모두 지닌다. 사실적인 것과 허구적인 것을 모두 포함한다) 속에서의 'fiction'은 오직 상상을 의미하지 사실적인 소설을 의미하지 않으며, 그 자체에 이미 '환상'의 의미를 내포하고 있다. 특히 1920년대 어떤 사람이 '사이언티픽션 scientifiction'이란 단어를 만들어 두 단어를 합성하자('과학적 상상력에 부합하는'이란 뜻), 서양 문학사가들은 이를 SF소설이 자발적인 창작에 진입했다는 중요한 상징으로 간주했다. 그들의 이른바 '과학·환상'은 잘 보면 알겠지만, 사실 중점은 결코 '과학'에 있는 것이 아니라 '환상'에 있다. 기능은 과학을 보급하고 미래를 예측하는 것(어릴 적에 본 『십만 개의 의문十萬個爲甚麽』 혹은 『과학가의 21세기 예언科學家預言二十一世紀』 같은 것)이라기보다 과학을 빌려 괴력난신을 말하는 것으로, '미신'을 '과학'의 날개에 꽂아 우리가 숭배하는 '과학'으로 하여금 『봉신방封神榜』을 표현하게 한 것이다. 이는 그 자체가 신화(가장 전형적인 '현대 신화')이자 대상 역시 아이들에게만 국한되는 것은 아니다(어려서부터 이런 영화를 보면 커서도 끊을 수 없는 '어른스런 어린아이'가 된다). 형식을 버리고 정신(내용)을 취하여 깊게 생각해보면, 그것을 공포물과 함께 묶어서 차라리 중국의 '신마소설'이라고 정의내리는 편이 나을 것이다.[6]

미국 영화에서 SF영화가 사람들에게 주는 영향은 '날로 발전하고 있다'. 스토리 장면은 대부분 미래이며 종종 '더 먼 미래' 혹은 '아주 먼 미래'에 속한다. 표현 수법 역시 과학적이고 기술적이다. 만약 SF영화와 현대 과학 기술사를 편년으로 대조를 해본다면, 이 둘 사이의 상호 유기적 발전관계를 발견할 수 있을 것이다. 그러나 찬란한 기술발전과 기술의 위력은 단지 SF영화의 한 측면일 뿐이다. 그리고 기술진보에 대한 실망과 공포도 느낄 수 있다. 공포물과 재난물(파괴의 미학aesthetics of destruction)이 그러하며, 독특하고 심오한 비평 역시 그러하다. 이를테면 종교적인 구원과 의협적 행위를 표현하거나 법률사회 속에서 처리할 수 없는 일들(도덕 심판과 복수 결투 등)이 여기에서는 실현되기 때문이다.

통상 SF영화는 크게 시간, 공간, 기계 세 가지 요소로 구성되며, '환상fiction'은 이 세 가지 요소의 변형을 통해 완성된다. 시간은 '삼세三世'(과거, 현재, 미래)를 관통하면서 서로 위치를 바꿔가면서 늘리거나 줄이고, 순행과 반전(「백 투 더 퓨처回到未來」)을 거듭한다. 공간은 하늘로 올라가거나 땅으로 들어가거나 바다로 뛰어들며 어디든 이르지 않는 곳이 없다. 예전에는 세계를 여행하고 현재는 우주를 통과하며 심지어 전쟁을 우주에서 한다(「스타워즈星球大戰」). 기계는 인간과 도구가 뒤섞여 갈수록 사람처럼 만들어진다. 예전에는 철인이었는데 지금은 반은 인간의 몸(식물인간으로 개조)이다. 예

---

6) 초기 SF소설에는 대체로 탐험의 색채가 많다 보니 예전 사람들은 종종 『경화연鏡花緣』을 거기다 갖다 붙이지만 사실은 타당하지 않다.

전에는 지능만 있었는데 지금은 감정까지 들어 있다(「터미네이터終結者」「로보캅機器警察」). 또한 생물 기술이 SF영화에 미친 영향은 지금까지도 대단하다. 「쥬라기 공원」은 서양인(특히 아이들)의 '공룡 열풍'(공룡은 그들 마음속에 일종의 몬스터다)에 DNA 기술의 환상을 넣어 커다란 실적을 거뒀다.

SF영화의 3대 요소 가운데 '기계 인간—로봇'은 가장 주의할 만하다. 기술발전의 추세로 볼 때, 인류는 줄곧 로봇을 목표로 삼아왔다. 처음에는 인간이나 소, 말을 부리다가 그것으로 부족하여 기계를 발명했다. 기계가 생겼지만 만족하지 못해 기계를 소나 말 혹은 인간으로 바꾸고 싶어 했다. 예컨대 삼국시대 제갈량諸葛亮이 만든 목제 운수용 수레木牛流馬가 있었지만 서양의 기계 트랙터, 오토바이의 유입으로 시골에도 '철로 만든 소(트랙터)' '전기 낙타(오토바이)' 등과 같은 속칭들이 생겨났다. 이러한 상황이 출현하게 된 것은 인류에게 이러한 바람이 있기 때문이다. 로봇과 금수가 비록 사람이 미칠 수 없는 엄청난 힘과 날 수 있는 능력을 가지고 있지만 지능은 인간만 못하다. 인간은 도구를 가지고 살아 있는 것을 만들 수 있는 최고의 능력자이며, 이 점은 SF영화 속에서 현실보다 더 명확하게 잘 표현되고 있다.

SF영화의 스토리 장면이나 플롯의 구성에는 종종 폭군이나 악마 같은 존재(혹은 본래가 기계 인간이다)들이 조종하는 독재왕국이 등장한다. 그들은 사람에게 번호를 매겨 새장 같은 방에 가두고 곳곳에 설치한 감시 모니터 앞에 앉아서 그들의 일거수일투족을 주시한다. 혹여 조금이라도 궤도에서 벗어나면 바로 킬러 로봇에게 출동을 명령하여 그들을 제압한다. 따라서 스토리는 종종 '도주'로 이어진다. 이러한 주제는 조지 오웰George Orwell의 『1984』에서도 묘사했듯이, 본래 '빅브라더Big Brother'만이 가지고 있어서 마치 서양 민주주의와의 대립으로 보이지만, 푸코도 정신병원과 감옥을 예로 들어 '감시'를 서양 민주사회의 이성적 설계로 묘사하고 있다.[7] 이러

---

7) 고대 사람들로 넓혀보면, 특히 중국 선진 시대의 법가가 그러하다. 신도愼到는 이미 "요堯임금은 필부이므로 3명을 다스릴 수 없고, 걸桀임금은 천자이므로 천하를 어지럽힐 수 있다"라고 분명히 밝혔다. 그들은 '사람의 무리를 쓰는 방법' 이를테면 '마음을 비우고 인위적이지 않음(청정무위淸淨無爲)' '지혜와 욕심을 버림(절지거욕絕智去欲)' '법대로 함(임법任法)' '술책을 따름(임술任術)' '형세를 따름(임세任勢)'의 관건은 모두 '사람을 놓음'(사람에 대한 의존을 버림)에 있다는 깊은 경험을 가지고 있다. 후대 진한 제국이 체현한 이러한 이성설계에도 '현대화' 정신이 들어 있다.

청정무위 '마음을 비우고 순리에 따른다'는 뜻으로 도가의 발전 과정의 한 부류로 위진 시대의 현학자들이 추구한 사상이다. 절지거욕 "성을 끊고 지를 버리면 백성의 이로움이 백배나 되고, 인을 끊고 의를 버리면 백성이 효성스럽고 인자해지며, 교묘함을 끊고 이익을 버리면 도적들이 없어진다. (…) 그러므로 꾸밈 없는 본바탕과 소박함을 지니며, 이익과 욕심을 줄이고 배움을 끊고 걱정을 없앤다 絕聖去智, 民利百倍 ; 絕仁棄義, 民孝孝慈 ; 絕巧棄利, 盜賊無有. (…) 見素抱朴, 少私寡慾, 絕學無憂."(『노자老子』「백서帛書」 19 참조). 임법·임술·임세 "성군은 법에 맡기지 지혜에 맡기지 않으며, 수數에 맡기지 말說에 맡기지 않으며, 공적인 것에 맡기지 사사로움에 맡기지 않으며, 대도에 맡기지 작은 것에 맡기지 않는다. 그런 연후에 자신은 편안하고 천하는 잘 다스려지는 것이다. 그러나 용렬한 인군은 그렇지 못하다. 법을 버리고 지혜에 맡기므로 백성들은 일을 버리고 명예를 좋아한다. 수를 버리고 말에 맡기므로 백성들은 실질적인 것을 버리고 말하는 것을 좋아한다. 공적인 것을 버리고 사사로움을 좋아하므로 백성들은 법을 떠나 망령되이 행동한다. 대도를 버리고 작은 현상에 맡기므로 위로

한 설계의 이상적 태도는 '기계 인간'과 정반대다. 즉 사회를 조종하기 쉬운 기계로 변형하고 인간을 기계의 부품으로 변화시켜서, 이렇게 조립된 '기계'로 된 '인간'을 '가장 잘 다스려진' 인류의 최고 표상으로 삼고 싶어 한다.[8] 이를 '인간 기계'라고 불러도 좋을 것이다.

는 고단하고 백성들은 미혹되고 국가는 다스려지지 않는다聖君任法而不任智, 任數而不任說, 任公而不任私, 任大道而不任小物, 然後身佚而天下治. 失君則不然, 舍法而任智, 故民舍事而好譽, 舍數而任說, 故民舍實而好言, 舍公而好私, 故民離法而妄行, 舍大道而任小物, 故上勞煩, 百姓迷惑, 而國家不治."『관자管子』「임법任法」참조. —옮긴이

8)   이러한 '과학적 상상에 부합되는 것'이 있다 할지라도 애석한 것은, 말이 달리기를 원하지만 말은 풀을 먹길 원하며, 사람들이 힘을 다하기를 원하지만 머리가 따르지 못한다. 역대 통치자들의 설계가 아무리 교묘해도 이런 정도까지는 할 수 없었다. 루쉰은 「늦은 봄의 한담春末閑談」에서 "명령자螟蛉子(뽕잎벌레)에게 자식이 있지만 과라蜾蠃(나나니벌)가 그를 기른다" "형천이 도끼와 방패를 들고 춤을 추니, 그 맹렬한 뜻이 영원하도다"라는 말을 통해 이러한 극한 개념에 대해 잘 설명하고 있다.
     '명령'은 작은 녹색벌레이고 '과라'는 기생벌이다. '과라'는 항상 '명령'을 잡아다가 자신의 둥지에 놓고서 그들의 몸에다 산란을 하며, 산란 후에는 '명령자'를 먹을거리로 삼는다. 이에 대해 예전 사람들은 '과라'가 새끼를 낳지 못해서 '명령자'를 자식으로 삼아 기른다고 오해했다. 이로 인해 '명령'을 '의자義子'라고 부르게 되었다. 『시경』「소아小雅·소완小宛」참조. '형천'은 머리가 없는 거인으로 원래 염제炎帝의 수하이었다. 염제가 판천阪泉의 전투에서 황제에게 패배한 후 염제를 따라 남쪽에서 거했다. 당시 치우蚩尤가 군사를 일으켜 황제에게 복수하려 했으나 실패했고, 형천 역시 도끼를 들고 황제와 힘을 겨뤘지만 머리를 베이고 말았다. 하지만 형천은 다시 일어나 양쪽 가슴을 눈으로 삼고 배꼽을 입으로 삼고, 왼손엔 방패를 들고 오른손엔 도끼를 쥐고서 하늘을 향해 춤을 추었다. 결국 상양산常羊山에서 죽었다고 한다. 『산해경山海經』「해외서경海外西經」. —옮긴이

인류사회의 조직 방식은 답습을 거듭해왔다. 원시의 금기와 예의로부터 완성된 성문법에 이르기까지 모두 이미 발명된 것들이며 지금까지도 여전히 사용되고 있다. 이는 과학의 진보처럼 날마다 새로워지지도 않고 역대의 권력 설계 또한 네트워크로 연계('보이지 않은 손')되지도 않으며, 화면을 통해 표현하기에도 적절하지 않다. 그러므로 '인간 기계'의 주제는 SF영화 속에서 자체적으로 서열을 차지하지 못하고 기타 종류의 영화에서도 독립적인 유형을 이룰 수 없다. 어떤 때는 보통의 깊고 분명한 스토리(「뻐꾸기 둥지 위로 날아간 새飛躍瘋人院One Flew Over the Cuckoo's Nest」)만도 못하다. 하지만 '인간 기계'의 주제는 SF영화 속에 존재할 뿐만 아니라 '기계 인간'과 서로 어울려 상당한 깊이를 지닌다. 왜냐하면 이 목표에 대한 인류의 추구는 신화의 핵심이라고 생각하기 때문이다.

'기계 인간'과 '인간 기계'의 개념 안에서 '인간'과 '기계'는 서로 모방을 하면서도 결국은 각자 반대의 길을 걸으며 서로의 위치를 바꿨다. 이는 정말 '인간'의 존엄에 대한 일종의 조롱이다. 어릴 적에 소와 말은 왜 인간에게 착취를 당하지? 사람은 왜 사람고기를 먹지 않지? 등과 같은 우스개 문제(사실 매우 심각한 문제다)를 내면, 나는 언제나 당당하게 정색을 하면서 "사람은 사람이지 어째서 짐승과 함께 논할 수 있어?"라고 말했다. 그러나 SF영화를 보면, '인간'과 '공구'(소와 말을 포함)가 혼재되어 있음을 분명하게 확인할 수 있다. 심지어 고대의 노예제가 오래전에 없어진 후에도,[9] 인간들이 원래 꿈꿔온 것은 노예제를 회복하는 것이었다는 사실(그것도 가장 문명적인 대체 형식으로)도 알 수 있다. 고전의 방식대로 표현하면 '노예제는 말할 수 있는 도구'이기 때문이다.

'기계 인간'은 일종의 이러한 도구라고 할 수 있다. '인간 기계'도 이러한 도구라고 할 수 있다.

이야기가 좀 멀리 온 듯하다. 생각하면 복잡하고 편폭도 제한이 있으니 본론으로 돌아가자. 몇 개월 동안 영화에 대한 지속적인 관심을 통해 이전보다 SF영화에 대해 긍정적으로 이해할 수 있었다. '막연함'에서 '실질적인 것'을 찾고자 했다. 뿐만 아니라 본래 잘 알고 있다고 생각했고 비교적 호감이 갔던 다른 작품에 대해서도 새로운 느낌을 받을 수 있었고, 왜 미국 영화가 '대중매체를 통해 만든 환상의 세계'인지도 알게 되었다. 사실 기술은 기술일 뿐이며 여기에서 말하는 '기계 인간'이든 '인간 기계'이든 간에 그렇게 비난할 것도 없다. 게다가 받아들이기 힘들든, 좋든 싫든 간에 여기에 빠져들면 좋고 나쁨은 다 그 속에 있게 된다.

하지만 이런 긍정적인 생각이 들면서도 솔직히 나는 SF영화를 여전히 좋아하지 않는 이유가 있다(특히 'SF문화'와 관계있는 '변신 로봇'과 '닌텐도'는 정말 싫다). 그들의 '진지한 발상'은 마음을 억누르

---

9)   물론 몇 년 전에 모 신문(이름을 잊어버렸다)에 이렇게 소개되었다. 노예제는 지금도 아직 끝나지 않았다. 반대로 그 수는 상당히 놀랄 정도다(구체적인 숫자는 기억하지 못한다).

는 느낌이고(사람으로 하여금 앞날을 미리 내다보게 하는 게 섬뜩하다), 그들의 '오락성'은 우리 아이들에게 매우 안 좋은 영향을 주기 때문이다(터무니없는 황당한 생각을 하게 만들고, 거칠고 난폭하게 만든다).

가만히 생각해보면, 그런 내용이 우리에게 시사하는 바는 아마 역사 쪽에 더 많을 것 같다. 만약 우리가 '기계 인간'과 '인간 기계'를 '현대화'라는 극단적인 개념으로 생각한다면 매우 편할 것이다. 간단하게 '현대화'의 종류(두 개의 '현대화')라고 말한다면, 그 형상은 알기 쉬울 뿐만 아니라 또한 역사와 연결하여 이 두 방면에 대한 인류의 추구를 하나의 연속적인 과정으로 볼 수 있으며, 나아가 '전통'과 '현대'의 격차를 메우고 '동서고금'의 사람 간의 단절(이러한 격차와 단절은 바로 '현대인'의 손으로 만들어졌다)을 깨뜨릴 수 있을 것이다.

하지만 더 이상 지금과 같을 필요는 없다. 16세기부터 '현대화'는 줄곧 지속되었으며 시간의 추이에 따라 개념을 수정해왔다. 뿐만 아니라 이제 막 이러한 상황을 쫓아가면서 진행이 더디다고 하거나 바로 산이 보인다고 채찍질을 해대지만, 실제로는 요원하며 결국 처음으로 돌아가진 못한다(영원히 '모던 시대'다). 심지어 '현대' 안에서 다시 '근대'와 '현대'(서양에서는 동일한 단어를 쓴다)가 나뉘며, '현대' 이외에도 '모더니즘' '포스트모더니즘'으로 나뉘는 등 사족이 많아지고 있다.

1994년 여름은 이렇게 지나갔다. 나는 아들과도 아메리칸 드림과도 고별인사를 나눈 후 베이징의 옛 종이더미 앞으로 돌아왔다.
환경은 여전하건만 마음속엔 또 다른 느낌이 존재한다.

1995년 4월 23일
베이징 지먼리에서
(『독서』, 1996년 제5기, 107~114쪽)

18.
중국어 속 외래어

왕쩡치汪曾祺 선생이 예전에 '전반서화全盤西化'[1] 가운데 '서구화'할 수 없는 것이 하나 있는데, 중국어로 중국인에 대해 써야 하는 중국문학이라고 했던 말이 기억난다.[2] 참으로 생각해봄 직하다.

중국 '사람'이 '서구화'되기 어려운 건 비교적 분명하다. 인구가 많으니 외국으로 시집 좀 가는 것은 큰 문제가 되지 않는다. '언어'

---

1) 일반적으로 중체서용中體西用은 중국의 전통적 유교도덕을 중심으로 하여 서양의 과학기술 등을 도입·강화해가는 것으로서 중국의 학문을 체體로 하고 서양의 학문을 용用으로 한다. 하지만 '중체서용'에 대한 사고의 차이와 이해가 중국에 그다지 변화를 가져다주지 못하자 전통을 철저히 타도하면서 서학을 받아들여 중국 경제, 지식, 정치체제, 이데올로기 등 전반적인 면에서의 변화를 가져오려 했으니 전반서화가 그것이다. ─옮긴이
2) 물론 오늘날 해외에서 서양의 글로 쓴 '화교문학'이 있기는 하다.

는 지금까지도 계속 중국어를 사용하며, 중국문자가 아라비아 숫자와 함께 사용되는 것을 제외하면, 네모난 한자의 천하통일은 동요됨이 없을 것이다.

하지만 오늘날 중국어는 한자라는 것을 제외하고 문법과 어휘 면에서 상당부분 이미 '서구화'되었다. 이러한 추세는 분명한 사실이며 현재 상당히 심각하다. 중국어에는 외래어가 꽤 많다. 서양어 외에 소수민족(특히 역사상 중화민족을 공격했던 흉노족, 만주족, 몽골족 등)의 언어도 적지 않으며, 역사적으로 인도 불경의 번역어도 있다. 누군가 이러한 어휘를 대상으로 불경 외래어는 어떻고, 소수민족 외래어는 어떻고, 옌푸嚴復 당시의 번역어는 어떻고, 5·4 전후의 번역어는 어떻고, 항전 전후의 번역어는 어떻고 등등 '학술적으로 분류하고 원류를 고찰'한다면, 매우 흥미로운 문화교류사가 될 것이라고 확신한다. 하지만 애석하게도 이러한 책이 아직 존재하지 않는 것 같다.

내가 중국어 외래어에 관심을 갖는 이유는 매우 실용적인 목적에서다. 습관적으로 쓰고 있는 용어를 정확하게 알고 싶어서다. 원래는 어떤 의미였고 나중에 어떤 과정을 거쳐 어떤 의미가 되었는지, 중간에 또 어떤 함정과 지뢰가 있는지 등을 확인함으로써 본래 단어의 의미를 오해하거나 혹은 계속 엉망이 되어가는 것을 막기 위해서다. 특히 오늘날 중국어를 사용하는 지역은 한두 곳이 아니다. 중국 대륙 외에도 홍콩, 타이완, 싱가포르 및 말레이시아 지역도 중국어를 사용한다. 이들이 각각 달리 번역하여 헛갈리고 혼란스러운 상황이다 보니 좋은 중국어 외래어 사전이 나오길 매우 바랐다.

현재 중국어 외래어 사전이 몇 권이나 출판되었는지 정확하게 알 수는 없지만, 10년 전에 한 권을 구입한 적이 있다. 1984년 류정탄劉正談 등이 편찬하고 상하이사서출판사에서 나온 『한어외래어사전』(이하 '류정탄의 책')이다. 또 1990년 천치샹岑麒祥이 편찬하고 상무인서관에서 출판한 『한어외래어사전』(이하 '천치샹의 책')이 있다. 서명은 같은데 이 책에서는 '류정탄의 책'에 대해 언급하지 않았다. '천치샹의 책'이 뒤에 출판된 것이라 '류정탄의 책'보다 내용상 더 추가되었을 것으로 생각하여 상무인서관 판매부에서 얼른 구매했다. 하지만 집에 돌아와 펼쳐본 후 크게 실망했다. 체제가 다른 관계로 대부분의 용어는 거의 수록되지 않았다. 인명, 지명을 소개한 책자 같아서 내가 원하는 것과는 거리가 멀었다.

동명의 두 사전을 비교해보자. 먼저 체제 면에서 가장 커다란 차이점은 '류정탄의 책'은 일반적인 중국어 외래어만 수록하고(일상생활용어와 자주 접하는 전문용어를 포함), 인명과 지명 등 고유명사는 수록하지 않았다(「범례」 8쪽 참조).[3] 그러나 '천치샹의 책'은 그와 정반대다. 이 사전에서는 '외래어'의 개념을 상당히 좁게 설정하여 '발음이나 의미 면에서 원어와 아무런 관계가 없는' 단어는 완전히 배

---

3) 예를 들어 '천치샹의 책'에는 '타타르韃靼'(79쪽)를 수록했지만, 이는 국명으로 전문용어이기 때문에 '류정탄의 책'에서는 수록하지 않았다.

제했다(「서언」 3~4쪽 참조). 그렇기 때문에 대부분 일본식 한자에서 번역된 서양 철학과 과학 용어는 거의 걸러냈으며(이들은 보통 재번역을 거치면서 원의에 부합되지 않는 번역이므로 '천치샹의 책'의 정의에 맞지 않다), 나머지는 거의 인명, 지명과 같은 고유명사다('히틀러希特勒' '모리셔스毛里求斯' 등). 또한 주석 방식에서도 차이가 난다. '류정탄의 책'은 단어마다 기원에 대해 고증하고 있다. 예컨대 서양어의 경우 어떤 어종에서 왔는지, 그리스어나 라틴어 어원은 있는지, 일본어의 번역을 거쳤는지,[4] 즉 재번역 과정에서 번역한 일본어 원어가 중국어 전적典籍과 어떠한 관계가 있는지 등에 대해 주석을 달았다. 그러나 '천치샹의 책'은 『사해辭海』와 비슷하게 직접적인 어원에 대해 명기하는 것 외에는 단어 의미의 해석과 설명에 더 치중했으며(어떤 사람의 일생이나 지위 등), 어원에 대한 고증은 부족하다.

'중국어 외래어' 개념에 대해서는 두 책 모두 유사한 생각을 갖고 있다. 완전히 발음에 의한 번역어loan words와 음역 후 의미 성분을 더한 것, 반음역과 반의역을 결합한 혼합사hybrid words로 한정했다. '직접 인용한 외래어'(직접 외국어 원어를 쓴 것)와 '의역한 외래어'('마력馬力' '핫도그熱狗'와 같은 류)는 포함하지 않았다.[5] 그러나 '류

---

4)   예컨대 두 책은 '스크린銀幕'을 모두 수록했지만, '천치샹의 책'에서는 silver screen(427~428쪽)에서 온 것이라고 했고, '류정탄의 책'에서는 일본어를 거쳐 영어로 재번역된 것이라 했다.

5)   '천치샹의 책'은 '마력馬力'을 수록하지 않았지만 '핫도그熱狗'(318쪽)는 의역어로 수록했다.

정탄의 책'에는 '일본어 한자를 직접 차용한 것'(「범례」8~9쪽)이 적잖이 포함되었다. 문외한이므로 두 책 가운데 어떤 책이 더 언어학계의 견해에 부합되는지 알 수는 없다. 하지만 한 가지 분명한 것은 본문의 서두에서 언급한 문제, 즉 '한어의 서구화'를 연구하기 위해서는 언어학 개념만으로는 부족하며 '문화사'에 대한 고려가 일정 부분 있어야 한다. 직접 음역(두 책에 모두 수록)은 의역 또는 양자 혼합한 단어와 함께 연구해야 하며, 간접적인 일본어 번역 단어('류정탄의 책'에는 있지만 '천치샹의 책'에는 없는 것)에 대해서도 연구해야 한다. 또한 '마력馬力' '컴퓨터電腦'와 같이 원뜻과는 다르게 번역된 것 혹은 터무니없이 만든 이상한 단어(두 책 모두 수록하지 않았다)도 간과해선 안 된다.

최근 미국 시애틀 워싱턴 대학의 제리 노먼Jerry Norman 교수가 쓴 『중국어 Chinese』(Cambridge University Press, 1988)를 읽었다. 도입 부분의 한 절을 할애하여 중국어와 다른 언어 간의 관계를 별도로 설명했다(16~22쪽). 그 가운데 '모터摩托motor' '레이더雷達Radar' '모델模特Model' '파운드鎊Pound' '쇼크休克Shock' '다스打dozen'와 같이 영어를 그대로 음역한 단어loan words와 '혁명革命revolution' '문화文化culture' '사회社會society' '과학科學science' '시스템系統system' 등과 같이 일본어를 매개로 한 서양어calques에 대해서도 언급했다. 제리 노먼은 제2차 세계대전 이전의 중국어의 현대 용어들은 대부분 일본어를 통해 재번역된 것이며 일본어의 번역어는 또한 중국 고어에서 차용한 것이라고 지적했다. 두 나라의 언어는 제2차 세계대전 후에 갈라졌다. 일본어는 갈수록 서양어를 직접 차용했고 중국어는 일본어의 영향에서 벗어나 스스로 새로운 단어를 만들기 시작했다. 나는 오늘 오후 전화를 걸어 제리 노먼 교수에게 가르침을 청했다. 그는 '외래어'를 서양어의 '완전히 발음에 의한 음역'류의 개념으로만 한정한다면 당연히 일본어의 재번역 단어는 포함되지 않지만, 중일 간의 이러한 차용은 매우 특수한 현상이며 다른 언어에서는 보기 드문 문화 현상이므로 쉽게 지나칠 문제가 아니라고 했다.

'류정탄의 책'을 통해 오늘날 중국의 철학·과학 용어, 정부·군사 관련 용어들은 최근에 들어온 일부 새 단어를 제외하고 대부분 일본어가 중국어 단어를 차용하여 재번역한 것들임을 알 수 있다. 일본어와 중국어는 일부 문자가 같기 때문에 재번역은 쉽게 이해할 수 있다. '쿠데타苦迭打'(정변) '안나치주의安那其主義'(아나키즘, 무정부주의) '부얼차오야布爾喬亞'(부르주아, 자산계급) '잉터나슝나얼英特納雄納爾'(인터내셔널, 국제공산주의)과 같은 초기의 번역 용어들은 무슨 뜻인지 알 수 없다. 중국인이 사용하는 한자는 형태를 통해 인식하는 언어이므로 서양어와는 달리 발음만 볼 수 없다. 중국인은 문화적 습관 때문에 고유명사(인명, 지명 등) 외의 추상적인 개념에 대해서는 음역을 좋아하지 않고 의역을 하려는 경향이 있어서 그 결과 오역을 피할 수 없다. 예컨대 중국어로 번역한 불경 번역 경우가 그렇다. 하지만 '친숙함'과 '쉽게 이해함'에도 나쁜 점이 많다. 종종 사람을 마비시켜 중국어로 번역한 단어의 함의를 원어의 뜻으로 오인할 수 있다.

　예를 들어, '의식意識consciousness'과 '이데올로기意識形態ideology'는 후자가 전자를 포함한 경우다. 그러나 '박물학博物學natural science' '박물관博物館museum'은 모두 '박물博物'이 들어 있지만 이들은 언어상 서로 아무런 관련이 없다. '이데올로기意識形態'는 '의식의 형태'가 아니고 '사상체계'란 뜻이며, '박물학'은 박물관학이 아니고 다윈이 비글Beagle 호를 타고 전 세계를 여행하면서 곳곳에서 표본을 수집한 학문을 말한다. 또한 '도시城市'를 예로 들면, 도시의 벽을 '성城'이라 하고 시장을 '시市'라 한다. 이와 관련하여 고대에는 '읍邑'(각종 크고 작은 군락의 총칭), '현縣'(비교적 작은 제2도시), '도都'(상대적으로 큰 제2도시), '국國'(수도) 등 여러 가지 명칭이 있으며, '시市'는 '성城'에 속했다. 그러나 서양에는 다른 체계가 있다. '성城'과 '시市'가 종종 분리되어 각기 장소도 다르며 명칭도 다르다. 그들은 고대 작은 도시(인구도 면적도 작은 도시국가)를 'polis'라 부르며, 언덕위에 있는 아크로폴리스가 우리가 말하는 '성城'이다. 귀족들이 거주하는 성을 'castle'이라 하는데 이것도 '성城'이라 한다. 하지만 우리의 '성城'과 비교하면 상당히 작다. 현재 미국에는 타운town(진鎭), 시city(시市), 카운티county(군郡 또는 현縣), 주state(주州)가 있다. 빌딩들이 밀집한 작은 구역 즉 다운타운downtown(시 중심) 외에는 거의 다 평지다. 성벽도 없고 경계도 모호하다. 일괄적으로 번역된 명칭은 억지로 갖다 맞춘 것이다. 이 외에도 역사학자들이 끊임없이 논쟁하는 '봉건封建feudalism', 정치 분야의 유행어 '자유自由freedom'와 '민주民主democracy' 등의 용어도 글자만 보고 대충 뜻을 짐작할 순 있지만 이는 중국의 문화적 배경에서 온 오독이다. 예컨대 '자유freedom'는 '대머리가 우산을 쓰다禿子打傘'('법도 없고 하늘도 없다', 마오쩌둥이 자주 사용했던 헐후어)는 뜻이고, '민주democracy'는 '백성들에게 결정권이 있다'는 뜻이다. 그러니 레지널드 존스턴Reginald Johnston(푸이溥儀의 스승)이 쑨원의 말(중국의 '혁명'은 '자유'가 지나치게 많기 때문이다)을 이해할 수 없다고 한 것은 이상할 게 없다. 그러니 우리가 말하는 '민주' 안에는 때때로 '반란을 일으키는 것도 일리가 있다'는 의미도 있을 수 있다.

　'오독'으로 인한 사상적 혼란을 해결하기 위해 중국어 전적을 통해 일본어 번역어의 어원을 추적해보는 것은 특별히 중요한 것 같진 않다. 왜냐하면 지금의 젊은이들은 고서에 대한 이해 정도가 매우 낮으며, 대부분 일본어 번역어에 대해 습관적으로 이해하고 있어서 '발명invention'을 '사상을 계발啓發하거나' '문제를 명확히 함'으로 이해하지 않으며, '사회社會'를 '사단社團'이나 '민간의 비밀결사幇會'로 생각하지 않기 때문이다. 사실 지금 더 큰 문제는 일본어로 번역된 서양어의 어원이다. 즉 서양 원어를 잘못 이해한 일본어 번역이다. 번역의 측면을 통해 어원의 차이를 찾아내고, 단어의 의미 비교를 통해 문화적인 이해의 차이를 발견해야만 심리적인 이해와 소통이 가능할 것이다. 하지만 유감스럽게도 지금까지 시

중에 나온 사전(『사해辭海』)들은 거의 모두 이러한 어원에 대한 고증이 없다. 그렇다 보니 사람들은 기존의 일반적인 이해에 더 만족해하며, 근원을 캐고 싶은 사람이 있으면 서양어 사전을 찾아보면 된다고 생각한다. 또한 번역 용어에 대한 혼란은 이러한 정본을 통해 통일적으로 바로잡을 수도 없다. 결국 여러 가지 상황이 존재하기 때문에 '류정탄의 책'이 특히 우리에게 많은 유익함을 제공했다고 생각하며, 이는 고마워해야 할 일이다.

'류정탄의 책'에 대해 전문가들이 제기할 수 있는 세부 내용에 대한 논의점 외에도 내가 좀 안타깝게 생각하는 점은 단어 수록 양이 너무 적다는 것이다. '전문용어'는 단지 '상용하는 것'에 한정하다 보니 영향을 끼친 많은 용어가 수록되지 않았다. 새롭게 유행하고 있는 전문용어 '담론話語discourse' '카오스混沌chaos' 같은 것은 말할 것도 없고 기존의 단어들조차 많이 누락되었다. 예컨대 '성sex'[6]은 서양에서 줄곧 써온 용어일 뿐만 아니라 중국에서도 사용하고 있는 단어다. 이는 일본어에서 들어온 지 오래된 단어다. 중국어에서 '성性'은 주로 사람의 본성(글자는 본래 '생生'의 의미로, 태어날 때부터 갖추고 있는 것을 말한다)을 가리키며, 송명이학宋明理學에서 말하는 '심성학心性之學'의 '성'이다. 이러한 '성'은 영어의 'human nature'에 해당하는 의미로 본래 고상한 표현이다. 중국 고대에서 말하는 '성性'

---

6) 영어에서 'gender'는 '성'을 의미하며 특히 '성별'을 가리킨다. 여권운동에서 많이 쓰며 보통 생물학적 '성'이 아니라 사회학적 함의로 쓰인다.

에는 '식食'과 '색色'의 의미가 포함되어 있지만 성별이나 성교를 지칭하는 의미는 없다. 후자의 의미를 표현하는 일반적인 단어는 대개 '남녀'란 말로 사용한다. 사실 '남녀'가 '성'으로 바뀐 것도 오역이다. 일본어에서는 '심성지성心性之性'의 '성'과 '남녀'의 '성'은 모두 같은 '성性'자를 쓴다. 비록 동일한 한자를 쓰지만 일본어에서 '성별' '성욕' '성교' 등과 같은 뜻을 나타낼 때의 '성'은 원래 영어의 sex를 음역한 것이며, '본성' '성정' 등의 의미를 나타내는 '성'은 발음이 같지 않다. 단지 중국어에서만 혼용되고 있다.

'남녀' 간의 일을 나타내는 '성'이 언제부터 일본에서 들어왔는지에 대해 고증한 적은 없지만, 예더후이葉德輝의 『신간소녀경서新刊素女經序』(1903년)에 다음과 같은 내용이 있다.

오늘날 먼 서양으로 가서 위생학을 배운 자들은 모두 식욕과 성욕의 은밀하고 미묘함을 연구하여 『생식기生殖器』 『남녀교합신론男女交合新論』 『혼인위생학婚姻衛生學』 등과 같은 새 책들을 번역했다. 무지한 이들은 이를 큰 보물이라고 여기며 놀라워한다. 그들은 중국의 성제聖帝 신군神君 등 제왕과 귀족들이 이미 4000년 전부터 이런 학문을 중시했다는 사실을 참으로 모른다. 위서緯書에 기록된 『공자폐방기孔子閉房記』란 책은 비록 세상에 전해지진 않았지만 이런 학문이 얼마나 오래되었는지를 가늠할 수 있게 한다. 또 『춘추번로春秋繁露』 『대대례大戴禮』에서 말하는 옛사람들의 태교법도 성정을 바르게 하고 자손을 널리 이어가는 태교의 기능을 다한 것이다. 성학性學의 정수를 후세 이학이나 세상물정을 모르는 유학이 어찌 그 오묘함을 알 수 있겠는가?[7]

여기서 '성학'이란 의역일 것이다. 만약 그렇다면 예더후이가 두 가지 서로 다른 뜻의 '성'을 하나로 묶어놓은 것 같다. 1920년대 장둥민張東民의 『성의 숭배性的崇拜』에도 유사한 오역이 있었다. 장둥민은 '인지초人之初, 성본선性本善'을 "사람들은 원래 여러 가지 성은 본디 모두 선한 것이라고 생각했다"라고 해석했다. 저우쭤런周作人은 장둥민이 여기서 성을 성교의 성으로 이해하는 것은 당연히 틀렸다며, "일단 두 가지 성을 의미하는 글자가 일본에서 건너온 새로운 명사인지에 대한 여부는 잠시 차치하자. 옌지다오嚴幾道의 『영문한고英文漢詁』에서 말하는 남체여체男體女體가 송나라 때 이미 사용됐다 할지라도 『삼자경三字經』[8]의 저자가 루소Rousseau와 같은 사상(성선설)을 가지고 있었다고 믿을 수는 없을 것이다"[9]

7) "今遠西言衛生學者, 皆於飮食男女之故推究隱微, 譯出新書如『生殖器』・『男女交合新論』・『婚姻衛生學』, 無知之夫詫爲鴻寶. 殊不知中國聖帝神君之胄, 此學已講求於四千年前. 卽緯書所載『孔子閟房記』一書, 世雖不傳, 可知其學之古. 又如『春秋繁露』, 『大戴禮』所言古人胎敎之法, 無非端性情, 廣嗣續, 以盡位育之功能. 性學之精, 豈後世理學迂儒所能窺其要眇?"

8) 『삼자경』은 한 구를 3자로 하고 격구마다 운韻을 달아 놓은 송宋나라 때 왕응린王應麟이 편선한 책이다. 주로 인간의 도리와 역사 및 일상생활에 필요한 내용을 유교적 입장에서 풀이했다. 첫 구절은 "人之初, 性本善. 性相近, 習相遠(사람은 처음 태어났을 때 성품이 본디 착하다. 성품은 서로 비슷하나 습관이 서로 멀게 만든다)"이다. ─옮긴이

라고 지적했다. 그래서 모두가 오랫동안 일본어에 속았고 '중간 번역자'에게 당한 셈이다.

이 글의 시작에서 중국어 외래어는 중국 문화와 기타 문화의 상호 교류를 연구할 수 있는 좋은 자료라고 언급했다. 하지만 역사상의 '교류'가 모두 '우호'적이거나 '평등'한 것만은 아니며, 늘 '얻어터지거나' '당한 것'과도 연관이 있다. 예컨대 먼 흉노, 만주, 몽골이나 가까운 동양, 서양이 다 그랬으며, 대부분 싸움을 통해 교류가 이루어졌다(불경의 중국어 번역만은 예외다). 이러한 모든 '교류' 중에서 힘의 차이로 인해 산이 무너지듯 한순간에 패배를 당하면서 서양어가 중국에 침투해 온 것만큼 심한 경우는 없을 것이다. 현재 활발한 '중국어의 서구화'와는 전혀 다른 대조를 이룬다. 하지만 서양에서 중국어를 흡수한 경우는 참으로 드물고 미미하다. 아무리 생각을 짜내보아도 소수의 몇몇 단어뿐이다(뿐만 아니라 모두 이국적 정서와 기이한 색채를 띤 단어들이다). 예를 들면, china(磁器), tea(茶), yamen(衙門), kowtow(叩頭), typhoon(颱風), tao(道), kongfu(功夫) 등이다(mandarin은 '만다린滿大人'의 번역이 아니라 범어에서 유래한 것이라고 생각한다). 이러한 어휘는 그들의 언어가 신속히 들어와 우리의 마음속에 깊게 자리한 것과 다르며, 거의 우리가 현대적 낙인

---

9) "以爲這性字就是性交之性, 肯定是錯了 (…) 我們姑且不論兩性字樣是從日本來的新名詞, 嚴幾道的『英文漢詁』上還稱曰男體女體, 卽使是宋代已有這用法, 我們也決不能相信那『三字經』的著者會有盧梭似的思想."

을 찍어 놓은 것들이다.

중국의 아가씨들은 밖으로 도망가고 외국의 언어는 안으로 밀려든다. "사람은 높은 곳으로 달려가고 물은 낮은 곳으로 흐른다"는 속담이 참으로 맞는 말이다.

1995년 8월 3일
미국 시애틀에서

초판 후기

금년 여름, 나는 미국 시애틀로 가족을 만나러 갔다. 가기 전에 잡문집을 엮어보려는 마음에 이런저런 상자를 뒤졌다. 써둔 내용이 별로 없기에 이번 휴가를 이용해 써야겠다고 생각했다. 가기 전에 목록을 만들어 매일 조금씩 썼지만 결국 몇 편 쓰지 못했다. 이미 쓴 것과 예전에 써둔 것을 합쳐보았지만 여전히 수량은 턱없이 부족했다.

여기에 실은 것은 대부분 '책'과 관련이 있으며, 물론 책이 없으면 써낼 수가 없다. 가기 전에 책을 읽으면서 쓰기 위해 몇 권을 가지고 갔지만 막상 쓰려니 아무래도 부족했다. 다행히도 리샤오후이李曉暉, 다이잉쭝戴瑩琮 부부가 책을 찾아주고 빌려주어서 무사히 마칠 수 있었다. 두 분에게 고마움을 전한다.

이런 글을 쓰긴 하지만 이런 방면에 대해 비교적 생소하여 그저 생각나는 대로 써내려갔다. 그렇다 보니 조열함이 드러나고 학자의 수준을 잃거나 심지어 일부 사람들의 눈살을 찌푸리게 했을지도 모른다. 평소 즐겁게 쓰고 시비를 피하는 학술 논문과는 매우 거리가 있다. 하지만 아마추어 독자라면 애써 꾸밀 필요는 없다고 생각한다. 이 책에서 논의한 것들은 대부분 일반적인 책들이고 표현도 세속적이므로 평소 내 전공과는 거리가 있다.

여기까지 쓰고 있을 때, 마침 아들이 옆에서 스피커를 시험해보다가 뒤에서 슬쩍 보더니 갑자기 "이 말은 정말 너무 세속적인 사람들의 세속적인 표현이고 세속적인 책들이네요. 강산은 쉽게 바뀌어도 본성은 바뀌기 어렵지요"라고 빈정대며 말을 했다. 아들의 눈에 비친 나는 속된 사람이 아니면 또 어떤 사람일까? 몇 시간 후면 비행기가 이륙한다. 이렇게 몇 자 적으면서 후기로 갈음하련다.

1995년 9월 15일
미국 시애틀에서

역자 후기

『호랑이를 산으로 돌려보내다放虎歸山』는 리링李零
선생의 첫 번째 인문학 잡문집이다. 호랑이를 우리에 가두지 않고
본래의 야성을 지켜주기 위해 산으로 돌려보내듯이, 학자의 울타
리를 넘어 거침없이 실질적인 이야기를 논한다는 의미다.

그래서일까. 리링 선생의 글은 시니컬하면서도 기발하며, 논지
도 명쾌하다. 이전에 출판된 『꽃 속에 술 한 병 놓고花間一壺酒』
(2005), 『집 잃은 개喪家狗』(2007)도 독서계의 주목을 끌면서 비판
과 인기를 동시에 받았다. 그 이유는 저자의 말처럼 "차라리 집 잃
은 개가 될지언정 집 지키는 개는 되지 않겠다"는 학술적 시각을 견
지하면서, '울타리에 갇힌 학술계의 호랑이'가 되기를 거부했기 때
문인지도 모른다. 『호랑이를 산으로 돌려보내다』 역시 찬반이 뜨거

웠다. 특히「전통은 왜 이렇게 인기가 있는가」란 글이 대표적이다. 이 글은 중국의 공자열, 독경讀經열, 전통문화열의 '열'을 식히고 심지어 찬물을 끼었기 위해 썼다고 저자는 말한다.

최근 중국엔 국학이라는 '복고' 바람이 일고 있다. '전통'이란 단어의 위상은 과거 '혁명'이란 단어 외에는 어떤 것으로 대신할 수도 비교할 수도 없는 위치에 올랐다. 21세기의 중국적 '신화'이면서도 한편의 '열(붐)'로 지나갈 수 있다. 전통은 그냥 과거일 뿐 치켜세울 것도 폄하할 것도 없다. 중국의 근대사는 얻어맞는 역사였다. 중국인도 맞고 중국 문화도 얻어맞았다. 그 결과 국학과 국수國粹가 남았다. 이는 '없어질 국학'이다. 국학이란 무엇인가? 서양학문이 없으면 소위 국학도 없으며, 국학은 서양학문을 상대하여 일컫는 말이다. 예컨대 고고학archaeology은 전형적인 외국 학문이지 송나라 사람들이 말하는 그런 고고학이 아니며, 역사비교언어학Philology 역시 전형적인 외국 학문이지 청나라 때의 소학小學이나 고증학을 말하는 게 아니다. 물론 중국인이 유구한 역사와 찬란한 문명에 대해 자랑스러워하는 것은 당연하다. 하지만 '국수'는 약을 달이는 것과 같아서 약을 달인 후 달인 약을 다 마시고 나면 남는 것은 찌꺼기뿐이다. 이른바 '국수'는 서구화하고 남은 대부분의 잔여물이다.

오늘날 중국에 이는 복고풍은 걸핏하면 단절을 언급한다. 역사는 단절과 연속이 있기 마련이다. 『삼국연의三國演義』에서 "천하의 대세는 분열이 오래되면 반드시 합쳐지고 합친 지 오래되면 반드시 분열된다"라고 했듯이 연속성이 강하다 할지라도 거기에는 많은 단층이 존재하기 마련이다. 일부에선 단절의 장본인이 5·4운동이라고 하지만 사실 단절의 근본적인 원인은 현대화에 있다. 문화 단절을 계승하기 위해 과연 '복고'가 '연속'을 대신할 수 있을까? 공자의 부활, 유교의 부활이 문화중국으로 가는 길의 적실한 방법일까? 전공자도 이해하기 힘든 것을 어린아이들에게 외우게 하고(독경열), 대학에선 국학기관을 설립하는 것이 과연 해결방법일까? 전통은 현대화를 위해 자리를 내주어야 한다. 루쉰은 경서를 읽어서는 나라를 구할 수 없다고 했다. 오늘날도 마찬가지다. 또한 중국문화는 크고 넓고 정미하여 '유儒'라는 한 글자로 모든 사상을 대표할 수 없으며, 중국의 전적도 '경經' 한 글자로 모두를 대표할 수 없다.

중국은 1980년대에 조상에 대한 비판을 하지 않았던가. 전제주의와 정체되어 있는 폐쇄성 때문이라고 퍼붓지 않았던가. 열등감에서 비롯하여 전통을 무시하고 뿌리를 증오했었다. 분명 중국 현대화의 폐단임에도 불구하고 그것을 모두 전통에다 뒤집어씌웠다. 그런데 지금은 국내를 넘어 국외로까지 유가문화를 선양하려 한다. 옛것에 의탁해 제도를 개혁한다는 '탁고개제托古改制'에 빠져 있는 것이다. 말로는 중국 문화의 부흥이라지만 사실은 대국의 굴기가 감춰져 있다. 그러니 거기에 활용되는 전통은 '가짜' 전통이다. 중국적 전통에 대한 분명한 인식과 지향점이 필요한 시점에서 전통이 이렇게 인기가 많을 필요는 없다. '열'이 나면 몸에 이상이 있다는 징조이고, 일종의 '병'이 될 수도 있다.

이상은 전통에 대한 저자의 관점을 통해 '방호귀산'의 학문적 실천과 사고의 일부를 설명한 것이다. 이 외에도 중국인의 문화심리, 고대방중술, 중국고대병법, 전통문화, 학자와 문인 등의 면에서도 여전히 저자의 독특한 관점과 사고를 보여준다. 애초부터 학술적인 의도에서 글을 쓴 게 아니라는 집필의도를 밝히기는 했지만, 좀 더 학술적으로 명쾌한 논지를 깊이 천착해 들어갔더라면 하는 아쉬움도 남는다. 번역을 마치면서 저자는 왜 군이 '방호귀산'을 제목으로 하였을까를 생각해본다. 현재 중국의 지식계에도 동물원 우리에 갇혀 고깃덩어리만 주면 좋아서 받아먹는 '길들여진 호랑이'가 아니라, 먹이를 찾아나서는 맹수의 본능을 가진 '야생의 호랑이'가 필요하다는 것을 나타내고자 함은 아니었을까 한다.

출판사의 소개로 재밌는 책 한 권을 읽었다. 꼼꼼하게 교열을 봐주신 교정자와 여러모로 많은 배려를 해주신 출판사 글항아리에 고마움을 전한다.

2015년 3월
박영순

호랑이를 산으로 돌려보내다

초판인쇄	2015년 3월 27일
초판발행	2015년 4월 6일

지은이	리링
옮긴이	박영순
펴낸이	강성민
기획	노승현
편집	이은혜 박민수 이두루 곽우정
편집보조	이정미 차소영
마케팅	정민호 이연실 정현민 지문희 김주원
온라인 마케팅	김희숙 김상만 한수진 이천희

펴낸곳	(주)글항아리 | 출판등록 2009년 1월 19일 제406-2009-000002호
주소	413-120 경기도 파주시 회동길 210
전자우편	bookpot@hanmail.net
전화번호	031-955-8897(편집부) 031-955-8891(마케팅)
팩스	031-955-2557

ISBN	978-89-6735-181-6 03900

글항아리는 (주)문학동네의 계열사입니다.

이 도서의 국립중앙도서관 출판예정도서목록(CIP)은 서지정보유통지원시스템 홈페이지
(http://seoji.nl.go.kr)와 국가자료공동목록시스템(http://www.nl.go.kr/kolisnet)에서
이용하실 수 있습니다. (CIP제어번호 : 2015003432)